Le Sens du Beau

Paru dans Le Livre de Poche

L'Homme-Dieu

Le Nouvel Ordre écologique

LUC FERRY

Le Sens du Beau

Aux origines de la culture contemporaine

LE LIVRE DE POCHE

L'auteur et l'éditeur remercient chaleureusement Ricardo Bofill, Glenn Brown, Daniel Buren, Olivier Debré, Henri Cueco, Gérard Garouste, Dani Karavan, Jannis Kounellis, Picasso Administration, Marlborough Galleries, Ediciones Poligrafa, Josselyne Chamarat et Pierre Descargues pour leur collaboration à l'édition de cet ouvrage.

La présente édition reproduit le texte publié aux Éditions Cercle d'Art, version remaniée par l'auteur d'*Homo Aestheticus*, publié par les éditions Grasset (1990).

Avant-propos

Je dois à l'amitié de Philippe Monsel, l'éditeur de ce livre, d'avoir entrepris de réécrire *Homo Aestheticus*, publié voici maintenant près de dix ans chez Grasset*. Pourquoi cette réécriture ? D'abord, parce que le débat sur l'art contemporain n'a cessé de s'amplifier au fil des dix dernières années et, à certains égards, mon livre visait à le situer dans une perspective historique et philosophique qu'il fallait réactualiser. Mais surtout, *Homo Aestheticus* était un travail universitaire. De nombreux développements consacrés à des auteurs peu ou mal connus (Lambert, Baumgarten, Wolff...) rendaient la lecture difficile, voire impossible à des non-philosophes, sans apporter pour autant des éléments décisifs à l'ensemble de la thèse : en substance, l'idée que la crise de l'art contemporain doit être interprétée comme l'étape ultime d'un long et passionnant processus de laïcisation ou d'humanisation de la culture. J'ai donc tenté, sans rien modifier d'essentiel quant au fond, d'alléger l'ouvrage, de le réécrire chaque fois que c'était nécessaire, c'est-à-dire souvent, de lui donner aussi une architecture nouvelle, plus cohérente, dans le but d'en rendre les principales articulations plus accessibles. Une dernière raison, enfin, m'y conduisait : mon éditeur me proposait d'intégrer à cette nouvelle version une très riche iconographie. Je dois avouer que l'admirable travail effectué par Philippe Monsel donne à l'ensemble un intérêt et un attrait réellement nouveaux. J'ai pu bénéficier non seulement du fonds exceptionnel des Editions Cercle d'Art, mais aussi de la compétence incomparable et amicale de son directeur. Qu'il en soit ici chaleureusement remercié.

* J'exprime ici toute ma gratitude à Jean-Claude Fasquelle qui a eu la gentillesse et l'élégance d'autoriser cette nouvelle publication.

AESTHETICA

SCRIPSIT

ALEXAND. GOTTLIEB
BAVMGARTEN

PROF. PHILOSOPHIAE.

TRAIECTI CIS VIADRVM

IMPENS. IOANNIS CHRISTIANI KLEYB

CIƆCIC CL.

Sommaire

Chapitre deuxième

Naissance et déclin des avant-gardes : la post-modernité

1. Photo souvenir :
« Les Deux Plateaux »,
sculpture *in situ*,
cour d'honneur du Palais-Royal,
Paris, 1985-1986. Détail
Daniel Buren

Les chiffres en gras entre crochets renvoient aux reproductions, les chiffres en exposant, aux notes en fin d'ouvrage

Chapitre liminaire

La naissance de l'esthétique et la question des critères

Les polémiques sur « l'art contemporain » ne sont donc pas éteintes. Ce n'est pourtant pas faute d'être répétitives. Elles font irrésistiblement penser à ces parties d'échecs mille fois jouées et rejouées par les novices. Depuis le début du siècle au moins, les principaux coups en sont connus de tous les protagonistes. A commencer par l'argument fatal qui, inlassablement, revient sur le métier : l'art moderne serait encore trop novateur, trop « subversif », pour ne pas choquer les suppôts du conservatisme. C'est oublier, bien sûr, que Kandinsky et Schönberg échangeaient déjà leur célèbre correspondance… en 1913 ! Que Mondrian est né en 1872, Malevitch en 1878, Hartung en 1904 ! Soyons sérieux, le problème n'est évidemment pas là, et le temps, c'est bien connu, ne fait rien à l'affaire. Ceux qui aiment l'art de ce siècle ne sont pas nécessairement des snobs dépourvus de métier, ni ceux qui ne s'y reconnaissent guère des néo-fascistes. Si la querelle persiste de décennie en décennie, si un certain modernisme continue à décevoir ou irriter de bons esprits, qui préfèrent Stravinski à Boulez et Bacon à Buren, est-ce nécessairement pour des motifs politico-idéologiques inavouables ? C'est vrai, il s'est passé dans l'art et la culture de ce temps quelque chose de radicalement neuf. Mais quoi, au juste ? Et faut-il absolument penser toute novation dans les termes usés du « progrès » ou du « déclin » ? Voilà, il me semble, une question préalable. Tant que nous n'aurons pas saisi jusque dans ses racines la nature de cet inédit, nos disputes, je le crains, resteront stériles. Or cet inédit – voici l'argument principal de ce livre – a quelque chose à voir avec un événement plus ancien, un événement qui précède à vrai dire de très loin les grandes ruptures du vingtième siècle : l'émergence d'un univers laïc au sein duquel les êtres humains vont prétendre enfin se penser comme les *auteurs*, les *créateurs* de leur histoire mais aussi de leur culture. C'est par la naissance de cet humanisme, de ce « constructivisme », qu'il faut commencer si l'on veut avoir quelques chances de se repérer dans des débats où, franchement, il ne sert plus à rien d'aligner comme autant de divisions armées des arguments que chacun, de part et d'autre, pressent et déplore par avance.

La fin du « théologico-culturel » ou les nouvelles finalités de l'art

Voici ce qui fut sans doute, depuis toujours, la vocation essentielle de l'art : mettre en scène – on pourrait dire encore : « présenter », « exposer », « incarner » – dans un matériau sensible (couleur, son, pierre…) une vérité tenue pour supérieure. C'est là, en un sens platonicien, son « Idée » qui est sans doute aussi ancienne que l'humanité elle-même. Il n'en possède pas moins une histoire. C'est que la représentation de la vérité en a une. A s'en tenir aux principes, elle pourrait s'esquisser à peu près comme ceci : dans l'Antiquité, dire la vérité dans l'art, c'était d'abord exprimer l'harmonie du cosmos ; à l'ère des religions monothéistes, la grandeur et la sublimité du divin ; dans nos démocraties humanistes, la profondeur et la richesse du génie humain. Sécularisation et humanisation sont les deux mots clefs de ces variations auxquelles il conviendrait de prêter un instant l'attention pour s'orienter moins à l'aveugle dans nos discussions contemporaines.

Je proposerai de commencer par cette analogie avec la politique que suggère dès l'origine, chez Saint-Simon, la notion d'avant-garde. Ce qui caractérise, en effet, la laïcisation par laquelle notre univers démocratique advient à lui-même, c'est en première approximation ceci : alors que, dans les civilisations du passé, la loi tirait sa légitimité de son enracinement dans un univers extérieur aux hommes, ou prétendu tel (celui de la cosmologie ou de la religion), la loi démocratique se veut de part en part faite par et pour les hommes. C'est là la signification la plus profonde de la Déclaration des droits de l'homme mais aussi, sur le plan institutionnel, de la création des parlements : au lieu que, comme c'est encore le cas dans les républiques islamiques, la légitimité des autorités soit dérivée d'une source religieuse (les hommes peuvent épouser quatre femmes parce que c'est ainsi dans le Coran), la loi démocratique, laïque, se veut *construite* à partir de la volonté, des intérêts et de la raison des êtres humains. Ils sont, si l'on veut, les *génies* de la loi.

Il en va de même dans la sphère de la culture. A la fin du théologico-politique répond celle du théologico-culturel. Au lieu de refléter un ordre extérieur aux hommes (cosmique ou religieux), l'œuvre d'art va devenir, dans les sociétés modernes, l'expression de la personnalité d'un individu, certes hors du commun, « génial », *mais néanmoins humain*. Un humanisme esthétique est né, parallèle à celui qu'institue la politique. C'est à partir de cette révolution, unique dans l'histoire, que la question de la « création » va pouvoir se poser – là où partout, auparavant, l'art n'était que reflet d'un autre monde, imitation de la nature ou du divin, non pas innovation mais avant tout perpétuation d'une tradition, non pas « invention » mais simple « découverte ». De là, au terme (provisoire) de la sécularisation, l'apparition des idéologies avant-gardistes qui vont radicaliser sans cesse davantage l'impératif moderne de la table rase et de l'innovation.

Un mot, un concept, symbolise plus et mieux que tous les autres ce mouvement d'humanisation de l'art : « esthétique ». Bien que grec, par son étymologie (*aisthésis* = sensation), il possède une connotation spécifiquement moderne. Dans le langage ordinaire, sans doute, esthétique, philosophie de l'art ou théorie du beau sont des expressions à peu près équivalentes. Et l'on pense volontiers qu'elles désignent une préoccupation si essentielle à l'être humain qu'elles ont toujours existé sous une forme ou une autre, dans toutes les civilisations. Ce lieu commun, pourtant, est trompeur : l'esthétique proprement dite est une discipline relativement récente. Son émergence est liée de façon indissociable à une véritable révolution dans le regard jeté sur le phénomène de la beauté : la première « Esthétique » – le premier ouvrage à porter explicitement ce titre – apparaît seulement en 1750.

2. Sanctuaire d'Apollon,
Trésor des Athéniens,
Delphes, 490-489 av. J.-C.

Dans les civilisations du passé, les œuvres d'art remplissaient une fonction sacrée.

Il s'agit de l'*Aesthetica* du philosophe allemand Alexander Baumgarten. Comme toujours dans l'histoire des idées, l'apparition d'un concept nouveau, surtout s'il est promis à s'inscrire dans la durée, n'est pas insignifiante. A vrai dire, la naissance de l'esthétique est rendue possible par l'effet d'un double bouleversement intervenu dans l'ordre de l'art, bouleversement parallèle, sinon analogue, à celui qu'instaure, dans l'ordre de la cité, la fin du théologico-politique.

La double révolution de l'esthétique : le génie et le goût

Du côté de l'auteur, d'abord. Dans les civilisations du passé, les œuvres d'art remplissaient une fonction sacrée **[2]**. Au sein de l'Antiquité grecque encore, pour évoquer une tradition pourtant proche de la nôtre, elles avaient pour mission de refléter un ordre cosmique, extérieur aux hommes. Elles étaient, au sens étymologique, un « microcosme », un petit monde censé représenter à l'échelle réduite les propriétés harmonieuses de ce tout de l'univers que les Anciens nommaient *Cosmos*. Et c'est de là qu'elles tiraient leur grandeur imposante, leur capacité à *s'imposer* effectivement aux individus qui les recevaient comme données du dehors. Dans un tel contexte, l'œuvre avait une « objectivité » : elle exprimait moins *l'inspiration* subjective de l'architecte ou du sculpteur que l'ordre divin ou cosmique qu'il saisissait en modeste rapsode. Nous le percevons encore si bien qu'il nous importe peu, au fond, de connaître l'identité de l'auteur de telle statue ou de tel bas-relief ancien. Pas davantage il ne nous viendrait à l'esprit de chercher le nom d'un artiste derrière les chats en bronze **[3]** que nous pouvons admirer dans les salles d'égyptologie : l'essentiel est qu'il s'agissait d'un animal sacré, transfiguré comme tel dans l'espace de l'art.

C'est peu dire que notre situation au regard des œuvres a changé. A certains égards, elle s'est même inversée au point qu'il nous arrive de connaître le nom d'un créateur, voire certains aspects de sa vie, en ignorant tout de sa « production » **[4]**. Ce qui est tout particulièrement vrai dans les secteurs de l'art qui sont relativement soustraits au marché, comme c'est pour l'essentiel le cas de la musique savante d'aujourd'hui. La prédiction de Nietzsche est devenue la règle générale dans les sociétés humanistes et laïques : la vérité de l'œuvre d'art se trouve dans l'artiste, non plus dans la nature ou la divinité. L'œuvre n'est plus le reflet d'un monde supra-humain, transcendant, elle est l'expression la plus achevée de la personnalité de l'auteur. Et même lorsqu'elle vise à exprimer une réalité qui n'est pas, comme dans l'art abstrait, directement celle du moi, l'exigence d'originalité demeure essentielle, là où les Anciens se contentaient volontiers de l'imitation. En somme, l'œuvre d'art est devenue une carte

3. Chatte Bastet assise portant un collier à égide sur le pectoral, Ousekh, Egypte, Basse Epoque

Il ne nous viendrait pas à l'esprit de chercher le nom d'un artiste derrière les chats en bronze que nous pouvons admirer dans les salles d'égyptologie.

de visite particulièrement élaborée. Dans leur immense majorité, les réalisations de l'avant-garde exposées dans les plus grands musées de New York, Londres ou Paris sont comme les traces laissées par les coups du génie : nous y lisons l'humour de Duchamp, l'imaginaire de Stella ou la violence de Hartung. Bref, des traits de caractère davantage que la figuration d'un monde commun. En ce sens, la révolution de l'auteur porte en germe le culte du nouveau et de l'original **[6]** qui marquera de façon si profonde l'art contemporain.

Certes, il y avait des « auteurs » dans les civilisations prédémocratiques : mais ils n'étaient sans doute pas perçus comme des « génies », si l'on entend par ce terme des créateurs *ex nihilo*, capables de trouver en eux-mêmes toutes les sources et ressources de leur inspiration. L'artiste ancien était davantage un intercesseur – entre les hommes et les dieux, entre les individus et le *Cosmos* – que lui-même un véritable démiurge. Par contrecoup, on comprend comment l'exigence d'innovation et d'originalité radicales qui s'attache à la conception moderne de l'auteur est inséparable de l'idéologie de la table rase qui s'exprime si nettement dans le concept d'avant-garde. Le beau ne doit pas être découvert, comme s'il existait déjà dans le monde objectif, mais créé, chaque moment de novation trouvant dès lors sa place au sein d'une histoire de l'art dont le musée fournit l'incarnation institutionnelle. La crise qui affecte aujourd'hui les avant-gardes ne se comprend pas hors de cette histoire de la subjectivité. Pour l'essentiel, elle tient à la contradiction interne qui affecte d'emblée l'idée d'innovation absolue. Comme l'a suggéré Octavio Paz, le geste de la rupture avec la tradition, de la création absolue du nouveau a fini par devenir lui-même tradition. Les signes de subversion qui ont scandé l'histoire de l'avant-garde ne nous surprennent plus. Ils se sont banalisés, démocratisés au point d'entrer au musée à côté des œuvres les plus classiques **[5]**.

A cette mutation du côté de l'auteur répond, du côté du spectateur, l'émergence de la notion de goût. Le terme apparaît pour la première fois, semble-t-il, chez Gracián[1] – du moins entendu en son sens figuré –, pour désigner la capacité subjective de distinguer le convenable de l'inconvenant, le beau du laid. C'est dire que, à la différence de ce qui avait lieu chez les Anciens, le beau ne désigne plus une qualité ou un ensemble de propriétés appartenant de façon *intrinsèque* à certains objets. Comme y insistent les premiers traités d'esthétique, le beau n'est que subjectif, il réside pour l'essentiel dans ce qui plaît à notre goût, à notre sensibilité (*aisthésis*). Ainsi, par exemple, chez Crousaz, *Traité du Beau* (1715) : « Quand on demande ce que c'est que le Beau, on ne prétend pas parler d'un objet qui existe hors de nous et séparé de tout autre, comme quand on demande ce que c'est qu'un cheval ou ce que c'est qu'un arbre... » Ou encore Montesquieu dans son *Essai sur le goût* : « Ce sont les différents plaisirs de notre âme qui forment les objets du goût,

4. Picasso, 1956
Robert Doisneau

Il nous arrive de connaître le nom d'un créateur, voire certains aspects de sa vie, en ignorant tout de sa « production ».

5. Roue de bicyclette, 1913
Marcel Duchamp

Les signes de subversion qui ont scandé l'histoire de l'avant-garde ne nous surprennent plus.

comme le beau… Les Anciens n'avaient pas très bien démêlé ceci. Ils regardaient comme des qualités positives toutes les qualités relatives à notre âme… Les sources du Beau, du Bon, de l'Agréable sont donc dans nous-mêmes ; et en chercher la raison, c'est chercher la cause des plaisirs de notre âme. »

La conscience d'une rupture avec l'Antiquité est ainsi, chez les pères fondateurs de l'esthétique, parfaitement nette. De là le problème crucial, inédit, qui ne cessera de préoccuper l'esthétique moderne : celui des critères. Si le beau est subjectif, s'il est, comme on dit, « affaire de goût » et de sensibilité, comment expliquer l'existence de consensus autour de ce qu'on nomme les « grandes œuvres » **[7]** ? Comment comprendre que, contre toute attente, certains auteurs deviennent des « classiques » et traversent les siècles autant que les civilisations ?

7. Jeune fille au chapeau rouge, vers 1666-1667
Jan Vermeer

Comment expliquer l'existence de consensus autour de ce qu'on nomme les « grandes œuvres » ?

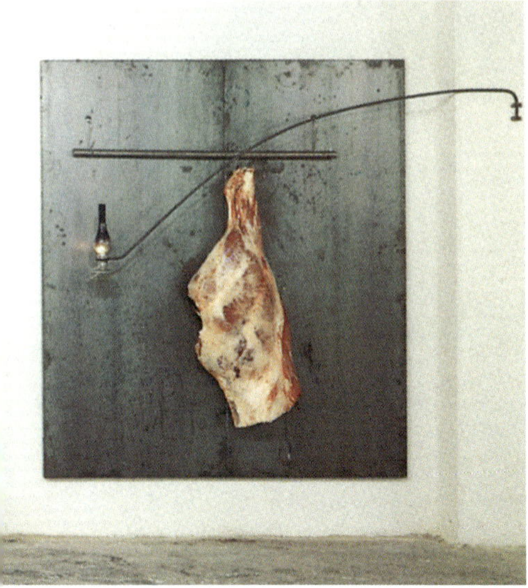

6. Sans titre, 1989
Jannis Kounellis

La révolution de l'auteur porte en germe le culte du nouveau et de l'original...

8. Les Demoiselles d'Avignon,
1907
Pablo Picasso

Il n'y a plus
de monde commun
évident,
mais une pluralité
de mondes
particuliers
à chaque artiste…

L'ancien, le moderne et le contemporain : le retrait du monde

La question est d'autant plus pertinente que, s'il n'y a aucune raison de supposer que le talent des individus est aujourd'hui moindre que dans les siècles passés, on a en revanche tout lieu de penser que leur *rapport au monde* s'est profondément modifié et que la relation à l'idée d'un univers objectif, les dépassant et les réunissant tout à la fois, est devenue singulièrement problématique.

L'hypothèse que je formulerai pour l'instant à titre d'esquisse est la suivante : alors que chez les Anciens, l'œuvre était conçue comme un microcosme – ce qui autorise à penser qu'il existait hors d'elle, dans le macrocosme, un critère objectif, ou mieux, substantiel, du Beau –, elle ne prend sens chez les *modernes* que par référence à la subjectivité, pour devenir, chez les *contemporains*, expression pure et simple de l'individualité : style absolument singulier qui ne se veut plus en quoi que ce soit miroir du monde, mais création d'*un* monde imaginaire, celui au sein duquel se meut l'artiste, où il nous est éventuellement possible d'entrer, mais qui ne s'impose en aucune façon à nous comme un univers *a priori* commun.

Chez Platon, pourtant à bien des égards le plus « moderne » des Anciens, le Beau ne se définissait jamais purement et simplement par le plaisir qu'il procure. L'idée du Beau était plutôt associée à celle d'un ordre où doivent régner « la mesure et la proportion » (*Philèbe*). C'est en ce sens, par exemple, que Socrate interpelle Gorgias dans le dialogue qui porte le nom du fameux sophiste : « Tu peux, à ton choix, envisager l'exemple des peintres, celui des architectes, des constructeurs de bateaux, de tous les autres professionnels… : chacun d'eux se propose un certain *ordre* (*cosmos*) quand il met à sa place chacune des choses qu'il a à placer, et il contraint l'une à être ce qui convient à l'autre, à s'ajuster à elle jusqu'à ce que l'ensemble constitue une œuvre qui réalise un *ordre* et un *arrangement* » (503 e).

L'opinion selon laquelle l'artiste doit rechercher l'harmonie ne disparaît certes pas – du moins pas immédiatement – dans l'esthétique moderne. En revanche, et là est la véritable rupture, l'harmonie n'est plus empruntée à un ordre transcendant, *extérieur* à l'homme, elle devient *harmonie des facultés subjectives en nous*, de sorte que ce n'est pas parce que l'objet est *intrinsèquement* beau qu'il plaît, mais parce qu'il procure un certain type de plaisir tout intérieur qu'on nomme le beau.

De là le fait qu'il n'y a plus de monde commun *évident*, mais une pluralité de mondes particuliers à chaque artiste **[8]**, plus *un* art français, allemand ou italien comme on eût dit « l'art grec », mais une pluralité infinie de styles individuels. Le cliché selon lequel le beau est affaire de goût est devenu réalité, ou, plus exactement : pour autant qu'il y ait une différence entre un artiste de talent et ce que Kant, dans son inimitable jargon, nommait un « bousilleur », cette différence tend aujourd'hui à devenir purement individuelle ; elle ne tient plus à la capacité de créer un monde qui dépasserait la sphère étroitement privée des expériences vécues du créateur lui-même. Elle réside au contraire dans le culte, plus ou moins élaboré – c'est là que se niche encore, en dernière instance, la vieille question des critères –, d'une idiosyncrasie. Pour donner un exemple qui n'a rien d'indifférent : il existe un monde romantique, je ne suis pas certain qu'il existe un monde « post-moderne ». Je puis en effet, lorsque je considère le romantisme, et même si ce mouvement est fort diversifié (sa périodisation fait l'objet de discussions sans fin, de même que la question des liens qu'entretiennent les différentes traditions nationales auxquelles il peut renvoyer), distinguer une esthétique romantique, une pensée politique globalement contre-révolutionnaire, une théorie de l'histoire, voire une métaphysique, bref, une « représentation du monde », une *Weltanschauung* commune à des artistes – peintres, poètes, musiciens –, des écrivains ou des philosophes. Il y a là quelque chose comme un univers qui dépasse les individus **[9]**, univers que je puis aimer

9. Der Morgen,
vers 1820-1821
Caspar David Friedrich

Il y a là quelque chose comme un univers qui dépasse les individus.

ou non, mais dont je ne puis nier l'existence supra-individuelle. De quel mouvement (ne parlons pas « d'école » : ce terme qui semble récuser l'idée de liberté individuelle a perdu toute signification dans le domaine de l'art) pourrions-nous dire aujourd'hui la même chose ?

Evitons un malentendu : politiquement suspecte, l'idée de « décadence » ou de « déclin » est aussi peu convaincante sur le plan théorique – qu'elle soit formulée de façon « réactionnaire » et animée, comme chez Spengler, mais tout autant chez des penseurs de l'envergure de Heidegger ou Léo Strauss, par la nostalgie d'un passé perdu, ou énoncée sur le mode « révolutionnaire », de plus en plus rare il est vrai, qui fut celui des critiques de « gauche » du consumérisme libéral. Ce qui caractérise l'art contemporain n'est certainement pas le fait que les œuvres y témoigneraient de moins de talent que ne le firent celles du

10. Improvisation XXVI (En ramant), 1912
Wassily Kandinsky

Se détourner du monde pour exprimer sa « pure vie intérieure ».

passé. Simplement, la prétention de l'art a peut-être changé : pour nombre d'artistes, il ne s'agit plus de représenter le monde, fût-il un monde transcendant, de penser l'art comme reproduction d'une réalité étrangère à soi. Tout à l'inverse, il semble que, dans bien des cas (il faut se garder ici des jugements universels : l'atmosphère postmoderne qui, précisément, admet tous les genres, répugne aux généralisations), l'œuvre soit définie par l'artiste comme un prolongement de soi. Schönberg, après Nietzsche, y a consacré ses plus belles pages : l'artiste est un « solitaire », un résistant voué, selon la formule maintes fois répétée par Kandinsky, à se détourner du monde pour mieux exprimer sa « pure vie intérieure » **[10]**. Une œuvre unique ne saurait donc plus suffire à dire l'essentiel : c'est seulement dans l'itinéraire de l'artiste, voire à travers des séries, qu'il pourra se dévoiler, à travers les hésitations et les ruptures de ton et de styles qui scandent le rythme de sa « vie intérieure ». Le retrait du monde est inséparable du culte de l'idiosyncrasie, voire de l'originalité.

Il est possible de dater « la fin du monde » et l'avènement de l'époque contemporaine. Dans la philosophie, à tout le moins, elle remonte sans aucun doute à la fameuse critique nietzschéenne du « préjugé scientifique » selon lequel « notre petite pensée » serait capable de saisir quelque chose comme un « monde vrai ». « Les faits sont là », dit-on parfois, et c'est là, justement, ce que Nietzsche va contester comme aucun philosophe avant lui. Un des aphorismes de la *Volonté de puissance* le dit mieux que tout autre : « il n'y a pas d'états de fait en soi », mais « seulement des interprétations », non pas UN monde, mais une « infinité de mondes » qui ne sont que les perspectives de l'individu vivant : « La question "qu'est-ce que c'est" est une façon de poser un sens. [...] Au fond, c'est toujours la question "qu'est-ce que c'est pour moi". » Il faudra bien sûr s'interroger sur la signification de ce « moi » dont parle Nietzsche, et sur les liens qu'il entretient avec l'individualisme moderne, avec ce que Heidegger nomme la « métaphysique de la subjectivité ». Il reste que, en faisant littéralement éclater l'idée d'une réalité objective, Nietzsche sonne le glas de la culture des Lumières et annonce l'obsolescence du monde, la *Weltlosigkeit*, qui, de plus en plus, étend son règne sur la culture contemporaine.

Dans le domaine de l'art, nous vivons de façon sans cesse plus visible, sinon dans un « univers » nietzschéen, le terme serait précisément impropre, du moins dans une atmosphère intellectuelle qui ressemble étrangement au « perspectivisme », à cette multiplication infinie des points de vue décrite par Nietzsche : les œuvres sont comme autant de « petits mondes perspectifs » qui ne représentent plus le monde, mais l'état, lui-même pluriel et changeant, des forces vitales de leur créateur. Il se peut bien sûr que tel artiste prétende encore, à l'instar des classiques, entretenir un rapport à la « vérité », voire dévoiler dans son œuvre une relation à l'être. Kundera a écrit de belles pages sur la fonction de connaissance propre à l'art et il rejoint, en cela, une longue tradition. Mais, comme on dit si bien, il le fait « à sa façon », avec son style qui coexiste avec ceux des myriades d'artistes dont les prétentions peuvent être infiniment différentes. Si la fréquentation des grands musées d'art moderne nous apprend une chose, c'est bien que les critères font défaut, non pas comme on le dit sottement, parce que l'art échapperait par essence à toute forme de critère – ce qui fut loin d'être toujours le cas –, mais parce qu'aujourd'hui, coupé du monde, il ne peut plus relever que de l'intersubjectivité.

Les trois problèmes fondamentaux de l'esthétique naissante

Avec la naissance du génie et du goût, l'antique philosophie de l'art doit donc céder la place à une esthétique, à une théorie des effets produits par certaines réalités sur notre sensibilité. Cette mutation va elle-même donner lieu à l'apparition de trois questions décisives pour l'intelligence de la culture moderne : à travers le motif apparemment classique, mais en réalité profondément renouvelé, des critères du beau, c'est d'abord la question de la communication, du *sensus communis*, qui fait son apparition au sein d'une culture individualiste pour laquelle le problème de la médiation entre les hommes est devenu central. C'est ensuite la naissance de la *critique*, dès la querelle des Anciens et des Modernes **[11-16]** (donc, bien avant Diderot), qui va induire une remise en cause de la tradition et, par là même, rendre possible l'idée d'une histoire de l'art. Cette dernière, à son tour, fondera une conception radicalement nouvelle de l'originalité de l'auteur. C'est enfin la question de l'*irrationalité du beau* qui

11

12

13

14

15

16

11-16. La querelle des Anciens et des Modernes :
La Bruyère (1645-1696), La Fontaine (1621-1695),
Boileau (1636-1711), Racine (1639-1699),
Dubos (1670-1742), Perrault (1628-1703).

surgit. Parce que le sensible, l'irrationnel, sont la marque même de l'humain – aucun des deux n'appartient aux attributs de Dieu –, l'esthétique va engager par son essence même, à travers la visée d'une autonomie du sensible par rapport à l'intelligible, un nouveau lien de l'homme à Dieu qui va caractériser sans cesse davantage la modernité.

1. Peut-on discuter du beau ? La question des critères du goût.

Si l'objet beau est représenté, en un paradoxe qu'on ose à peine formuler tant il ressemble à une contradiction logique, comme purement subjectif, s'il est appréhendé seulement par cette faculté à peine saisissable qu'est le goût, comment pourrait-il jamais y avoir consensus, ou même accord un tant soit peu général sur la beauté d'une œuvre de l'art ou de la nature ? Et pourtant, nombreux sont ceux qui aiment les « beaux paysages », les œuvres d'Homère et de Shakespeare, les peintres italiens... Le paradoxe pourrait à première vue sembler trivial. Il ne l'est pas. A certains égards, tout se passe comme si l'esthétique commençait là où la philosophie contemporaine semble trouver un point d'achèvement : par la question du relativisme. Sous l'effet des critiques marxienne et nietzschéenne de la métaphysique, sous l'influence, aussi, des sciences sociales, nous nous sommes progressivement habitués en cette fin de XXe siècle à l'idée qu'il n'existait pas de valeurs en soi, intemporelles et éternelles. Nous regardons volontiers toute norme, toute institution intellectuelle, morale ou politique comme le produit d'une histoire dont la reconstruction est censée épuiser le sens. C'est peu de dire que nous vivons aujourd'hui une « crise de l'universel ». Ce relativisme a pourtant mis longtemps à s'imposer dans le domaine de la philosophie. Longtemps (jusque chez Foucault encore), il s'est volontiers présenté comme radicalement subversif, et par là même, voué à la marginalité. Naïveté réelle ou coquetterie ? Il faut bien en tout cas nous rendre à l'évidence : la vérité est que l'historicisme – le relativisme – est omniprésent. Loin d'être une pensée marginalisée ou refoulée en raison d'un potentiel subversif trop fort pour être accepté dans nos sociétés libérales, il en constitue le principe le plus solide et le plus manifeste. L'idée qu'il pourrait exister une vérité « absolue » (ce qui signifie seulement : non relative, on doit le rappeler tant le terme est devenu péjoratif) fait sourire le premier lycéen venu, quand elle ne l'effraie pas. En toute hypothèse, elle heurte sa seule conviction absolue : celle qu'il n'y a pas de vérité absolue. Ce résultat lui-même est le fruit d'une longue histoire, d'une histoire qui fut, en effet, celle de profondes subversions. Car la philosophie moderne ne commence ni avec Nietzsche ni avec Marx, mais bien avec Descartes qui croyait fermement, difficile de le contester, en l'absoluité des vérités éternelles. La distance qui nous sépare aujourd'hui d'une telle croyance paraît abyssale.

Il en va tout autrement de l'esthétique : fondant le beau sur une faculté trop subjective pour qu'on y puisse aisément trouver de l'objectivité, son histoire, au moins jusqu'à la fin du XIXe siècle, irait plutôt du relativisme vers la recherche de critères du jugement de goût. En un paradoxe qui mérite réflexion, le geste relativiste s'avère beaucoup moins aisé dans le champ de l'esthétique que dans celui de la philosophie pure, voire de l'éthique, et ce pour une raison bien simple : il s'effondre aussitôt sous le poids de sa propre banalité. Autant la thèse nietzschéenne selon laquelle il n'y a pas de « faits », pas de vérité scientifique, peut susciter l'intérêt en heurtant de front les certitudes les mieux établies, autant l'idée que « le goût est subjectif » manque d'attrait, faute de choquer qui ou quoi que ce soit ! Tout à l'inverse, pourrait-on dire, c'est l'opinion selon laquelle il serait possible d'argumenter en matière d'art, voire de trouver des critères du beau, qui paraît intenable au sens commun. L'enquête sur les critères qui va caractériser l'esthétique naissante n'en apparaît que plus essentielle. C'est à son niveau que se pose de la façon la

17. Le Printemps
ou le Paradis terrestre,
vers 1660-1664
Nicolas Poussin

Le génie classique n'est pas celui qui invente, mais celui qui découvre.

plus difficile, la plus aiguë, le problème central de la pensée moderne en général : comment fonder l'objectivité sur la subjectivité, la transcendance sur l'immanence ? En d'autres termes : comment penser le lien (social, bien entendu, mais pas seulement) dans une société qui prétend partir des individus pour construire du collectif ? C'est dans le domaine de l'esthétique que cette question se lit à l'état pur, parce que c'est en elle que la tension entre l'individuel et le général, entre le subjectif et l'objectif est la plus forte. Le beau est tout à la fois ce qui nous réunit le plus aisément et le plus mystérieusement. Contrairement à tout ce que l'on pouvait attendre, le consensus est, autour des grandes œuvres d'art, aussi fort et aussi large que dans n'importe quel autre domaine. A la limite,

18. Coup de vent,
1865
Camille Corot

... Concilier la subjectivisation du beau avec l'exigence des « critères ».

comme le faisait déjà remarquer Hume avec ironie, il y a moins de désaccord sur la grandeur d'Homère ou de Shakespeare que sur la validité de la physique de Galilée ou de Descartes. Et pourtant, nous sommes au cœur même de la subjectivité la plus intense et la plus avouée.

Jusqu'à une date relativement récente – en philosophie, jusqu'à Nietzsche, et dans l'histoire de l'art, jusqu'à l'épanouissement des avant-gardes –, la subjectivisation du monde ne signifie donc pas purement et simplement : disparition du monde, *Weltlosigkeit*. A la différence de ce qui a lieu dans l'époque contemporaine, le problème principal de l'esthétique moderne, du début du XVIIe siècle jusqu'à la fin du XIXe, est encore de concilier la subjectivisation du beau (le fait qu'il n'est plus un « en soi » mais un « pour nous ») avec l'exigence des « critères » **[18]**, donc, d'un rapport à l'objectivité ou, si l'on veut, au monde. C'est même très exactement cette tension cardinale qui est constitutive de la problématique centrale des premières esthétiques et qui les différencie fondamentalement de ce qui les précède autant que de ce qui leur fait suite, et que je désigne pour l'instant, selon l'usage philosophique, comme le contemporain. L'esthétique moderne est certes subjectiviste en ce qu'elle fonde le beau sur des facultés humaines, la raison, le sentiment, ou l'imagination. Elle n'en reste pas moins animée par l'idée que l'œuvre d'art est inséparable d'une certaine forme d'objectivité.

En substance, on peut dire qu'à la fin du XVIIIe siècle, trois grandes réponses sont apportées à la question des critères du beau :

Celle, rationaliste, du classicisme cartésien, dont le modèle se situe dans l'*Art poétique* de Boileau. Le mot d'ordre, « imiter la nature », y suggère que l'universalité du bon goût tient à son rapport à un monde objectif dévoilé par la raison. Le génie classique n'est pas celui qui invente, mais celui qui *découvre* **[17]**, le terme étant ici pensé sur le modèle de l'activité scientifique. On peut donc juger de la beauté comme de la vérité et ce pour une raison bien compréhensible : la première n'est rien d'autre que l'expression sensible de la seconde.

Une deuxième réponse, qu'on pourrait dire « matérialiste », se dessine du côté de l'empirisme. On pourrait la résumer par le raisonnement suivant : la beauté est ce qui réjouit nos organes sensoriels ; or les êtres humains ont à peu près les mêmes organes ; donc le beau plaît quasi universellement. Les trois conséquences de cette thèse, au mieux exprimée dans les *Essais esthétiques* de Hume, sont assez prévisibles : d'abord, l'art se rapproche, en une constante et déjà ancienne analogie, de la cuisine (de « l'art culinaire »). Ensuite, le problème principal d'une telle théorie esthétique n'est plus de comprendre les consensus, qui vont de soi, mais plutôt d'expliquer les *divergences de goût*. Dans cette optique, on en rendra raison par les petites différences qui peuvent affecter les organes, qui peuvent être sains ou malades, éduqués ou sauvages, raffinés ou grossiers, etc. Enfin, comme la science, l'esthétique est l'affaire des « experts », de ceux qui s'y connaissent, qui ont exercé leurs organes sensoriels. Rien ne résume mieux cette doctrine que l'histoire racontée par Hume dans l'un de ses essais : deux sommeliers réputés sont conviés par un roi à goûter un tonneau de vin. Tous deux le déclarent excellent, mais l'un y perçoit un léger goût de fer, et l'autre de cuir. On se moque d'eux et les renvoie dans leur cave. Mais une fois le tonneau bu, on découvre au fond une petite clef frappée d'une boucle en cuir… Par où l'on voit comment, bien que sensualiste, Hume restera attaché à l'idée classique d'une objectivité du beau, même s'il « fonde » cette objectivité, non sur la raison universelle, comme les cartésiens, mais sur l'hypothèse d'une structure psycho-biologique commune à l'humanité.

Enfin, dans la *Critique de la faculté de juger*, Kant jettera les bases d'une conception du goût qui dépassera cette opposition du rationalisme et du matérialisme pour fonder l'essentiel des théories du génie reprises par le romantisme. Le beau n'est ni le vrai, comme le pensent les classiques, ni l'agréable, comme le veulent les empiristes. La preuve ? On ne peut, en matière de goût, rien démontrer, ce qui suffit à indiquer qu'il ne relève pas de la vérité. Mais en revanche, ce qui le distingue de l'agréable, c'est que, en un paradoxe dont toute l'esthétique kantienne tentera de donner la clef, on peut en *discuter*, comme s'il était possible, ce qui n'a pas lieu dans l'art culinaire, de donner des *arguments* en faveur ou au détriment d'un jugement de goût. Dans cette perspective, le beau sera défini comme un intermédiaire entre la nature et l'esprit, entre l'intelligible et le sensible, ou plutôt comme une sorte de réconciliation miraculeuse des deux, tout se passant, dans le phénomène de la beauté, comme si le sensible, de et par lui-même, faisait signe vers des significations intelligibles. Ainsi par exemple d'une œuvre de musique : comme une histoire qu'on raconterait à un enfant, elle possède un commencement, un développement et une fin, elle peut être triste ou gaie, tumultueuse ou calme, exprimer de nombreux états de l'âme. Mais toutes ces significations, que nous parvenons parfois à conceptualiser, sont engendrées par des phénomènes purement *sensibles* : il n'est, dans la musique, aucun mot, aucun concept, aucune image, aucune représentation intellectuelle de quelque nature que ce soit. Tout y est « matériel », et pourtant ce matériel fait sens, devient de et par lui-même intelligible. Telle est l'alchimie miraculeuse de l'art qui nous pousse à l'analyser, à en parler, à en discuter même avec passion… sans jamais pouvoir parvenir pourtant à la moindre preuve. De là, bien sûr, la possibilité de la *critique*.

2. La naissance de la critique. Histoire contre tradition.

Contrairement à une opinion souvent reçue, les conditions de possibilité de la critique et de l'histoire de l'art sont en germe, bien avant Diderot et Winckelmann, dès la querelle des Anciens et des Modernes, au XVIIe siècle. Dans la façon dont Boileau lui-même prend la défense des Anciens, le principe de la modernité, l'esprit critique, se trouve déjà subrepticement mobilisé : ce qui fait à ses yeux la supériorité des Anciens n'est plus, comme encore sous la Renaissance, le simple fait qu'ils soient anciens en tant que tels, qu'ils incarnent une tradition *en elle-même* respectable et digne d'admiration. Mais ce qui donne leur prix aux œuvres de l'Antiquité, c'est déjà leur capacité à se conformer à une norme, à un principe qui leur est en quelque façon supérieur et qui peut servir, le cas échéant, à les évaluer. Si l'on ajoute que, pour les classiques français dont l'esthétique s'inspire du cartésianisme, cette norme est évidemment celle de la raison, d'une *faculté du sujet*, on aura compris en quoi le monde de la tradition est déjà si ébranlé que la possibilité de la critique et de l'histoire devient réalité : de la critique, parce qu'il existe une norme autre que celles de la tradition, un critère au nom duquel les œuvres peuvent être jugées (critère qui est *de facto* utilisé, en un paradoxe qui leur échappe souvent, par ceux-là mêmes qui croient prendre le parti de la tradition menacée) ; de l'histoire, puisque l'idée d'une évolution, voire d'un progrès dans la présentation des normes idéales, n'est plus inconcevable. Dès lors, l'originalité cesse d'être par excellence une contre-valeur, et l'imitation l'impératif suprême. Elle commence tout au contraire d'être une des qualités qu'on est en droit d'exiger d'un artiste digne de ce nom. Par là même, ce dernier n'est plus cet intercesseur qui traduisait en mots, en sons ou en images les valeurs de la communauté : il devient un auteur, un individu susceptible d'engendrer une création elle-même originale **[19]**.

C'est bien sûr au début du XVIIIe siècle que ces virtualités de la critique et de l'histoire de l'art, déjà ouvertes par les classiques, prendront véritablement corps. Elles n'en sont pas moins présentes, dès l'origine, dans l'intronisation du sujet en juge de la tradition. Le psychologisme des sensualistes, le « nationalisme » de Dubos et de Montesquieu viendront s'y ajouter pour forger l'idée d'une historicité du goût : le crapaud de Voltaire trouve non seulement que sa crapaude est l'incarnation de la beauté, mais s'il est italien, français ou allemand, c'est en tant que française, italienne ou allemande qu'elle réalisera l'essence du Beau, le *to Kalon*. C'est ainsi l'originalité elle-même qui change de signification : le concept comprend en lui celui de subjectivité (l'originalité de l'œuvre est toujours rapportée à celle de l'artiste comme auteur individuel). Mais à cette détermination originaire s'ajoute celle de l'historicité : il ne s'agit plus seulement d'être original face à une structure intemporelle, celle d'un salon, par exemple, où il s'agirait de faire preuve d'esprit, mais il faut innover par rapport à des prédécesseurs : le génie se mesure à l'aune d'une histoire de l'art au sein de laquelle il s'agit d'apporter quelque chose pour acquérir droit de cité. La condi-

19. Retable d'Issenheim (détail),
vers 1510-1515
Matthias Grünewald

L'artiste devient un auteur, un individu susceptible d'engendrer une création elle-même originale.

tion n'est pas encore suffisante, comme elle le sera, au terme du parcours, dans certaines avant-gardes de notre XXe siècle, mais elle n'en est pas moins déjà tout à fait nécessaire – comme en témoigne d'ailleurs, sur le plan institutionnel, le culte de la chronologie qui va bientôt présider à l'organisation du musée, lui-même créé sous le signe de la Révolution française. Le culte du nouveau, de l'avenir, de la rupture avec la tradition qui caractérisera les velléités subversives du « modernisme » s'enracine, au plus profond, dans l'émergence de la subjectivité, de sorte que l'art contemporain, en un sens qu'il faudra préciser, appartient encore à l'orbite de l'esthétique moderne.

3. L'irrationalité du beau : l'autonomie du sensible comme coupure entre l'homme et Dieu.

Le beau, selon une tradition platonicienne dont on perçoit encore l'influence dans le classicisme français (bien qu'il appartienne déjà de plain-pied, je viens de suggérer pourquoi, aux temps modernes), a longtemps été défini comme une « présentation sensible » du vrai, comme la transposition, dans l'ordre de la sensibilité matérielle (visible ou acoustique), d'une vérité morale ou intellectuelle. Dans ces conditions, bien sûr, la place de l'art ne peut être que secondaire par rapport à celle de la philosophie : on voit mal, en effet, ce que la saisie du vrai médiatisée par le sensible pourrait avoir de préférable (sauf, et encore, sur un plan pédagogique) à une connaissance claire et distincte de la vérité en soi et pour soi.

Au demeurant, que ce soit dans le platonisme, dans les nombreuses variantes de la théologie chrétienne ou encore dans le cartésianisme, le monde intelligible est toujours supérieur au monde sensible **[20]** ou, pour parvenir à la formulation qui importe ici : le point de vue de Dieu se caractérise par le fait que, tout intelligible (Dieu est omniscient, tout lui est transparent, pour autant que ces for-

20. Evangéliaire d'Otton III,
Le Christ lavant
les pieds de Pierre,
vers 1000

Dans les nombreuses variantes de la théologie chrétienne, le monde intelligible est toujours supérieur au monde sensible.

mules anthropomorphiques aient même une signification), il n'est pas affecté par cette marque de l'imperfection et de la finitude humaine qu'est la sensibilité.

On comprendra dès lors mieux combien le projet de consacrer à l'étude de la sensibilité une science autonome, l'esthétique, représente une rupture décisive par rapport au point de vue classique, non seulement de la théologie, mais de toute la philosophie d'inspiration platonicienne. Il faut en prendre la mesure : l'objet de l'esthétique, le monde sensible, *n'a d'existence que pour l'homme*, il est, au sens le plus rigoureux, le propre de l'humain. La naissance de l'esthétique, en tant qu'elle implique, à titre de discipline spécifique, un parti pris sur l'autonomie de son objet, exprime ainsi en concentré le bouleversement qu'inaugure dans tous les domaines le XVIIIe siècle : elle symbolise, mieux que toute autre mutation, le projet de fournir au point de vue de l'homme une légitimité qu'exige déjà, contre la métaphysique et la religion, le développement de la connaissance finie des sciences positives.

La conquête de cette autonomie du sensible, cette invention d'un monde d'où le divin se retire sans cesse davantage au profit de l'humain, s'opère dans l'histoire de l'esthétique en plusieurs étapes : avec l'*Aesthetica* de Baumgarten et la *Phénoménologie* de Johann Heinrich Lambert (1766 : ce fut la première « phénoménologie » d'une longue lignée), c'est déjà le projet de dégager une logique propre aux « phénomènes » sensibles qui prend corps. Non seulement le beau apparaît dans ces œuvres comme le propre de l'homme, mais la sensibilité humaine est présentée comme ayant une structure spécifique que le point de vue de Dieu ne saurait totalement relativiser. Il faudra cependant attendre la *Critique de la raison pure* pour que, la première fois dans toute l'histoire de la pensée, l'autonomie radicale du sensible par rapport à l'intelligible soit philosophiquement fondée, ouvrant ainsi l'espace théorique de la *Critique de la faculté de juger*. Il appartiendra enfin à Nietzsche de supprimer purement et simplement le monde intelligible, qui conservait encore chez Kant le

21. Le Semeur, 1850
Jean-François Millet

Et puisque la vérité
devient une fable,
le philosophe
doit laisser place
à l'artiste :
Incipit aesthetica !

statut d'une Idée nécessaire de la raison. En éliminant ainsi toute référence à Dieu, fût-ce sur le mode d'une simple idée, Nietzsche met fin au théologico-culturel, il ouvre au monde proprement humain, dans son statut de seul et unique monde (par ailleurs éclaté en une infinité de perspectives). En liquidant le « monde vérité » (l'intelligible de Platon, l'Au-delà des chrétiens), Nietzsche liquide aussi les prétentions de la métaphysique à réduire le monde sensible à une apparence. Et puisque la vérité devient une fable, le philosophe doit laisser place à l'artiste : *Incipit aesthetica !* **[21]** Il s'agira bien sûr de savoir dans quelle mesure ces divers moments de la constitution de l'esthétique comme prototype de la culture moderne peuvent être décrits, ainsi qu'on vient de le faire (à la manière, toute révérence gardée, de Léo Strauss), comme les étapes d'un processus linéaire, ou si, au contraire, ces glissements progressifs de la subjectivité n'offrent pas des résistances et des tensions rebelles à toute description en terme d'irrésistible « déclin ». Il nous faudra surtout examiner quelles conceptions de la subjectivité se trouvent chaque fois engagées dans ces divers moments où le retrait du divin (du monde intelligible, si l'on veut) s'accompagne irrémédiablement d'un avènement de l'humain, pensé comme sujet.

Ce qui est d'ores et déjà clair, en revanche, c'est le fait qu'au cours de cette évolution par laquelle il s'autonomise, l'objet beau, en tant qu'objet sensible, bascule du côté du non-rationnel. Déclaré radicalement non intelligible, il devient *ipso facto* irrationnel, et de ce point de vue, l'esthétique prend l'allure d'un véritable défi lancé à la logique. Dès lors, la philosophie rationaliste elle-même ne pourra plus longtemps se désintéresser de la question du statut de ce qui est « hors raison ». De Leibniz à Hegel (et même Freud, pourrait-on ajouter), ce sera le problème central de la pensée allemande. Mais à cette irrationalité « objective » du beau correspond naturellement une nouvelle disposition du sujet : ce n'est plus par la raison qu'il pourra appréhender la manifestation du beau, voire les règles qui le définissent (pour autant que l'on admette l'existence de telles règles), mais par une faculté d'un autre ordre. C'est en ce point que l'esthétique moderne rencontre encore le concept de goût, entendu ici comme le corrélat subjectif de l'irrationalité de l'objet beau en tant qu'objet sensible. La subjectivité ne se réduit donc plus aux facultés intelligibles et l'humanité cesse de se séparer de l'animalité par les seules vertus de la raison.

Première partie

La révolution du goût
ou
l'humanisation de l'art

« Des goûts et des couleurs
on ne discute pas...
et pourtant on ne fait que ça ! »

Friedrich Nietzsche

22. Jardins
du château de Villandry

*Il faut, pour atteindre
l'essence véritable
de la nature,
la « nature de la nature »,
user de l'artifice,
la « géométriser ».*

Chapitre premier

Sentimentalisme et classicisme : entre le cœur et la raison

Si la réflexion sur le Beau prend la forme d'une *esthétique* lorsque les valeurs sont pensées à partir de la subjectivité, la question reste encore entière de savoir ce qui, au sein de cette subjectivité, doit être tenu pour le principe de légitimation du jugement de goût. S'agit-il de la *raison*, comme le pensent les cartésiens et avec eux les théoriciens du classicisme français, ou du *sentiment*, de la « délicatesse » du *cœur*, comme l'affirmera de plus en plus nettement au cours du XVIIIe siècle[1] un courant qui prend ses sources aussi bien chez Pascal que dans l'empirisme anglais ? Si l'on opte en faveur de la raison, on concevra le jugement de goût sur le modèle d'un énoncé mathématique : son objectivité sera garantie par analogie avec celle des sciences – le risque du classicisme étant la perte de la spécificité de l'esthétique, la réduction de la beauté à une simple représentation sensible de la *vérité*. Ainsi par exemple, tout au long de sa vie, Rameau conservera l'idéal d'une musique mathématisée dont les règles seraient aussi certaines que celles de la géométrie ou de l'arithmétique. Si, à l'inverse, on met le sentiment au principe de l'évaluation esthétique, si le goût est davantage affaire de cœur que de raison, l'autonomie de la sphère esthétique pourra bien être obtenue mais, semble-t-il, au prix d'une subjectivisation si radicale du beau que la question de l'objectivité des critères risque d'être disqualifiée au profit d'un relativisme total.

Le conflit du cœur et de la raison, du sentiment et de la vérité, qui est au centre des réflexions sur la nature du beau à l'âge classique, constitue la véritable préhistoire de l'esthétique moderne. Ses protagonistes, de Boileau à Batteux, de Bouhours à Dubos, s'y sont engagés avec une passion qui n'a rien à envier à celle qui anime nos querelles contemporaines. Les questions qu'il pose – notamment celle de l'autonomie de l'esthétique comme discipline nouvelle, différente de la logique, et celle des critères du goût – renvoient au fond à un problème unique : celui de la communicabilité de l'expérience esthétique en tant qu'expérience subjective, purement individuelle et cependant accessible à autrui sur le mode d'un « sens commun », d'un *partage* que rien, semble-t-il, ne vient *a priori* garantir. En effet, si le beau n'est que l'expression d'une vérité de raison, comme le pensent Boileau et, avec lui, les classiques les plus orthodoxes, il est normal qu'il puisse faire l'objet d'un « sens commun » (nous dirions aujourd'hui d'un « consensus ») : le bon sens n'est-il pas, comme l'affirmait Descartes, la « chose la mieux partagée du monde » ? Si, en revanche, il n'est affaire que de sensibilité et de « cœur », s'il énonce à merveille ce qui ne se conçoit pas toujours clairement, exprime l'indicible de nos âmes particulières, comment rendre raison de l'accord qui malgré tout s'instaure au fil du temps autour des grandes œuvres ?

Les deux idées de nature

Pour bien cerner les enjeux historiques et philosophiques de cette querelle en apparence seulement esthétique, il est bon d'avoir d'emblée présents à l'esprit quelques-uns de ses prolongements au XVIIIe siècle. Dès le milieu du

XVIIe siècle, en effet, apparaissent, sur fond de cette opposition entre sentimentalisme et classicisme, entre cœur et raison, deux représentations antinomiques de la nature. Or, à travers elles, ce n'est pas seulement du statut de la beauté et de l'art qu'il s'agit, mais bien de nos attitudes philosophiques et politiques à l'égard de la civilisation en général. Il semble que le processus d'élaboration de la culture nous éloigne de manière sans cesse plus irréversible de l'authenticité supposée des origines perdues. Pour les classiques, dont la patrie d'élection est la France, cet éloignement est salutaire. Bien plus, l'idée d'une nature tout à la fois originaire et authentique n'a à vrai dire aucun sens pour eux. Dans le sillage du cartésianisme et de sa lutte contre l'animisme du Moyen Age apparaît l'idée que la nature véritable n'est pas celle que nous percevons par les sens de façon immédiate, mais celle que nous saisissons par un effort de l'*intelligence*. C'est, selon Descartes, par la raison que nous appréhendons l'essence des choses. Et ce que les classiques français nommeront «*nature*» n'est rien d'autre que cette réalité essentielle qui s'oppose aux apparences données dans l'immédiateté sensible. Molière **[23]**, qui déclarait vouloir, dans ses comédies, «peindre d'après nature», ne nous décrit pas la vie quotidienne des hommes ordinaires, mais trace le portrait *idéal-typique* de *caractères essentiels* : l'Avare, le Misanthrope, l'Hypocrite, le Don Juan, l'Hypocondriaque, etc.

L'archétype de cette vision «classique» et rationaliste de la nature nous est bien sûr donné dans les jardins à la française. Leur organisation repose sur l'idée qu'il faut, pour atteindre l'essence véritable de la nature, la «nature de la nature», user de l'artifice, la «géométriser» **[22]**. C'est par la mathématique, par l'usage de la raison la plus abstraite, qu'on saisit la vérité du réel. Comme l'a montré Catherine Kinzler, «le jardin à la française, travaillé, taillé, dessiné, calculé, alambiqué, artificiel et forcé est finalement, si l'on veut aller au fond des choses, *plus*

23. Molière (1622-1673),
1671
Pierre Mignard

Molière ne nous décrit pas la vie quotidienne des hommes ordinaires, mais trace le portrait idéal-typique de caractères essentiels *: l'Avare, le Misanthrope, l'Hypocrite, le Don Juan, l'Hypocondriaque, etc.*

naturel qu'une forêt sauvage... Ce qui est offert à la contemplation esthétique, c'est une nature cultivée, maîtrisée, poussée à bout, plus vraie et plus fragile en même temps parce que l'essentiel ne se dévoile jamais qu'à contre-cœur [2] ». Aux yeux des classiques français, le jardin anglais n'est pas naturel : dans le meilleur des cas, il s'en tient aux apparences. Il n'atteint pas la vérité du réel. Pire, il peut tourner à l'affectation et au maniérisme, puisqu'il n'incarne ni la nature à l'état brut ni sa vérité mathématique essentielle. Quant aux paysages sauvages, la forêt, l'océan, la montagne, ils ne sauraient inspirer qu'un juste effroi aux hommes de goût : le désordre chaotique qui y règne dissimule la nature véritable. Si l'harmonie des figures géométriques évoque l'idée d'un ordre divin, la nature vierge ne présente à l'esprit que des images païennes à la limite du diabolique. Telle est la raison pour laquelle, tout au long de l'âge classique, les Alpes, que nous tenons volontiers aujourd'hui pour un lieu privilégié de la beauté naturelle, seront d'abord perçues comme un obstacle hideux qu'il est fâcheux d'avoir parfois à traverser [3]. Le beau, dans cette optique, ne saurait être que la présentation *artificielle* d'une vérité de la raison, non la mise en scène des sentiments que peut nous inspirer la restauration d'une origine occultée par la civilisation des hommes. On aime la nature dressée, policée, bref, cultivée et, pour tout dire, *humanisée* **[24]**.

C'est contre cette vision classique de la beauté que se révolte l'esthétique du sentiment. Loin d'être mathématique, travaillée et humaine, la véritable nature s'identifie à *l'authenticité originaire* dont la culture des sciences et des arts, pour parler comme Rousseau, nous a fait perdre le sens. Le naturel, ici, n'est donc plus l'essentiel, mais ce qui *n'est pas encore dénaturé*, et que l'on nomme volontiers l'état « sauvage ». La forêt, la montagne et l'océan retrouvent leurs droits contre les artifices de la géométrie **[25]**. Bien plus : loin que la nature puisse être humanisée par la civilisation – elle ne fait que s'y perdre –, ce sont les hommes qui, malgré leurs orgueilleuses prétentions, lui

24. Le Matin, les baigneuses,
1722
Claude-Joseph Vernet

On aime la nature dressée, policée, bref, cultivée et, pour tout dire, humanisée.

appartiennent de part en part. Ils doivent donc lui rester fidèles. De là, chez Rousseau et les premiers romantiques, l'apologie de ceux qu'on désigne de façon significative comme les « naturels » : ces « Caraïbes » que le goût du luxe et des artifices n'a pas encore corrompus, mais aussi ces « fiers montagnards au cœur pur » que leur isolement même a protégés du mal. C'est ainsi le mythe de l'âge d'or et du paradis perdu qui reprend vie. L'accompagne, comme il se doit, l'inévitable discours sur la « chute », qui annonce le thème romantique et anti-humaniste du « déclin de l'Occident ».

On a souvent souligné combien cette esthétique du sentiment est encore éloignée de ce que sera le romantisme à sa maturité. Et de fait, ce dernier se présentera souvent comme une synthèse de l'opposition entre classicisme et

25. Der Watzmann,
vers 1824
Caspar David Friedrich

La forêt, la montagne et l'océan retrouvent leurs droits contre les artifices de la géométrie.

sentimentalisme. La nature véritable y sera définie comme « Vie », c'est-à-dire comme l'union « divine » du corps et de l'âme, de la sensibilité et de la raison. Il n'en reste pas moins que la séparation entre le sentimentalisme et le romantisme est beaucoup moins nette qu'on ne le dit d'ordinaire : les romantiques et leur postérité conserveront jusque dans leur philosophie de l'histoire l'idée d'un âge d'or perdu **[26]**, celle, également, que la beauté est bien davantage de l'ordre du sentiment que de la raison.

Pour comprendre les origines et les enjeux de cette querelle qui déborde la seule sphère de l'esthétique, il est fort utile de remonter à sa forme, pour ainsi dire, primitive : celle qui oppose à la fin du XVIIe siècle les partisans du classicisme cartésien à ceux d'une esthétique sentimentale du « je-ne-sais-quoi » et du « presque rien » [4].

26. Ia Orana Maria
(Je vous salue Marie),
vers 1891-1892
Paul Gauguin

Les romantiques et leur postérité conserveront jusque dans leur philosophie de l'histoire l'idée d'un âge d'or perdu.

Classicisme et délicatesse : les dialogues d'Eudoxe et de Philanthe

Ce conflit a été souvent analysé[5]. Il ne saurait être question ici d'en retracer à nouveau l'histoire. Je voudrais plutôt attirer l'attention sur une œuvre méconnue qui offre l'originalité de présenter cette opposition sous la forme d'un dialogue entre deux personnages dont l'un, Eudoxe, incarne le classicisme de Boileau et l'autre, Philanthe, l'esthétique de la délicatesse. Il s'agit du livre de Dominique Bouhours, *Des manières de bien penser dans les ouvrages de l'esprit*. Publié en 1687, ce dialogue, qui faisait suite aux *Entretiens d'Ariste et d'Eugène* (1671), devait connaître un immense succès : pour la première fois, sans doute, dans l'histoire de ce qui allait bientôt devenir l'esthétique, le classicisme et la délicatesse étaient opposés comme deux « types idéaux ». Voici en effet comment ce jésuite, un professeur d'humanités et de rhétorique dont Madame de Sévigné disait que « l'esprit lui sortait de tous les côtés », présente ses deux personnages : ce sont « deux hommes de lettres que la science n'a point gâtés et qui n'ont guère moins de politesse que d'érudition. [...] Quoiqu'ils aient fait les mêmes études et qu'ils sachent à peu près les mêmes choses, le caractère de leur esprit est bien différent ». C'est d'emblée la « sensibilité » qui distingue les deux hommes. Les goûts d'Eudoxe sont à l'image de son nom : conformes à l'orthodoxie classique. « Rien ne lui plaît dans les ouvrages ingénieux qui ne soit raisonnable et naturel[6]. » Il admire les Anciens. Quant à Philanthe, « tout ce qui est fleuri, tout ce qui brille le charme. Les Grecs et les Romains ne valent pas à son gré les Espagnols et les Italiens[7] » : il aime le baroque.

On sent, dès la préface du dialogue, que Bouhours a choisi son camp. Il ne s'agira pas « de prescrire des règles, ni de donner des lois qui gênent personne », l'auteur, ajoute-t-il, « dit ce qu'il pense et laisse à chacun la liberté de juger autrement que lui », son ouvrage ne voulant être qu'une « Rhétorique courte et facile qui instruit plus par les exemples que par les préceptes et qui n'a guère d'autres règles que ce bon sens vif et brillant dont il est parlé dans les entretiens d'Ariste et d'Eugène[8] ». A travers le personnage d'Eudoxe, c'est bien sûr l'*Art poétique* qui est visé, tel que Boileau en résume le propos en ces vers justement célèbres :

Rien n'est beau que le vrai, le vrai seul est aimable,
Il doit régner partout, et même dans la fable ;
De toute fiction l'adroite fausseté
Ne tend qu'à faire aux yeux briller la vérité.
Sais-tu pourquoi mes vers sont lus dans les provinces
Sont recherchés du peuple et reçus chez les princes ?
Ce n'est pas que leurs sons, agréables, nombreux
Soient toujours à l'oreille également heureux
Qu'en plus d'un lieu le sens n'y gêne la mesure
Et qu'un mot quelquefois n'y brave la césure :
Mais c'est qu'en eux le vrai, du mensonge vainqueur,
Partout se montre aux yeux et va saisir les cœurs [...]
Ma pensée au grand jour partout s'offre et s'expose
Et mon vers, bien ou mal, dit toujours quelque chose.

Ce passage de l'Epître IX renferme les principaux thèmes de l'esthétique classique que Philanthe, contre Eudoxe, va tenter, sinon de *réfuter*, du moins de révoquer en doute :

1. L'équivalence art/science que suggère la réduction du Beau à la vérité, et, par là même, celle du jugement de goût à un jugement théorique sur la perfection d'une œuvre, sur son adéquation à un « concept », c'est-à-dire à des règles déterminées.

2. Le rejet de la « fiction » et, avec elle, de l'imagination, cette « folle du logis », selon la formule de Malebranche, cette faculté bornée que Descartes déclarait déjà, dans une lettre à Mersenne de juillet 1641, incompatible avec la science[9].

3. L'idée que l'activité de l'artiste réside non dans l'*invention*, mais dans la *découverte*, comme le rappelle encore Boileau dans l'importante Préface de 1701 à sa dernière réédition des *Satires* : « Qu'est-ce qu'une pensée neuve, brillante, extraordinaire ? Ce n'est point, comme se le persuadent les ignorants, une pensée que personne n'a jamais eu ni dû avoir ; c'est au contraire une pensée qui a dû venir à tout le monde et que quelqu'un s'avise le premier d'exprimer », c'est-à-dire, à proprement parler, de découvrir, de mettre au jour. Car « l'esprit de l'homme est naturellement plein d'un nombre infini d'idées confuses du vrai, que souvent il n'entrevoit qu'à demi, et rien ne lui est plus agréable que lorsqu'on lui offre quelqu'une de ces idées bien éclaircie, et mise dans un beau jour ». Comme celle du savant, la tâche de l'artiste se situe à mi-chemin entre l'*imitation* théorisée dans la *République* de Platon et la *génialité*, la création inconsciente du *nouveau* qui formera le concept central de l'esthétique romantique.

4. Si l'art est découverte, mise au jour d'une vérité encore enfouie dans les replis du cœur humain, l'objet beau, à l'instar de l'objet scientifique, est ce qui dans la nature s'avère pleinement conforme aux lois de la raison. Comme le dira Charles Batteux, l'un des principaux disciples de Boileau au XVIIIe siècle : « Les arts ne créent point leurs règles : elles sont indépendantes de leur caprice et invariablement tracées dans l'exemple de la nature[10]. » Mais il ne s'agit pas d'« imiter » indistinctement tout ce qui est « naturel ». Il faut au contraire dévoiler ce qui dans la nature foisonnante est *essentiel, conforme à la raison*, soit : « la nature, non telle qu'elle est elle-même, mais telle qu'elle peut être et qu'on peut la concevoir par l'esprit » ou, comme le dit encore Batteux[11], le « vraisemblable » plutôt que le « vrai »[12].

27. Aurore,
plafond de la villa Ludovisi,
1621-1623
Il Guercino

Au regard des exigences du classicisme, le baroque italien apparaît proprement monstrueux.

5. Le véritable artiste rejettera naturellement tout ce qui évoque le « baroque » espagnol ou italien. On connaît l'étymologie du mot, qui apparaît dès la première édition du *Dictionnaire* de l'Académie, en 1694 : « Baroque, adjectif. Se dit seulement des perles qui sont d'une rondeur fort imparfaite. Un collier de perles baroques. » Le sens figuré sera admis par l'édition de ce même dictionnaire en 1740 : « Baroque se dit aussi au figuré pour irrégulier, bizarre, inégal. Un esprit baroque, une expression baroque, une figure baroque. » Le baroque, c'est donc le *difforme*, l'irrationnel, ce qui, par rapport à ce symbole parfait du principe de raison qu'est le cercle, ne peut apparaître que comme un *excès*, une *inélégance* – au sens où l'on dit qu'une démonstration mathématique qui n'emprunte pas les voies les plus simples et se perd en détours inutiles est inélégante quand même elle parvient au bon résultat. Au regard des exigences du classicisme, le baroque italien apparaît proprement *monstrueux* **[27]**, selon la formule même de Boileau :

La plupart emportés d'une fougue insensée

Toujours loin du droit sens vont chercher leur pensée.

Ils croiraient s'abaisser dans leurs vers monstrueux

S'ils pensaient ce qu'un autre a pu penser comme eux.

Evitons ces excès : laissons à l'Italie

De tous ses faux brillants l'éclatante folie [13].

6. L'art étant comme la science animé d'une volonté de transparence, de mise en lumière de ce qui, bien que commun à une nature humaine éternelle, parce que rationnelle, reste encore enfoui, il doit fuir toute obscurité dans l'expression :

Il est certains esprits dont les sombres pensées

Sont d'un nuage épais toujours embarrassées

Le jour de la raison ne le saurait percer

Avant donc que d'écrire apprenez à penser.

Selon que notre idée est plus ou moins obscure

L'expression la suit, ou moins nette ou plus pure.

Ce que l'on conçoit bien s'énonce clairement

Et les mots pour le dire arrivent aisément [13].

Non seulement l'ineffable ne saurait trouver place dans la poésie, mais les figures de rhétorique doivent être pourchassées dès qu'elles peuvent susciter cette « équivoque »

que les satires de Boileau stigmatisent en des vers dont chacun peut apprécier, sinon l'élégance, du moins la limpidité :

Du langage Français bizarre hermaphrodite
De quel genre te faire équivoque maudite ?
Ou maudit : car sans peine aux rimeurs hasardeux
L'usage encor, je crois, laisse le choix des deux.
Tu ne me réponds rien. Sors d'ici fourbe indigne,
Mâle aussi dangereux que femelle maligne
Qui croit rendre innocents des discours imposteurs ;
Tourment des Ecrivains, juste effroi des Lecteurs ;
Par qui de mots confus sans cesse embarrassée
Ma plume en écrivant cherche en vain ma pensée[14].

7. Si l'essentiel, enfin, est bien de plaire « au peuple autant qu'au Prince[15] » et de « saisir les cœurs », encore faut-il préciser que le cœur, ici, n'a rien de pascalien, qu'il se confond plutôt avec l'esprit des cartésiens. L'agrément suscité par le poème doit provenir davantage du sens qu'il renferme que de la « richesse de ses sonorités ». Lorsque Boileau emprunte parfois le vocabulaire de l'esthétique de la délicatesse, c'est pour en détourner la signification et lui donner une connotation rationaliste : « Que si l'on me demande ce que c'est que cet agrément et ce sel, je répondrai que c'est un je-ne-sais-quoi qu'on peut mieux sentir que dire : *A mon avis néanmoins, il consiste à ne jamais présenter au lecteur que des pensées vraies et des expressions justes*[16]. »

Telle est précisément l'opinion que Bouhours, à travers les propos de Philanthe, cherche à ébranler. Contre le rationalisme d'Eudoxe, contre son éloge des vertus poétiques de l'idée claire et distincte, Philanthe s'attache à mettre en évidence la part d'*irrationalité* que comporte toute expression artistique de la Beauté. Il est toujours dans les poèmes, du moins s'ils sont bons, « un fond d'obscurité que rien ne saurait éclaircir [17] ». A l'inverse exact de l'enseignement classique, il faut affirmer le caractère *ineffable* du Beau : « Quand vous me demandez ce qu'est une pensée délicate, je ne sais où prendre les termes pour m'expliquer : ce sont des choses qu'il est difficile de voir d'un coup d'œil et qui, à force d'être subtiles, vous échappent lorsque vous pensez les tenir [18]. » Pourtant cet indicible n'est pas illégitime, simple signe d'une faiblesse des capacités expressives de l'artiste, il est au contraire l'essence la plus intime de la « pensée délicate » : « Le sens qu'elle contient n'est pas si visible ni si marqué » que ne le pense Eudoxe, et « le petit mystère est comme l'âme de la délicatesse des pensées, en sorte que celles qui n'ont rien de mystérieux, ni dans le fond ni dans le tour, et qui se montrent tout entières à la première vue ne sont pas délicates proprement, quelque spirituelles qu'elles soient par ailleurs [19] ».

On perçoit ici tout ce qui sépare l'esthétique du sentiment du classicisme : si le principe du jugement de goût n'est pas la raison, si, comme le dit encore Philanthe en une formule toute pascalienne, « le cœur est plus ingénieux [20] que l'esprit [21] », c'est l'élément irrationnel et sensible de la subjectivité qu'il s'agit d'exalter. Contre l'*Art poétique*, l'esthétique de Bouhours réhabilite les procédés rhétoriques qui permettent de faire droit à l'irrationnel en l'homme, et en tout premier lieu l'usage des métaphores *équivoques* qui sont « comme ces voiles transparents qui laissent voir ce qu'ils couvrent, ou comme des habits de masque sous lesquels on reconnaît la personne qui est déguisée [22] ». Ce qui plaît dans l'équivocité, c'est justement ce « reste » à jamais insaisissable par l'entendement [23]. Et si « les pensées, à force d'être vraies, sont quelques fois triviales », n'est-ce pas plutôt de la fausseté même qu'il convient de faire en quelque façon l'éloge ? N'est-ce pas « la fiction, ou quelque chose d'un peu poétique qui rend les pensées très agréables dans la prose [24] » ? Ainsi, « une princesse que nous avons connue et qui avait l'esprit infiniment délicat, disait que le soleil ne faisait les beaux jours que pour le peuple… La proposition semble fausse et elle n'a de beauté que par là [25]». Bref, Philanthe serait presque tenté de dire : rien n'est beau que le faux, le faux seul est aimable !

Classicisme et sentiment au XVIIIe siècle : l'indiscutabilité du goût

Dans sa *Philosophie des Lumières*, Cassirer a bien vu, au moins dans le principe, ce qui séparait l'esthétique du XVIIIe siècle de celle du XVIIe : « La mutation interne qui met fin au règne de la doctrine classique dans le domaine de l'esthétique correspond exactement à ce qui s'accomplit dans la pensée physique par le passage de Descartes à Newton… Il s'agit de se libérer du despotisme absolu de la déduction, il s'agit de faire place, à côté d'elle et non absolument contre elle, aux simples faits, aux *phénomènes* et par suite d'accorder davantage de place à la *sensibilité* [26]. » Le diagnostic, globalement juste, est pourtant caricatural. Travaillant de seconde main – pour l'essentiel à partir du livre de Bäumler sur le *Problème de l'irrationalité* –, Cassirer commet des erreurs surprenantes : il déclare, par exemple, que l'ouvrage de Bouhours « n'est séparé de l'*Art poétique* de Boileau que par un siècle ou guère plus », alors que les deux auteurs sont contemporains (Bouhours est mort en 1702, Boileau en 1711). A vrai dire, le conflit qui oppose l'esthétique classique à celle du sentiment prend tout entier ses racines au XVIIe siècle. S'il se poursuit au XVIIIe sous une forme quelque peu différente – et sur ce point Cassirer a raison : le XVIIIe siècle privilégie l'observation sur la déduction –, il n'est pas essentiellement modifié comme en témoigne l'ouvrage du disciple de Boileau, Charles Batteux, *Les Beaux-Arts réduits à un même principe* (1746). Il s'agit certes d'introduire dans la réflexion sur le Beau l'*observation* de l'expérience concrète plutôt que de se fier aux seules vertus de la déduction cartésienne : « Imitons les vrais physiciens qui amassent des expériences et fondent ensuite sur elles un système qui les réduit en principe [27]. » Le modèle, à n'en pas douter, est bien fourni par la physique de Newton : de même que celle-ci réduit la diversité des phénomènes célestes à un principe unique – la gravitation universelle –, il faut dans la sphère esthétique chercher à réduire la diversité des règles concrètement en jeu dans les œuvres d'art à une seule et même formule, car « toutes les règles sont les branches qui tiennent à une même tige [28] ». Pourtant, même si la méthode n'est plus cartésienne, déductive, le résultat des recherches de Batteux est conforme à l'enseignement de Boileau : la norme suprême reste bien l'imitation de la nature ou, plus exactement, l'imitation de ce que la raison dévoile comme l'essence de la nature, de sorte que le véritable génie n'invente pas, mais découvre **[28]** : « L'esprit humain ne peut créer qu'improprement : toutes ses productions portent l'empreinte d'un modèle. [...] Le génie qui travaille pour plaire ne doit donc, ni ne peut, sortir des bornes de la nature même. Sa fonction consiste non à imaginer ce qui peut être, mais à trouver ce qui est. Inventer dans les arts n'est point donner l'être à un objet, c'est le reconnaître où il est comme il est [29]. » **[29]** L'art ne diffère donc pas essentiellement de la science, la seule originalité de l'artiste tenant au choix du sujet, à la composition [30], non à ses facultés de *création*. Pour l'essentiel, il se borne à présenter dans un matériau sensible – le marbre, les couleurs, les sons, etc. – l'*idée naturelle* qu'il veut exprimer [31]. La différence avec la thèse classique du XVIIe siècle reste donc plus mince que ne l'affirme Cassirer.

Sur l'autre versant du conflit, le plus grand théoricien de l'esthétique du sentiment au XVIIIe siècle, l'abbé Dubos, s'inscrit également dans la continuité de Bouhours. Ses *Réflexions critiques sur la poésie et la peinture* de 1719 – dont Voltaire disait qu'elles étaient « le livre le plus utile qu'on ait jamais écrit sur ces matières chez aucune des nations de l'Europe » – se situent résolument du côté d'une critique du classicisme en affirmant la primauté incontestable de l'émotion sur l'intelligence : si le but de l'œuvre d'art est de plaire – ce qu'admettent aussi les classiques –, encore faut-il préciser que « de tous les talents qui donnent de l'empire sur les autres hommes, le talent le plus puissant n'est pas la supériorité d'esprit et de lumières : c'est le talent de les émouvoir à son gré [32] ». Les *Réflexions* de Dubos se présentent alors comme une théorie des *effets* de l'art sur le cœur humain ; elles quittent le terrain du *droit* pour se situer au niveau du *fait*, de la psychologie et de l'anthropologie. Voici leur projet tel que le formule l'Introduction : « Un livre qui, pour ainsi dire, déploierait le cœur humain dans l'instant où il est attendri par un poème ou touché par un tableau, donnerait des vues très

28. La Famille de paysans,
1642
Louis Le Nain

L'imitation de ce que la raison dévoile comme l'essence de la nature, de sorte que le véritable génie n'invente pas, mais découvre.

étendues et des lumières justes à nos artisans sur l'effet général de leurs ouvrages, qu'il semble que la plupart d'entre eux aient tant de peine à prévoir. »

Il convient donc d'accorder plus d'importance à l'observation qu'à la déduction dans la réflexion esthétique elle-même – ce que Dubos, pour manifester sa fidélité à sa propre méthode, se plaît à mettre en évidence par des exemples tels que celui-ci, particulièrement représentatif de son style d'argumentation : « Monsieur de Leibniz ne se hasarderait jamais à passer en carrosse par un endroit où son cocher l'assurerait ne pouvoir point passer sans verser, même étant à jeun, quoiqu'on démontrât à ce savant homme dans une analyse géométrique de la pente du che-

29. Le Gobelet d'argent,
s.d.
Jean-Baptiste Siméon Chardin

« Inventer dans les arts n'est point donner l'être à un objet, c'est le reconnaître où il est comme il est. »
C. Batteux

min et de la hauteur, comme du poids de la voiture, qu'elle ne devrait pas y verser. On en croit l'homme préalablement au philosophe parce que le philosophe se trompe encore plus facilement que l'homme [33]. » L'empirisme vient certes en appoint à cet anticartésianisme pascalien qu'on percevait déjà chez Bouhours, mais fondamentalement, l'esthétique du sentiment ne fait que développer et enrichir l'esthétique de la délicatesse : « S'il est quelque matière où il faille que le raisonnement se taise devant l'expérience, c'est assurément dans les questions qu'on peut faire sur les mérites d'un poème [34]. »

L'essentiel du conflit demeure donc en place au XVIIIe siècle et il le restera jusqu'à l'émergence des premières tentatives de synthèse dont la *Critique de la faculté de juger* de Kant se présentera comme le couronnement ultime. En témoigne le fait que la question centrale de Kant, celle de la discutabilité du goût, est également éludée par Batteux et Dubos : chez le premier au nom d'un rationalisme dogmatique, parce qu'« *il ne peut y avoir en général qu'un seul bon goût qui est celui qui approuve la belle nature : et tous ceux qui ne l'approuvent point ont nécessairement un goût mauvais* [35] » ; chez le second, pour le motif rigoureusement inverse : en matière de goût, « la voie de la discussion n'est pas aussi bonne pour connaître le mérite des vers et des tableaux que celle du sentiment ». Selon Dubos, en effet, « le sentiment enseigne bien mieux si l'ouvrage touche et s'il fait sur nous l'impression qu'il doit faire que toutes les dissertations composées par les critiques pour en expliquer le mérite et pour en calculer les imperfections et les défauts. La voie de discussion et d'analyse [...] est bonne à la vérité lorsqu'il s'agit de trouver les causes qui font qu'un ouvrage plaît ou ne plaît pas ; mais cette voie ne vaut pas celle du sentiment lorsqu'il s'agit de décider cette question : l'ouvrage plaît-il ou ne plaît-il pas ? L'ouvrage est-il bon ou mauvais en général ? *C'est la même chose* ».

Si la « voie de la discussion » est rejetée par l'esthétique du sentiment, c'est donc à un double titre, très explicitement affirmé dans les *Réflexions* : d'une part, toute référence à des concepts ou à des règles ayant disparu – en conséquence d'une critique radicale du rationalisme classique –, il n'est plus de *critère autour duquel la discussion pourrait s'instaurer* : « Si le mérite le plus important des poèmes et des tableaux était d'être conformes à des règles rédigées par écrit, on pourrait dire que la meilleure manière de juger de leur excellence comme du rang qu'ils doivent tenir dans l'estime des hommes serait la voie de discussion et d'analyse. Mais le mérite le plus important des poèmes et des tableaux est de nous plaire » et c'est dès lors au sentiment qu'il faut s'en remettre pour juger. D'un autre côté, c'est aussi parce que Dubos n'envisage pas, comme le fera plus tard Kant, la possibilité qu'une critique du rationalisme dogmatique n'interdise pas toute référence à des critères intelligibles – à des « *Idées* » indéterminées sinon à des *règles* scientifiques – qu'il est conduit à comparer l'impossibilité de la discussion esthétique à celle de la discussion culinaire : « S'aviserait-on jamais, après avoir posé des principes géométriques sur la saveur et défini les qualités de chaque ingrédient qui entre dans la composition de ce mets, de *discuter* la proportion gardée dans leur mélange pour décider si le ragoût est bon ? On n'en fait rien [...] on goûte le ragoût, et même sans savoir ces règles, on connaît s'il est bon. Il en est de même en quelque manière des ouvrages d'esprit et des tableaux faits pour nous plaire en nous touchant[36]. » La discussion est donc inutile, « fatigante pour l'écrivain et dégoûtante pour le lecteur[37] ».

La fin des traditions ou la naissance de l'individualisme moderne

De l'un à l'autre moment du conflit qui oppose l'esthétique du sentiment et le classicisme dogmatique, il n'y a donc pas seulement opposition mais aussi, comme dans toute structure véritablement antinomique, *passage* : si les deux esthétiques conduisent, selon des argumentations pourtant inverses, à un commun rejet de l'intersubjectivité (de la discutabilité du beau), c'est que toutes deux s'enracinent dans une conception monadique de la subjectivité. La querelle ne touche pas, comme celle qui pourrait opposer les Modernes aux Anciens, à la question de savoir s'il convient ou non de fonder le beau sur le jugement de l'individu ou sur la tradition, mais uniquement à la notion d'individualité à laquelle on doit, ici ou là, se référer. Sans doute, au regard de l'esthétique du sentiment, la Raison des classiques apparaît-elle comme une *autorité dogmatique*, comme ce qui, dans le sujet, est le moins subjectif. Et pourtant ne nous y trompons pas : l'esthétique de Boileau elle-même est bien *moderne* en ce qu'elle ne met nullement en doute l'idée d'une fondation du Beau sur la subjectivité, la Raison étant reconnue comme une faculté du sujet.

Certes, dans la querelle des Anciens et des Modernes, Boileau prend le parti des Anciens ; encore faut-il comprendre la nature exacte de son engagement : si les Anciens l'emportent à ses yeux sur les Modernes, ce n'est pas parce qu'ils sont anciens, comme on l'admettait jusqu'à la Renaissance conformément à un cadre de pensée traditionnel qui situait les archétypes dans le passé [38] ; *mais c'est qu'ils incarnent un idéal défini par référence* à la Raison comprise comme l'une des facultés du *cogito*. Les Anciens ne sont plus dès lors des *archétypes* mais des *illustrations*, de simples exemples d'un modèle qui réside dans le sujet et qui, se tenant au-dessus d'eux, permet à la *critique* de s'exercer. L'émergence de la critique, indissolublement liée à celle de l'esthétique, met fin à la représentation *antique*, *objective* du beau. Même si l'imitation reste un concept central de l'*Art poétique*, elle doit être comprise comme une activité de découverte comparable à celle de la science. La subjectivisation du goût s'introduit ainsi au cœur de l'activité créatrice puisque l'individu possède une certaine marge de manœuvre, une possibilité de se *distinguer* d'autrui dans la capacité à mettre au jour les lois de la nature ou à les exprimer. Cette part de liberté se manifeste déjà chez les classiques – les moins modernes des modernes, pourtant – par l'exigence d'*originalité*, comme en témoigne encore ce portrait que Boileau trace de lui-même en toute simplicité :

Au joug de la raison asservissant la rime
Et même en imitant toujours original
J'ai su dans mes écrits, docte, enjoué, sublime,
Rassembler en moi Perse, Horace et Juvénal.

Si nous nous plaçons du point de vue d'une pensée traditionnelle, non subjectiviste, de l'art, il est donc clair qu'il y a bien davantage accord qu'opposition entre l'esthétique classique et celle du sentiment : cette dernière, en déplaçant le principe du jugement de goût de la raison vers le cœur, ne fait au fond qu'accomplir ce mouvement de subjectivisation du Beau qu'inauguraient déjà les classiques dans le sillage du cartésianisme – ce pour quoi l'esthétique du sentiment mérite seule, à proprement parler, d'être nommée *esthétique*; ce pour quoi aussi elle approfondira la question centrale de l'originalité en critiquant l'imitation et en dénonçant la pratique du plagiat auquel Dubos, de façon tout à fait significative, consacre une section entière des *Réflexions* : un artisan, demande Dubos, « ne peut-il pas suppléer au peu d'élévation et à la stérilité de son génie en transplantant dans ses ouvrages les beautés qui sont dans les ouvrages des grands maîtres ? [...] Je réponds [...] qu'il fut toujours permis de s'aider de l'esprit des autres pourvu qu'on ne le fasse point en plagiaire. Ce qui constitue le plagiaire, c'est de donner l'ouvrage d'autrui comme son propre ouvrage », faute mais aussi faiblesse suprêmes dans un monde où règne l'individualisme, où la subjectivité s'est imposée comme le fondement de toutes les valeurs et l'originalité créatrice de l'*auteur* comme le signe réel de la génialité.

S'il y a opposition entre la raison des classiques et l'esthétique du sentiment, c'est donc, malgré tout, sur la base

30. Diderot
(1713-1784),
vers 1769
Jean-Honoré Fragonard

d'un commun rejet des visions traditionnelles de l'art, comme on le voit encore dans le *passage* de la conception classique à la conception sentimentaliste du public.

Chez Boileau, certes, le beau est défini de façon moderne, comme ce qui plaît au goût d'un public, de sorte que la Préface de 1701 peut déclarer qu'un « ouvrage qui n'est point goûté du public est un très méchant ouvrage ». Mais pour autant, ce public demeure en quelque façon intemporel puisque son goût réside dans la capacité, commune en droit à tous les hommes, de percevoir la vérité une et éternelle. « Une pensée n'est belle qu'en ce qu'elle est vraie », et « l'effet infaillible du vrai, quand il est bien énoncé, est de frapper les hommes » : telle est au fond la conviction qui anime la conception classique du rapport de l'art à un public dont les erreurs de jugement ne sauraient dès lors être que passagères : « Le gros des hommes peut bien, durant quelque temps, prendre le faux pour le vrai, et admirer de méchantes choses : mais il est impossible qu'à la longue une bonne chose ne lui plaise. » Dans

31. Winckelmann
(1717-1768)

une telle perspective, il ne saurait y avoir véritablement d'histoire de l'art, les variations du goût n'étant que des écarts provisoires et accidentels par rapport à une norme qui, toujours, finit par reprendre le dessus et s'imposer à tous.

C'est pourtant en approfondissant l'idée selon laquelle la finalité de l'œuvre est de plaire que Dubos parvient à une conception du public opposée à celle des classiques et inaugure tout à la fois l'historicisme et le nationalisme qui domineront le XIXe siècle. Tandis que, pour Boileau, l'artiste s'adresse à un public *idéal* qui incarne les règles de la raison et ne saurait longtemps s'en écarter, avec Dubos il devient un public concret, déterminé par son histoire et son appartenance nationale : le parterre n'incarne plus des règles du jugement de goût qui existeraient ailleurs et indépendamment de lui [39]. Il *est* lui-même la règle, ce pourquoi les variations qu'il connaît relèvent d'une historicité radicale. Le psychologisme fait place ici à un historicisme, et la seconde partie des *Réflexions* se proposera de chercher « la cause qui a pu rendre quelques siècles si féconds et les autres siècles si stériles en artisans célèbres ». Annonçant Montesquieu, Dubos étend cette analyse au « caractère des nations » dont il croit trouver les causes profondes dans « le pouvoir de l'air sur le corps humain » : « Je conclus donc de tout ce que je viens d'exposer », écrit-il après une longue enquête sur les variations historiques et géographiques du goût, « qu'ainsi qu'on attribue la différence du caractère des nations aux différents pays, il faut attribuer de même aux changements qui surviennent dans les qualités de l'air d'un certain pays les variations qui arrivent dans les mœurs et dans le génie de ses habitants. Ainsi qu'on impute à la différence qui est entre l'air de France et l'air d'Italie la différence qui se remarque entre les Italiens et les Français, de même il faut attribuer à l'altération des qualités de l'air en France la différence sensible qui s'observe entre les mœurs et le génie des Français d'un certain siècle et des Français d'un autre siècle » (section 19).

L'intérêt d'une telle « explication » – qui se veut précise et détaillée, comme dans ce passage typique des *Réflexions* : « Voilà pourquoi, par exemple, les Italiens seront toujours plus propres à réussir en peinture et en poésie que les peuples des environs de la Baltique » – ne réside évidemment pas dans son contenu « scientifique ». Ce qui importe en revanche, c'est la liaison qu'elle établit *en droit* entre un relativisme historique et un relativisme géographique pour parvenir à situer au final le principe du goût dans un sentiment qui n'est plus seulement individuel mais bien *national.* Or ce relativisme est une conséquence directe de la subjectivisation du jugement de goût : si la raison des classiques représentait encore un critère universel et invariable, le sentiment est par essence voué au changement. *Les variations de l'art ne sont dès lors plus à penser comme les diverses faces possibles de l'illustration d'un principe en vérité unique, ni même comme des écarts par rapport à une norme : elles deviennent la norme elle-même.* Dubos ouvre ainsi la voie à l'histoire de l'art qui apparaîtra bientôt avec Winckelmann et Diderot. Bien plus : la subjectivisation du Beau dont témoignent ses *Réflexions* contient en germe, notamment à travers la critique du plagiat qu'elle commande, l'impératif, typiquement moderne et antitraditionnel, d'une originalité à tout prix, d'une originalité qui ne se pense plus seulement en référence à des règles éternelles, comme chez Boileau, mais dont la mesure est plutôt à rechercher dans une histoire du beau. *Ce qui émerge ici n'est donc rien de moins que l'exigence faite à l'artiste d'innover pour innover qui trouvera son accomplissement ultime dans les avant-gardes du XXe siècle.*

Le conflit du classicisme et de l'esthétique du sentiment, bien qu'irréductible, se joue donc sur un fond commun antitraditionaliste. De là la nécessité pour qui en chercherait la synthèse au sein de la modernité – dans un cadre où la subjectivité, sur quelque mode que ce soit, doit constituer le principe du jugement de goût – de s'interroger sur les conditions dans lesquelles l'esthétique pourrait se distinguer de la logique (à la différence de ce qui a lieu chez les classiques) sans pour autant sombrer dans le relativisme historiciste et nationaliste (comme on le voit finalement chez Dubos). Telle sera la question centrale de la *Critique de la faculté de juger*.

Chapitre deuxième

Le moment kantien : le beau, le vrai et l'agréable

L'antinomie du goût : la réconciliation du classicisme et du sentimentalisme

Dans la *Critique de la faculté de juger*, Kant a élevé au rang d'*antinomie* la querelle qui, depuis plus d'un siècle, opposait le classicisme à l'esthétique de la délicatesse. Derrière les questions manifestes – le Beau est-il l'imitation d'une vérité dévoilée par la raison ou la manifestation subjective des élans ineffables du cœur ? –, il a su déceler dans les représentations de la subjectivité sous-jacentes aux deux moments de l'antinomie les raisons profondes pour lesquelles l'esthétique naissante devait finalement les dépasser. Il s'agit de résoudre la question du « sens commun », de l'objectivité des critères, sans réduire le jugement de goût à un jugement scientifique et nier ainsi sa spécificité. L'analyse kantienne de l'antinomie est un moment crucial dans l'histoire de l'esthétique moderne. Il est souhaitable de l'avoir présente à l'esprit pour comprendre ce qui suit.

32. Kant (1724-1804)

Empruntant une voie qui lui est familière, Kant expose la querelle en partant d'une « topique », d'une analyse des lieux communs touchant le jugement de goût. Le premier d'entre eux, « *à chacun son goût* », ne présente aucune difficulté particulière : il signifie simplement que le Beau se confond avec l'agréable, que le jugement de goût est affaire strictement subjective, qu'il ne saurait dès lors prétendre à l'adhésion nécessaire d'autrui. Le deuxième est plus subtil : « *On ne dispute pas du goût.* » Il suppose que le jugement de goût, quand même il renfermerait une prétention à l'universalité, ne saurait être *démontré par des preuves*, par des arguments s'appuyant sur des concepts scientifiques déterminés.

A ces deux poncifs, il faut encore ajouter, pour saisir dans toute son ampleur l'antinomie du classicisme et du sensualisme, une maxime que chacun trouvera en lui-même par la simple réflexion : « *On peut discuter du goût.* » Contrairement aux apparences, cette maxime ne contredit pas le second lieu commun car il y a bien de la différence entre une *disputatio* – argumentation scientifique qui procède par *démonstration conceptuelle* – et une *discussion* (*Streit*) qui vise seulement un hypothétique et très fragile accord touchant l'objet beau. En revanche, l'idée de discussion s'oppose au premier lieu commun : « On peut *discuter* du goût (bien qu'on ne puisse en *disputer*) [...]. Cette sentence enveloppe le contraire de la première proposition ("à chacun son goût"). En effet, là où il est permis de discuter, on doit aussi avoir l'espoir de s'accorder[40] », donc de transcender la sphère monadique du *cogito*, de la subjectivité individuelle.

La mise en place de l'antinomie procède ainsi d'une démarche phénoménologique : il s'agit de décrire les contradictions réellement vécues par la conscience esthétique pour inciter à la *réflexion*. Pourvu que nous acceptions de *réfléchir*, nous trouverons en nous-mêmes – telle est au fond la conviction de Kant – le sentiment intime qu'il est tout à la fois impossible de *démontrer* la validité de nos jugements esthétiques et pourtant, en un certain sens, légitime d'en discuter. Nous conservons dans la discussion l'espoir, fût-il souvent voué à l'échec, de faire *partager* une expérience dont nous avons l'intuition que, pour être tout à fait individuelle, elle doit pouvoir cependant ne pas être étrangère à autrui *en tant qu'il est un autre homme.* Ce que Kant nous invite à penser, c'est l'idée que le jugement de goût fait signe de *lui-même* vers une visée communicationnelle *intersubjective*, vers « un élargissement de l'objet ainsi que du sujet [41] » : si nous entreprenons de discuter du goût, si le désaccord, ici, à la différence de ce qui a lieu dans ce domaine culinaire qu'on dit à tort relever de l'art alors qu'il ne s'agit que d'artisanat, suscite un véritable dialogue, c'est bien l'indice, fût-il mystérieux pour l'instant, que *nous jugeons l'expérience esthétique communicable lors même qu'elle ne saurait être fondée sur des concepts scientifiques, lors même que la communication qu'elle induit n'est jamais garantie.*

Or c'est là très exactement ce que tendent à nier, chacune à leur manière, la thèse sensualiste et l'antithèse classiciste qui composent l'antinomie du goût :

« 1. *Thèse.* Le jugement de goût ne se fonde pas sur les concepts ; autrement on pourrait disputer à ce sujet (décider par des preuves). »

« 2. *Antithèse.* Le jugement de goût se fonde sur des concepts ; autrement, on ne pourrait même pas, en dépit des différences qu'il présente, discuter à ce sujet (prétendre à l'assentiment nécessaire d'autrui à ce jugement) [42]. »

L'antinomie tourne tout entière autour de la question de la communicabilité du jugement esthétique, de sa capacité à transcender ou non la *subjectivité particulière* du *cogito.* C'est seulement dans cette optique qu'est abordé le problème de la rationalité ou de l'irrationalité (conceptualité ou non-conceptualité) du goût.

En un certain sens, comprises correctement, la thèse et l'antithèse renferment l'une et l'autre quelque chose de juste, de sorte qu'on peut admettre – ce sera le principe de la solution kantienne – qu'elles s'opposent seulement en apparence : il est vrai que le jugement de goût (thèse) ne s'appuie pas sur des concepts scientifiques et qu'il ne relève pas d'une démonstration comme le croit le rationalisme classique ; mais il est non moins vrai que ce jugement renvoie pourtant en quelque façon à des « concepts indéterminés », non scientifiques, certes, mais néanmoins intelligibles – c'est-à-dire, pour Kant, comme on le verra plus loin, aux « Idées de la raison » qui fondent la possibilité, sinon d'une *disputatio*, du moins d'une *discussion* pouvant conduire à un « sens commun ». L'opposition n'est donc qu'apparente – sophistique ou « dialectique » – parce que le terme « concept » « n'est pas pris au même sens dans les deux maximes de la faculté de juger esthétique [43] » : tantôt, dans la thèse, on entend par concept une règle scientifique de l'entendement ; tantôt, dans l'antithèse, on vise seulement une Idée indéterminée de la raison. Par suite, pour résoudre l'antinomie, « il faudrait s'exprimer ainsi dans la thèse : le jugement de goût ne se fonde pas sur des concepts *déterminés* ; et dans l'antithèse : le jugement de goût se fonde bien sur un concept, mais sur un concept *indéterminé* et ainsi, il n'y aurait entre elles aucune contradiction [44] ».

La signification concrète de la solution kantienne s'esquisse déjà : tout en étant l'objet d'un *sentiment* particulier et intime, la beauté éveille les *Idées de la raison* qui sont présentes en tout homme – ce par quoi elle peut transcender la subjectivité particulière et susciter un sens commun (les Idées « éveillées » par l'objet beau étant communes à l'humanité). L'objet beau est à la fois purement sensible et pourtant intellectuel, il est réconciliation de la nature et de l'esprit, *mais* réconciliation *contingente*, fruit de la nature elle-même (de la nature en l'homme dans le cas du génie) et non d'une volonté consciente qui suivrait des règles déterminées comme le veulent les classiques. Impossible, donc, de produire scientifiquement une œuvre d'art en appliquant des règles comme on le pourrait, par exemple, pour la construction d'un pont. Impossible, pour autant, de nier que l'œuvre éveille en nous, non seulement des sentiments et des émotions, mais bien aussi des représentations intellectuelles. De là le fait qu'on puisse en discuter sans pouvoir pour autant démontrer...

Au-delà de ce qu'elles contiennent de juste, la thèse et l'antithèse de l'antinomie peuvent aussi être interprétées de façon erronée, ou, comme dit Kant, « dogmatique » :

— La thèse signifie alors que le goût, relevant du sentiment, est affaire purement subjective, qu'il est donc, au moins en droit, incommunicable, *ineffable*. Comme il le faisait déjà sur le plan de la philosophie spéculative, le sensualisme conduit au *solipsisme* esthétique : « à chacun son goût[45] », le sujet n'est qu'un individu-monade, incapable de sortir de lui-même – par où l'empirisme ne pourra, comme toute monadologie, résoudre le problème de l'intersubjectivité qu'en recourant à l'idée, en dernière instance théologique, d'une harmonie préétablie. Et s'il s'avère que le jugement de goût, malgré son caractère subjectif, donne lieu à un sens commun, c'est uniquement à ses yeux pour des raisons *de fait* qui, en tant que telles, ne requièrent pas la discussion, mais un simple constat. La conséquence ultime de l'empirisme est donc qu'« un jugement de goût ne mérite d'être tenu pour exact que *parce qu'il se trouve* qu'un grand nombre de personnes s'accordent à son sujet et cela même non parce que l'on suppose derrière cet accord quelque principe *a priori*, mais parce que (comme pour le goût du palais) les sujets sont par hasard organisés de manière uniforme[46] ». Le Beau est réduit à l'agréable et l'art à la cuisine. D'ailleurs la variété des goûts ne mérite pas davantage discussion que leur accord. Elle relève, elle aussi, de la simple constatation et le sens commun ne saurait être ni l'objet ni l'effet d'un dialogue intersubjectif. La thèse marque ainsi l'avènement d'un *psychologisme* qui sera bientôt relayé par un *historicisme*, puis un *sociologisme*, voire aujourd'hui un *biologisme* qui, eux aussi, réduiront le goût à une affaire de *réceptacle matériel*.

— L'antithèse, comprise dogmatiquement, parvient certes à fonder le sens commun, mais au prix d'une double erreur : d'abord elle réduit le jugement de goût à un jugement logique et l'art à une science. Le concept central de l'esthétique rationaliste classique devient ainsi celui de *perfection* : la belle œuvre est celle qui, conformément à des règles (à des concepts) déterminées par un « art poétique », réalise *parfaitement* une fin, elle aussi déterminée conceptuellement. L'essentiel de l'art réside dans le concept : c'est grâce à lui que l'on détermine une fin édifiante, grâce à lui encore qu'on la réalise en empruntant les voies de la technique (dont la perspective, en peinture, est l'un des modèles). Mais le classicisme dogmatique renferme une seconde erreur (une faute, sans aucun doute, aux yeux de Kant) : réduisant le beau à la simple représentation technique d'une fin posée par la raison et le goût à cette raison elle-même, *il perd finalement la subjectivité* que revendiquait à juste titre, même si elle le concevait mal, l'esthétique du sentiment : le classicisme fonde le sens commun de façon telle qu'il ne réunit plus des sujets particuliers, animés de sentiments, mais des individus monades qui ne communiquent entre eux qu'*indirectement*, seulement par le concept, donc par ce qui en eux est le moins subjectif. Pour le rationalisme classique, « le jugement de goût dissimule un jugement de la raison sur la perfection d'une chose et la relation du divers en celle-ci à une fin [47] » : l'important est de savoir si l'œuvre d'art est « bien faite », si elle est ou non conforme aux « règles de l'art » **[33]** (aux règles de la perspective, à la règle des trois unités, etc.) – la sensibilité n'étant que la façon confuse dont les hommes, êtres finis, perçoivent une réalité qui en son fond est tout intelligible.

Malgré leur opposition, la thèse et l'antithèse dogmatiques s'accordent donc, dans l'erreur, sur l'essentiel : le *cogito*, l'individu est une monade (sensible ou rationnelle, peu importe au fond) qui ne peut entrer en communication avec les autres monades qu'indirectement, non par la voie de la discussion, mais par l'intermédiaire d'une harmonie préétablie (harmonie des organes sensoriels dans l'empirisme, harmonie des raisons individuelles dans le rationalisme). Le sujet, chaque fois, se trouve réduit à l'individu monadique et privé de sa dimension essentielle : l'intersubjectivité. Dans les deux cas, la discussion s'avère dénuée de sens : chez les empiristes, parce que tout se ramène à des questions de fait, chez les rationalistes, parce que le concept, les règles mettent bientôt fin à toute discussion possible en décrétant péremptoirement où se trouvent le bon et le mauvais goût.

La présentation kantienne de l'antinomie est sans doute abstraite au regard de l'histoire de l'art. L'œuvre de Racine ou celle de Poussin ne se laissent pas réduire à l'effet d'un classicisme platement rationaliste. Pourtant, elle n'est pas sans lien avec l'histoire concrète si l'on rétablit ce chaînon intermédiaire que constitue l'esthétique comme discipline particulière, située à mi-chemin entre la philosophie spéculative et la création artistique. Et dans le conflit qui oppose au XVIIe siècle les théoriciens du classicisme aux partisans d'une esthétique de la « délicatesse », c'est bien,

33. Moïse sauvé des eaux, 1638
Poussin

L'important est de savoir si l'œuvre d'art est « bien faite », si elle est ou non conforme aux « règles de l'art ».

nous l'avons vu, la question du sens commun, de l'intersubjectivité, qui tout à la fois occupe la place centrale et apparaît indissociable d'une représentation philosophique bien déterminée de la subjectivité.

Bien qu'elle soit abstraite, la manière dont Kant met en place l'antinomie du goût s'avère donc féconde pour clarifier les positions historiques en présence lors de la naissance de l'esthétique moderne. Ce qu'elle éclaire, en particulier, c'est la manière dont les théories esthétiques précritiques, par-delà ce qui les oppose, en viennent parfois à s'emprunter l'une à l'autre certaines de leurs argumentations. Comme dans toute antinomie véritable, les positions en présence sont moins opposées qu'il n'y paraît, ou, plus exactement : elles passent aisément l'une dans l'autre, parce qu'elles s'avèrent chacune intenables.

La solution de l'antinomie du goût : de l'individu « borné » au sujet « élargi »

Le rationalisme classique et l'empirisme sensualiste présentent donc, bien que pour des motifs inverses, un même défaut : tous deux conduisent à fonder le « sens commun » suscité par l'objet beau de façon telle que la subjectivité se trouve pour ainsi dire *réifiée* et, par là même, niée. La personnalité propre à l'auteur d'un jugement de goût se dissout, chez les classiques, dans une raison universelle qui se comporte de façon dogmatique à l'égard du particulier. Chez les empiristes, la particularité des sujets semble bien, dans un premier temps, préservée ; mais l'intersubjectivité est finalement réduite à un principe purement matériel, à l'idée d'une structure psychique et organique commune à une espèce d'individus. L'expérience esthétique ne requiert dès lors plus rien qui soit spécifiquement humain, le Beau n'est qu'une variété de l'agréable, et l'art culinaire le modèle de l'esthétique en général.

La question que soulève l'antinomie du goût est la suivante : comment maintenir l'*idée* d'une possible universalité du goût sans que le principe de ce sens commun soit négateur de la subjectivité [48] ? En d'autres termes : comment penser l'intersubjectivité esthétique sans la fonder ni sur une raison dogmatique ni sur une structure psychophysiologique empirique ? Et inversement : comment maintenir la particularité absolue du goût sans céder à la formule : « à chacun son goût », et détruire ainsi la prétention à l'universalité en l'absence de laquelle la simple discussion esthétique perdrait toute signification ? « Là où il est permis de discuter on doit aussi avoir l'espoir de s'accorder… »

Le rationalisme et l'empirisme reposent tous deux sur une conception réifiante de la subjectivité ; tous deux pensent le *cogito* de façon monadique, comme une *chose* repliée sur elle-même – par où ils conduisent, dans un premier temps, au solipsisme et recourent, en dernière instance, à l'idée d'une harmonie préétablie (harmonie des esprits ou des corps) pour résoudre le problème de l'intersubjectivité. C'est la logique de cette solution qu'il s'agit d'abolir par la mise en œuvre d'une pensée inédite du sujet qui a pour nom, chez Kant, *Réflexion*. Elle se trouve impliquée dès la distinction du jugement déterminant et du jugement réfléchissant sur laquelle repose tout entière la théorie esthétique développée dans la troisième *Critique* [49] : « La faculté de juger en général est la faculté qui consiste à penser le particulier comme compris sous l'universel. Si l'universel (la règle, le principe, la loi) est donné, alors la faculté de juger qui subsume sous celui-ci le particulier est déterminante […]. Si seul le particulier est donné, et si la faculté de juger doit trouver l'universel (qui lui correspond), elle est simplement réfléchissante. » C'est en ces termes que Kant opère le partage entre le jugement de connaissance scientifique, jugement déterminant, et le jugement de goût, jugement réfléchissant. Par cette simple distinction, il se situe déjà à l'opposé du classicisme rationaliste qui confond jugement esthétique et jugement scientifique. Il tient pour impossible l'établissement d'un « art poétique » qui serait une véritable science de la production du Beau. C'est donc la notion de réflexion qu'il faut préciser, puisque c'est en elle que se situe clairement l'originalité de la position kantienne.

Le terme de réflexion – univoque chez Kant de la *Critique de la raison pure* à la *Critique de la faculté de juger* – désigne très généralement une activité intellectuelle qui se caractérise par cinq moments. Un bref exemple [50] pourra servir ici d'illustration et préparer l'analyse du jugement esthétique. Pour forger le concept empirique d'un ensemble d'objets qui nous sont inconnus, c'est-à-dire, plus simplement, pour leur donner un *nom* – par exemple, une variété d'arbres non encore répertoriée –, il faut procéder à un classement. En comparant des ressemblances, en faisant abstraction de différences qu'on juge inessentielles, on parviendra à regrouper sous une classe commune les objets considérés et à créer ainsi un concept empirique auquel on pourra attribuer son nom. Dans cette opération simple, les cinq moments constitutifs de la réflexion – du jugement réfléchissant – sont déjà présents :

1. Tout d'abord, l'activité de réflexion procède manifestement du particulier à l'universel (des individus à la classe générale). Tout commence bien par l'observation des arbres concrets.

2. Le général (ou l'universel), le nom, n'est pas donné *avant* l'activité de réflexion, mais seulement *après* et *par* elle – ce en quoi le jugement réfléchissant s'oppose au jugement déterminant qui va d'un universel qu'on possède vers le particulier, et ne constitue ainsi qu'une *application* de l'universel –, comme dans le cas d'un juge qui appliquerait une loi déjà contenue dans un code.

3. Bien que le général ne soit pas donné comme concept ou comme lois *déterminés* au départ de l'opération réflexive, il existe pourtant un horizon d'attente *indéterminé* qui sert de fil conducteur ou, selon la formule de Kant, de *principe* à la réflexion : dans l'exemple choisi, ce *principe* nous est fourni par la logique des classes. Il consiste dans l'*espé-*

rance ou dans l'exigence que le réel va se laisser classer et se conformer ainsi aux réquisits de la logique. L'universel existe donc, non comme *concept*, mais à titre d'*Idée*, c'est-à-dire de principe régulateur pour la réflexion.

4. Cette opération suppose implicitement qu'il est parfaitement *contingent* que le réel corresponde ou non aux impératifs de la rationalité logique que nous ne lui imposons pas, mais lui soumettons seulement : rien n'interdit de penser que les objets pourraient ne pas satisfaire nos exigences subjectives de systématicité logique, de sorte que nous ne parviendrions à constituer ni genres ni espèces. Nier cette proposition reviendrait à postuler *a priori* la rationalité du réel et, en dernière instance, à redonner une objectivité à l'idée d'un point de vue divin à partir duquel le monde serait intégralement intelligible.

5. L'activité de réflexion s'avère être ainsi à la source d'une satisfaction que Kant nomme *esthétique* et qui renvoie à la notion de finalité : c'est parce que le réel apparaît comme contingent au regard de nos exigences de rationalité, que le sujet réfléchissant peut éprouver un plaisir lorsque, sans garantie aucune, il constate l'accord des objets concrets avec ses exigences.

Ces cinq moments de l'activité réfléchissante vont constituer la structure intime du jugement de goût. Comme dans l'opération qui préside à la formation des concepts empiriques, c'est l'Idée de « système », ce que Kant nomme l'idée « cosmologique », l'Idée d'un monde intégralement intelligible, celui-là même qui apparaîtrait au regard de Dieu, qui va servir de principe à la réflexion esthétique. Telle est la raison pour laquelle la définition kantienne de l'objet beau comme objet réconciliant la nature et l'esprit annonce les théories romantiques. Le lien entre l'idée de Dieu (le point de vue d'un Dieu sur le monde) comme principe de la réflexion et la définition du beau comme réconciliation de la sensibilité et de l'intelligence peut être brièvement énoncé : malgré la mise en évidence du caractère illusoire d'une telle idée, elle continue de jouer un rôle régulateur pour toute activité intellectuelle. Elle signifie l'exigence, inaccessible mais continuellement présente, d'une rationalisation parfaite du réel, donc d'une subsomption complète de la *matière sensible* de la connaissance sous la *forme intelligible* (la structure catégoriale). En termes clairs : si nous pouvions nous placer du point de vue de Dieu, il n'y aurait plus pour nous de distinction entre le sensible et l'intelligible, l'intuition et le concept, le particulier et l'universel, la nature et l'esprit, etc. Qu'un tel point de vue ne puisse être le nôtre, bien plus, qu'il ne puisse relativiser le point de vue fini de l'homme, c'est là ce qui résulte de son statut purement idéel. Reste que, à titre de simple exigence de la raison, l'Idée de Dieu ou l'Idée de système peut être parfois, sinon intégralement « remplie » (« présentée », dit Kant), du moins partiellement ou « symboliquement » évoquée par certains objets. Le Beau est justement l'un de ces objets : en tant qu'il est réconciliation *partielle* de la nature et de l'esprit, de la sensibilité et des concepts, il fonctionne comme une *trace* contingente, un symbole de cette Idée nécessaire de la raison.

Les cinq moments de la réflexion seront ainsi présents dans le jugement de goût qui procède 1°) du particulier (l'objet beau) vers l'universel (l'exigence d'une union parfaite du sensible et de l'intelligible) ; 2 °) sans concept déterminé (cette exigence n'indique rien qui puisse fournir la matière d'un « art poétique ») ; 3 °) seule l'Idée de Dieu ou de système jouant ici le rôle de principe pour la réflexion ; 4 °) l'existence de l'objet beau étant contingente par rapport à cette idée ; 5 °) l'accord, lui aussi contingent, du réel particulier avec l'exigence universelle de systématicité engendrant un plaisir esthétique.

La solution de l'antinomie du goût trouve ici son explication et sa signification. Contrairement à ce qu'affirme le rationalisme classique, le jugement de goût ne se fonde pas sur des concepts (des règles) *déterminés* : il est donc impossible d'en « *disputer* » comme s'il s'agissait d'un jugement de connaissance scientifique. Pour autant, il ne se borne pas à renvoyer à la pure subjectivité empirique du sentiment parce qu'il repose sur la présence d'un objet qui, s'il est beau (ce qu'on admettra par hypothèse), éveille une idée nécessaire de la raison qui, en tant que telle, est commune à l'humanité **[34]**. C'est donc par référence à cette idée indéterminée (elle commande seulement la réconciliation du sensible

34. La Laitière, 1658-1660
Jan Vermeer

La présence d'un objet, s'il est beau, éveille une idée nécessaire de la raison qui, en tant que telle, est commune à l'humanité.

et de l'intelligible sans dire précisément en quoi peut consister cette réconciliation) qu'il est possible de « *discuter* » du goût et d'*élargir la sphère de la subjectivité pure pour envisager un partage non dogmatique de l'expérience esthétique avec autrui en tant qu'il est un autre être humain.*

Science et beauté : la fin de l'idéal classique d'une objectivité du goût

La différence exacte entre le jugement de connaissance (jugement déterminant) et le jugement de goût (jugement réfléchissant) doit donc être précisée afin qu'apparaisse le fondement ultime de la distinction qu'opère la solution de l'antinomie entre une *disputatio* où la particularité subjective s'annule dans une rationalité impérieuse et la *discussion* où cette même particularité, tout en se maintenant comme particulière, vise cependant à *s'élargir* jusqu'à prétendre, sans démonstration, sans passer par la médiation d'un concept, à l'universalité.

Considérons d'abord le cas d'un jugement qui vise l'objectivité scientifique. Dans la philosophie précritique, et singulièrement dans le cartésianisme, le problème de l'objectivité se pose selon Kant dans les termes suivants : demander si nos représentations des objets sont « vraies », c'est essayer de savoir si elles sont *adéquates* à l'objectivité qui existe en soi, hors de ma représentation. Si l'on y réfléchit soigneusement, on percevra que, formulé en ces termes, le problème de l'objectivité est a priori insoluble : je ne puis *par définition* jamais savoir ce que l'objet est en soi, hors du regard que je jette sur lui. Par définition, en effet, l'objet que je considère est toujours un objet *pour moi*, un objet de *ma* représentation et il faudrait, pour savoir ce que cet objet est en soi, que je puisse pour ainsi dire sortir de ma conscience – ce qui, bien sûr, est impossible. Dans les philosophies précritiques, dans les philosophies qui conçoivent le *cogito* comme un sujet clos sur sa conscience, comme une monade prisonnière de ses représentations, la position même du problème de l'objectivité ne peut que conduire à des fausses solutions : l'une consiste à faire intervenir Dieu (garantie divine ou harmonie préétablie) pour qu'il assure le passage entre l'objet pour nous et la chose en soi (ou ce que l'on désigne comme tel). La seconde est le scepticisme, dont la philosophie de Berkeley fournit l'illustration spectaculaire. Bref : soit l'on fonde l'intersubjectivité sur l'intervention dogmatique d'un *Deus ex machina*, soit l'on renonce à l'objectivité pour accepter le relativisme total ou, comme on dit à l'époque de Kant, l'« égoïsme » philosophique.

A bien des égards, on le voit, l'antinomie du goût reproduit cette structure. Selon la *Critique de la raison pure*, il faut opérer une « réfutation de l'idéalisme », dépasser le point de vue des *cogito* dogmatiques ou sceptiques et définir l'objectivité indépendamment des notions d'*intériorité* et d'*extériorité* auxquelles renvoient implicitement les conceptions monadiques du sujet. Voici la solution du problème : l'objectivité ne désignera plus ce qui est *extérieur* à la représentation, mais le caractère universellement valable [51] de propositions qui opèrent l'association ou la synthèse des représentations. Le subjectif et l'objectif s'opposeront dès lors comme une association de représentations valables seulement pour moi et une association de représentations valables universellement (*par quoi l'intersubjectivité se trouve définitivement installée au cœur de l'objectivité*). C'est *au sein même des représentations*, ou plus exactement des associations (synthèses) de représentations, et non plus en référence à une « chose en soi » extérieure, qu'il faudra distinguer entre celles qui sont valables seulement pour moi (subjectives) et celles qui sont universellement valables (objectives).

Il s'agit donc, pour reprendre la formule husserlienne, de fonder la « transcendance » (l'objectivité, l'intersubjectivité) au sein de l'« immanence » (sans « sortir » des représentations). C'est une telle transcendance que vise le jugement scientifique (déterminant). Examinons l'exemple d'un jugement énonçant une relation causale entre deux phénomènes. Deux éléments entrent en jeu qui permettent, selon Kant, de prétendre à l'objectivité dans la *liaison* de l'effet à la cause :

– On doit d'abord posséder une règle universelle (le jugement déterminant procède de l'universel au particulier) : en l'occurrence, il s'agit du principe de causalité selon lequel tout effet possède nécessairement une cause.

– Mais pour être véritablement scientifique – et non seulement métaphysique –, cette loi doit également indiquer un critère d'application aux phénomènes. Comme ces derniers sont tous situés dans le temps, le principe de causalité s'appliquera à toute succession dont on peut montrer dans une expérience, en isolant des variables, qu'elle est *irréversible*.

Si j'applique cette loi en suivant ce critère, je ne puis associer « librement » n'importe quel phénomène à n'importe quel autre. Ou plus exactement : si j'associe mes représentations sans tenir compte de la loi et de son critère, les associations que je produirai n'auront aucune objectivité et resteront purement subjectives.

On distinguera donc, au niveau de la philosophie théorique, deux types d'associations : celles, purement empiriques, qui n'ont qu'une signification subjective, et celles, objectives, qui supposent l'intervention d'un concept, c'est-à-dire d'une règle de synthèse à la fois déterminée et déterminante. Si, par exemple, je regarde le mur qui est devant moi en tournant la tête de gauche à droite, je puis avoir, au niveau purement subjectif de la perception, le sentiment que le mur « existe de gauche à droite ». Mais il est clair qu'une proposition fondée sur un tel sentiment n'a aucune objectivité et que, en vérité, les parties du mur existent de façon « simultanée », qu'il me faut donc les « poser ensemble », les « synthétiser » pour dépasser ma perception particulière et parvenir à l'objectivité.

Le fonctionnement du jugement de goût doit être décrit par rapport à ces deux types d'associations (l'association empirique subjective, l'association conceptuelle objective). Il participe en effet de l'une et de l'autre sans pourtant se confondre avec aucune des deux. Selon l'analyse développée dans la troisième *Critique*, le sentiment de la beauté et le plaisir esthétique qui l'accompagne naissent d'une « libre » association de l'imagination : à l'occasion de la perception d'un objet beau, l'imagination, la « plus puissante faculté *sensible* », associe des images sans que leur liaison soit aucunement réglée par un concept. De ce point de vue, le jeu imaginaire se rapproche davantage d'une association empirique subjective que d'une synthèse réglée des intuitions visant à produire un jugement scientifique. Mais bien que ce jeu soit pleinement libre en ce qu'il n'obéit à aucune règle, tout se passe cependant *comme s'il* suivait une certaine « logique », comme s'il existait, selon la formule même de Kant, une « légalité du contingent », une légalité sans concept : dans la musique, l'art qui semble pourtant le plus éloigné de la sphère théorique (parce qu'il ne présente aucune analogie avec la vision), les sons et les associations d'images qu'ils suscitent en nous paraissent s'organiser, se structurer comme s'ils avaient un sens, comme s'ils voulaient dire quelque chose (ce qui fait que la musique peut si aisément, sans que nous comprenions pourquoi, « traduire des sentiments »). De ce point de vue, le jeu de l'imagination, bien qu'il reste purement dans l'ordre de la sensibilité et ne recoure à aucun concept pour régler son organisation, se structure malgré tout *comme s'il* pouvait satisfaire de lui-même aux exigences de règles qui sont celles d'un jugement de connaissance.

Il y a ainsi un accord libre et contingent de l'imagination et de l'entendement, accord totalement imprévisible et non maîtrisable – ce pourquoi il ne saurait y avoir d'art poétique ni de science du beau. Et c'est cet accord des facultés sensibles et intellectuelles qui fonctionne à son tour, dans un second temps, comme une trace *symbolique*, comme un début de réalisation des Idées de la raison dont on a vu que, pour être « présentées », elles devaient réaliser une réconciliation parfaite du sensible et de l'intelligible correspondant au point de vue qu'un entendement divin aurait sur le monde – ce qu'on pourrait représenter par le graphique suivant :

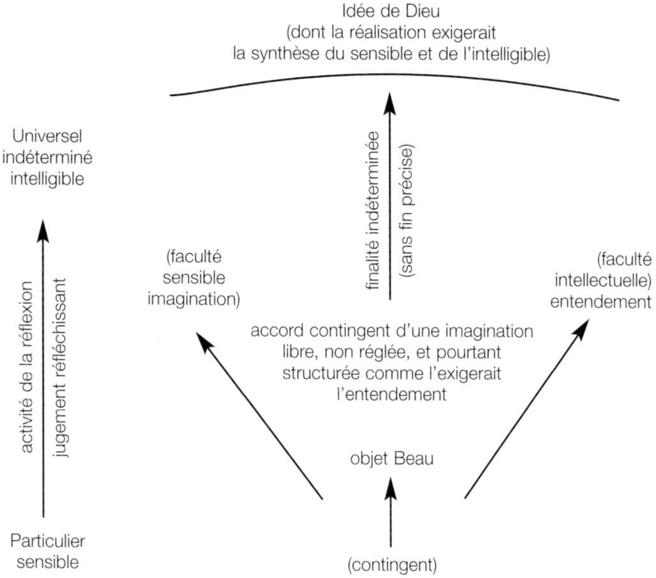

Dans le mouvement de la réflexion qui s'élève du particulier à l'Idée indéterminée, les deux moments extrêmes sont l'essentiel : si l'objet beau *particulier* ne suscitait pas de façon *contingente* l'accord des facultés qui est requis par l'Idée de Dieu, si cet accord était produit de façon artificielle et volontariste, l'exigence de systématicité comprise dans l'Idée de Dieu entendue comme principe régulateur de la réflexion ne serait en rien satisfaite. La satisfaction provient en effet du sentiment de la finalité que suscite en nous l'objet beau en tant qu'il est extérieur à nous et contingent au regard de nos principes, tout se passant comme s'il n'existait que pour satisfaire de lui-même notre exigence de rationalité (de réconciliation du sensible et de l'intelligible). Ce qui plaît ici, c'est le fait que le réel vienne, *sans notre intervention*, satisfaire des exigences pourtant toutes subjectives. La Beauté naturelle devra donc être tenue pour le modèle de la beauté artistique (ce qui fait la profondeur, contrairement à ce que pensait Hegel, de la théorie kantienne du génie). D'un autre côté, si les Idées de la raison, bien qu'*indéterminées*, n'étaient point supposées communes à l'*humanité*, l'objet beau, en éveillant ces idées, ne susciterait pas un sens commun, pas même le projet, en cas de différend, de discuter du goût, puisque, pour discuter, « il faut avoir au moins l'espoir de s'accorder »…

Une pensée inédite du sujet : la réflexion et le sens commun

Contingence de la beauté, universalité de l'horizon d'attente sur lequel se fonde le jugement de goût, tels sont les deux termes entre lesquels se meut la réflexion. Nous avons vu comment, d'un point de vue logique, l'activité réflexive résidait d'abord dans la comparaison, selon les concepts d'identité et de différence, des éléments qui composent les genres et les espèces. Cette acception du mot, qui remonte à la psychologie wolffienne [52], trouve son prolongement dans une théorie du *Witz*, de « l'esprit », entendu comme la capacité d'établir des rapports imprévus entre des éléments apparemment éloignés ou fort différents [53]. Mais à cet « élargissement de l'objet », comme dit Kant, correspond aussi un « élargissement du sujet » par lequel ce dernier cesse de se contenir dans les bornes étroites de l'égoïsme monadique pour accéder à la sphère du « sens commun » : « Sous cette expression de *sensus communis*, on doit comprendre l'idée d'un sens commun à tous, c'est-à-dire d'une faculté de juger qui, dans sa réflexion, tient compte en pensant du mode de représentation de tout autre homme afin de rattacher pour ainsi dire son jugement à la raison humaine tout entière et échapper, ce faisant, à l'illusion résultant des conditions subjectives et particulières [54]… »

De là la maxime fondamentale de la faculté de juger réfléchissante, la maxime de la « pensée élargie » : « penser en se mettant à la place de tout autre[55] ».

C'est en ce point de l'argumentation kantienne que s'achève la solution de l'antinomie du goût et il faut préciser la nature exacte de ce qui tout à la fois rapproche, mais aussi sépare radicalement Kant des deux points de vue constitutifs de l'antinomie. Dans le rationalisme dogmatique comme dans l'empirisme sensualiste, ce n'est pas à proprement parler le sens commun qui est visé. L'œuvre d'art recherche bien, dans le premier cas, une universalité fondée en raison, et dans le second, malgré un relativisme de principe, elle peut accéder, comme chez Hume, à une généralité fondée empiriquement, à un accord résultant de la *sympathie* entendue au sens propre, comme le fait de subir en commun le même sentiment. A certains égards, la position de Kant peut *sembler* proche du rationalisme et de l'empirisme : n'est-ce pas, dans le passage même qu'on vient de lire, par une référence « classique » à « la raison humaine tout entière » que le sens commun est fondé ? Et par ailleurs, ce sens commun n'est-il pas, comme l'indique suffisamment l'expression, une affaire de *sensibilité*, de *sentiment* ? Malgré l'apparence, la différence entre la position kantienne et le rationalisme classique est fondamentale : si c'est bien en référence à la raison que se conçoit l'élargissement de la réflexion qui engendre un sens commun, la raison dont il s'agit n'est plus la raison déterminante des cartésiens, mais l'*Idée indéterminée* d'un accord de l'imagination sensible et de l'entendement, Idée qui n'est elle-même évoquée que de façon contingente et imprévisible par l'émergence de la beauté naturelle ou géniale. Le beau reste donc bien, au premier chef, affaire de sentiment et de sensibilité. Mais là encore, à l'encontre de ce qui a lieu dans l'empirisme, il faut soigneusement éviter de confondre le sentiment et la sympathie. C'est là ce que rappelle une importante *Réflexion* de Kant : « Cette propriété qu'a l'homme de ne pouvoir juger le particulier que dans l'universel est le sentiment. La sympathie en est tout à fait distincte : elle ne concerne que le particulier, même s'il s'agit du particulier en autrui (*Sie geht bloss auf das Particulare, obgleich an anderen*) [56]. » Dans le cas de la sympathie, « on ne se situe pas dans l'Idée du tout, mais à la place des autres » comme êtres simplement empiriques et non comme humanité en général. Dans l'esthétique empiriste, le sens commun reste une simple généralité factuelle donc, *en droit*, seulement particulière (liée aux particularités psychologiques et physiologiques de cette espèce animale elle-même particulière qu'est l'humanité).

Il faut dès lors rejeter la sympathie tout autant que la raison dogmatique lorsqu'il s'agit de réfléchir aux conditions transcendantales de possibilité d'un sens commun esthétique réellement inter-*subjectif* : dans le rationalisme aussi bien que dans l'empirisme, le fondement du « sens commun » n'est pas en vérité un fondement de l'intersubjectivité puisqu'il annule l'idée même de subjectivité, résorbée dans un cas au profit d'un universel impersonnel et, dans l'autre, au profit d'une structure simplement matérielle, qui tous deux excluent la possibilité même de la discussion. Car la discussion, et avec elle toute *critique* (y compris bien sûr la critique d'art), suppose tout à la fois la reconnaissance d'un point de vue commun, et le fait que ce point de vue n'est pas *conceptuel, mais indéterminé, soit : la liaison d'un sentiment particulier et d'une Idée universelle opérée par la réflexion en vue d'établir une communication directe entre les individus, un sens commun non conceptuellement fondé.*

C'est cette ouverture, cette perspective de la « pensée élargie » que l'esthétique hégélienne va pour ainsi dire refermer en un retour massif au rationalisme classique. Mais ce retour comporte une différence essentielle avec son modèle initial : l'historicité. Hegel va certes penser le beau comme une simple présentation sensible du vrai – et en ce sens, il se rapprochera de Boileau et des cartésiens –, mais il va introduire l'histoire au sein même de l'idée de vérité, de sorte que son esthétique prendra elle-même la forme, jusqu'alors inédite, d'une histoire philosophique de l'art.

Chapitre troisième

Le moment hégélien : le retour au classicisme et la naissance de l'histoire

La contre-révolution copernicienne : beauté artistique contre beauté naturelle ?

On a souvent reproché à Kant son relatif désintérêt, voire son manque de goût pour la beauté artistique. Même dans leur langue originale, les vers de Frédéric le Grand cités au § 49 de la *Critique de la faculté de juger* comme l'un des sommets du génie poétique prêtent à sourire. Les passages consacrés à la classification des beaux-arts sont sans doute profonds, mais on y chercherait en vain les traces d'une authentique culture esthétique. Nul doute que, sur ce point, les *Cours* de Hegel se montrent bien supérieurs à la troisième *Critique*. Au reste, la façon dont Kant rattache « le privilège de la beauté naturelle sur celle de l'art » au fait qu'il « s'accorde avec la manière de penser éclairée et sérieuse de tous les hommes qui ont cultivé leur sentiment moral » (§ 42) semblera aujourd'hui, en met-

35. Hegel (1770-1831)

tant les choses au mieux, bien désuète. Pire : du point de vue de la philosophie transcendantale elle-même, l'argument paraît tout empirique et, dans cette mesure, assez faible. Le monde est rempli de gens fort sérieux et fort respectables qui placent la beauté artistique très au-dessus de la beauté naturelle. Bref : nombre d'interprètes ont cru pouvoir en tirer la conclusion que c'était là le talon d'Achille de l'esthétique kantienne.

A commencer par Hegel lui-même. Dès la première page de l'introduction à ses cours, la thèse kantienne est prise à contre-pied : Hegel y souligne combien l'objet de l'esthétique n'est pas le domaine du beau en général, mais celui de la seule beauté artistique. Il n'est pas même à ses yeux certain que le qualificatif de « beau » puisse s'appliquer à des êtres ou des paysages naturels. Et quand bien même on s'autoriserait cette licence poétique, il faudrait de toute façon affirmer que le « beau artistique se situe bien au-dessus de la nature ». La justification apportée par Hegel à ce renversement du kantisme ne manque pas d'intérêt. Si la beauté artistique est la seule qui vaille, c'est « parce qu'elle est celle qui est née de l'esprit et restituée par lui » : « Autant l'esprit et ses productions se situent au-dessus de la nature et de ses phénomènes, autant la beauté artistique s'élève au-dessus de la beauté naturelle. Considérée d'un point de vue formel, même une pensée sans intérêt, comme il en passe par la tête de n'importe qui, se situe au-dessus de toute production naturelle, car dans une telle pensée, la spiritualité et la liberté sont toujours présentes. » Qui pourrait contester que l'humain soit supérieur à l'inhumain et que, dans ces conditions, ce soit par une bien étrange naïveté, voire un surprenant désintérêt pour la culture, que la *Critique de la faculté de juger* n'ait pas perçu l'évidente supériorité de l'art sur la nature ?

En vérité, la question des rapports entre les deux types de beauté est beaucoup plus complexe qu'il n'y paraît. A vouloir juger trop vite, on risque de se tromper de cible, de ne pas voir, par exemple, que le véritable contempteur de l'art n'est pas celui qu'on croit et que le « privilège » de la nature est peut-être, selon un paradoxe qui mérite qu'on s'y arrête, le meilleur moyen, sinon le seul, de sauver l'art de l'inévitable infériorité dont il souffre au sein du rationalisme classique. Si la beauté n'est que l'expression sensible de la vérité, si cette expression est elle-même pleinement maîtrisée par un sujet (l'artiste), l'art sera sans doute supérieur à la nature, car mieux approprié à la réalisation des fins qui sont assignées à la beauté. Mais dans ces conditions, on voit mal aussi comment il pourrait ne pas occuper une place inférieure à celle de la science ou de la philosophie, censées nous livrer un accès plus direct et plus fiable à « la chose même ». Dans le primat accordé à la nature sur l'artifice, une part de la beauté est, il est vrai, soustraite au pouvoir de l'esprit, mais c'est aussi par là que l'esthétique peut espérer ne pas se réduire à une « théorie de la connaissance inférieure », selon la formule de Baumgarten, voire à une simple recette indiquant les moyens susceptibles de communiquer à l'entendement commun des vérités trop abstraites pour être saisies par lui au niveau qui, seul, pourtant, conviendrait : celui de la pensée rationnelle.

Pour mieux comprendre ce paradoxe, il faut garder présents à l'esprit les motifs qui conduisent Kant à déclarer que la beauté doit *avant toute chose* comporter un élément naturel, indépendant de l'esprit humain. On sait que l'objet beau est celui qui, bien que purement sensible (*naturel*), suscite en nous un accord intellectuel des facultés analogue à celui qui serait exigé pour que les Idées se trouvent enfin réalisées. Ce que demande la raison, en effet, c'est que la nature et l'esprit soient réconciliés comme ils le seraient du point de vue d'une science achevée ou, ce qui revient au même, d'un entendement infini, omniscient comme doit l'être l'entendement divin. *Mais pour offrir un quelconque intérêt, encore faut-il que cette réconciliation de la nature et de l'esprit vienne de la nature elle-même.* On peut dire de l'objet beau qu'il est celui qui évoque en nous l'idée de Dieu. Mais pour que cette Idée soit « ravivée en nous », comme dit encore Kant, il convient justement que cet accord de la nature et de l'esprit exigé par la raison ne soit pas *controuvé* : il ne saurait être artificiellement produit, faute de quoi, il perdrait tout ce qui fait son charme, à savoir sa contingence, sa naturalité, son « irrationalité », le fait qu'il n'est pas un produit de notre volonté. Ce qui plaît à la raison dans le beau tient très précisément à cette contingence : c'est parce que son exigence est que la nature se conforme finalement aux lois de l'entendement qu'elle est pour ainsi dire heureuse de voir que certains objets manifestent, indépendamment de nous, *sans qu'on les y oblige*, quelque chose comme une « trace » (§ 42) ou un début de satisfaction de cet imprescriptible réquisit. Il en va du beau comme de l'humour : il ne peut jamais tout à fait « être fait exprès » et il y a bien de la différence entre avoir de l'esprit et raconter une histoire drôle.

L'enjeu de cette thèse n'est pas mince. Sur le plan philosophique général, c'est toute la différence entre réflexion et détermination qui se joue ici : le jugement réfléchissant suppose toujours que l'accord de la nature et de l'esprit soit en son principe *contingent*, donc naturel, puisqu'il procède du particulier au général et non l'inverse. C'est à ce prix, et à ce prix seulement, que l'objet beau reste toujours pour nous une *surprise*. Sur le plan de l'esthétique, entendue comme discipline spécifique, c'est la problématique centrale du classicisme qui se trouve, au passage, écartée : puisque la beauté ne relève pas du jugement déterminant, il ne peut y avoir d'« art poétique », de science du beau qui *déterminerait* tout à la fois les règles générales de la production de la beauté ainsi que leurs justes critères d'application.

C'est là ce que tentent d'exprimer les *exemples* célèbres où Kant dénonce comme inesthétique le procédé de l'imitation. Comme Leibniz, Kant admire la beauté des insectes et des fleurs : dans les dessins symétriques d'une rare complexité qui ornent parfois les ailes des scarabées ou des papillons, dans l'extraordinaire diversité des couleurs, *la nature a toutes les apparences de l'art*. On dirait qu'elle « fait exprès » d'être belle, de façon *finale*, et c'est précisément parce qu'il n'en est rien (la nature n'a pas d'intentions) que la raison humaine peut éprouver quelque plaisir à voir certaines de ses exigences pourtant les plus irréalisables un tant soit peu confirmées. Il est toutefois remarquable que si « l'on avait secrètement trompé » l'amoureux du beau « et planté en terre des fleurs artificielles (que l'on peut fabriquer toutes semblables aux fleurs naturelles) ou placé sur les branches des arbres des oiseaux artistement sculptés et que là-dessus il découvrît la supercherie, l'intérêt immédiat qu'il portait auparavant à ces choses disparaîtrait aussitôt », car « la pensée que la nature a produit cette beauté » (§ 42) est seule susceptible de fonder notre intérêt immédiat pour *l'existence même* de la chose belle. Kant y insiste à plusieurs reprises : « Cet intérêt que nous prenons ici à la beauté exige absolument qu'il s'agisse de la beauté de la nature et il disparaît entièrement dès que l'on remarque qu'on est trompé » (*ibid.*). Ainsi, « il n'est chose plus goûtée des poètes que le chant beau et enchanteur du rossignol dans un buisson solitaire par un calme soir d'été sous la douce lumière de la lune » (*ibid.*). Et pourtant, si nous apprenons qu'un « jeune espiègle sachant parfaitement imiter » le rossignol nous a trompés, ce qui nous semblait beau quelques instants auparavant devient « insupportable ».

L'exemple du rossignol est sans doute l'un des passages les plus fameux de la troisième *Critique* – peut-être aussi l'un des plus mal compris : Hegel l'a commenté et beaucoup, après lui, s'accordent à y voir l'indice d'une très grande naïveté, voire d'une regrettable faute de goût. Comme si l'essentiel était, ici, d'ordre biographique. Le propos est à l'évidence tout autre : ce dont il vise à *témoigner*, c'est du fait que seul ce qui est extérieur à la subjectivité consciente, seul ce qui est *naturel*, peut être dit beau *si du moins l'on refuse de confondre la beauté et la vérité, l'art et la science*. Car c'est bien aussi, négativement, de l'art qu'il s'agit, et du fait qu'il ne saurait se réduire, ni à l'imitation de la nature ni à l'application d'une simple technique permettant de réaliser à la *perfection* les fins qu'on

36. Vert du théâtre romain,
Chypre, 1989
Olivier Debré

L'art authentique devra donc comporter une part de naturalité, un élément qui échappe au contrôle de la subjectivité et de la conscience des objectifs qu'elle peut s'assigner dans la production de l'œuvre.

se propose d'illustrer. L'art authentique devra donc comporter une part de naturalité, un élément qui échappe au contrôle de la subjectivité et de la conscience des objectifs qu'elle peut s'assigner dans la production de l'œuvre **[36]**. Si l'on veut éviter les écueils du classicisme d'un Boileau, il faut – tel est le sens profond de l'allusion au petit rossignol – résoudre le paradoxe suivant : comment l'art peut-il tout à la fois se proposer des fins conscientes, viser de façon explicite la réalisation d'une certaine forme de beauté, et cependant appartenir encore à la nature de telle sorte qu'il ne se réduise pas à la réalisation techniquement réussie d'une « bonne idée » (d'une quelconque « vérité de raison ») ?

La théorie du génie

C'est à cette étrange équation que répond la théorie du génie. L'art, dans la perspective anticlassique qui est celle de Kant, nous confronte au dilemme suivant : « Ou bien il est une imitation telle de la nature qu'elle va jusqu'à l'illusion et, en ce cas, c'est en tant que beauté naturelle (étant pris comme tel) qu'il a un effet ; ou bien il s'agit d'un art dirigé de manière visible à l'intention de notre satisfaction », mais alors « l'art ne peut jamais être intéressant que par sa fin et jamais en lui-même » (§ 42). C'est bien de cette alternative que Kant entend dégager l'art en introduisant en lui, par sa conception de la génialité comme talent *naturel*, le primat de la nature sur l'esprit conscient de soi et des règles qu'il serait censé appliquer. Les raisins de Zeuxis, dont Platon rapporte qu'ils étaient si bien imités que les grives venaient les picorer, n'ont de beauté, pour autant qu'ils en aient, qu'à titre de *copies* ; il est facile de comprendre, dans ces conditions, qu'on leur préfère l'original – sauf à confondre l'art avec une simple performance technique. Mais dans l'autre hypothèse évoquée par le passage qu'on vient de lire, l'art n'est pas en meilleure situation : s'il s'agit, comme dans le classicisme, de « plaire avant toute chose » en présentant de façon spirituelle de belles idées morales, il est clair que la finalité et la valeur de l'art sont à nouveau hors de lui. Il n'est qu'un instrument, le véhicule, en lui-même secondaire, d'une communication dont les termes se jouent ailleurs.

Voici donc l'essentiel de la thèse kantienne sur l'art : « La nature était belle lorsqu'en même temps elle avait l'apparence de l'art ; et l'art ne peut être dit beau que lorsque nous sommes conscients qu'il s'agit d'art et que pourtant celui-ci nous apparaît en tant que nature » (§ 45). On ne saurait être plus clair : puisque la beauté réside dans une certaine réconciliation de la nature et de l'esprit, puisque cette réconciliation n'offre d'intérêt pour la raison humaine que si elle est une heureuse surprise, un accord imprévisible et contingent, il faut, lorsqu'il s'agit de beauté naturelle, que la nature nous étonne en ressemblant à l'esprit, *donc en ayant l'apparence de l'art* ; et lorsqu'il est question de beauté artistique, il faut qu'à travers le génie nous reconnaissions dans le produit fini *l'œuvre de la nature* : « Aussi bien, la finalité dans les produits des beaux-arts, bien qu'elle soit intentionnelle, ne doit pas paraître telle... La règle scolaire ne doit pas transparaître ; en d'autres termes on ne doit pas montrer une trace indiquant que l'artiste avait la règle sous les yeux et que celle-ci a imposé des chaînes aux facultés de son âme » (§ 45). Contrairement à ce que pensent les classiques, l'art ne relève en rien du concept de perfection : il ne s'agit pas de bien présenter une bonne idée, mais de *créer inconsciemment* une œuvre inédite, radicalement nouvelle et cependant douée de signification pour tout un chacun **[37]**.

On comprend dans ces conditions que Kant rejoigne certains aspects de l'esthétique du sentiment, voire de l'art baroque : non seulement le véritable génie est inconscient – ce qui constitue en lui une part de naturalité sans laquelle les beaux-arts ne seraient jamais que des arts appliqués –, mais les règles qu'il invente au fur et à mesure qu'il les met en œuvre sont aussi *mystérieuses* pour lui que pour le spectateur : « Le créateur d'un produit qu'il doit à son génie ne sait pas lui-même comment se trouvent en lui les idées qui s'y rapportent » (§ 46). L'« idée esthétique » qui guide le génie ne se conçoit ni ne s'énonce clairement : « Aucune expression, désignant un concept déterminé, ne peut être trouvée pour elle » ; elle « donne à penser en plus d'un concept bien des choses indicibles dont le sentiment anime la faculté de connaissance » (§ 49). L'artiste de génie ne *suit* donc pas les règles : il les invente, et le miracle de l'art tient à ce que cette invention inconsciente, *donc naturelle*, fait

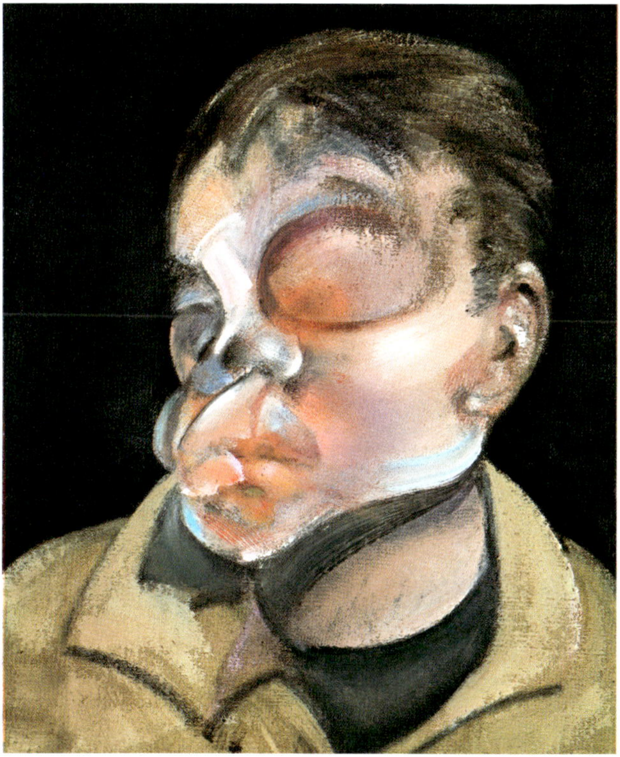

37. Autoportrait à l'œil blessé,
1972
Francis Bacon

L'art ne relève en rien du concept de perfection : il ne s'agit pas de bien présenter une bonne idée, mais de créer inconsciemment une œuvre inédite, radicalement nouvelle et cependant douée de signification pour tout un chacun.

immédiatement sens pour autrui, et ce *en vertu des mêmes principes qui faisaient du beau naturel une trace symbolique des idées de la raison.* Le beau artistique s'avère être ainsi l'analogue exact du beau naturel en l'homme. Voilà pourquoi il est essentiel de maintenir, contre le classicisme, que la règle de l'art, pour autant qu'il y en ait une, « ne peut être exprimée dans aucune formule pour servir de précepte » (§ 47).

Toutes proportions gardées, il en va donc bien de l'art comme de l'humour : il relève d'un don naturel qui ne s'enseigne pas, qui est *original* et cependant *communicatif* en ce qu'il fait immédiatement « sens commun ». On peut apprendre la technique propre à chaque art particulier comme on peut apprendre à raconter des « histoires drôles » : cette acquisition laborieuse ne saurait transformer qui que ce soit en artiste ou en humoriste. Entre restituer ce qui est de l'ordre de la mémoire et avoir, comme on dit si bien, le sens de l'humour, il est un abîme qu'aucun labeur ne saurait jamais combler. Qu'on le veuille ou non, c'est cette « vérité esthétique » que le primat de l'artificiel sur le naturel risque de nous faire oublier dans sa volonté toute cartésienne de réintégrer le beau dans l'orbite des pouvoirs de l'esprit. Et c'est bien dans cette voie, celle d'un classicisme rénové, que la critique de Kant devait inévitablement conduire l'esthétique hégélienne.

Vers un nouveau classicisme

Evitons d'abord un malentendu lié à l'équivocité du mot classicisme : je n'entends désigner par ce terme ni l'art grec, comme le fait Hegel, ni même les œuvres les plus marquantes du XVIIe siècle français, mais la *doctrine esthétique*, d'origine cartésienne, selon laquelle l'art aurait pour fonction principale de représenter les vérités de raison dans cet élément extérieur à elles, mais accessible à l'entendement commun, qu'est la sensibilité. Dans le classicisme, ainsi entendu, il est clair que le moment central du beau est *l'idée*, l'élément sensible n'étant que le milieu, par essence inadéquat, au sein duquel la vérité devient *perceptible* de façon *plaisante*. On a vu comment l'*Art poétique* de Boileau constituait l'une des premières grandes thématisations intellectuelles de cette préséance toute « classique » du contenu idéel de l'art sur sa forme sensible. J'ai dit également comment, chez Boileau, cette représentation du beau s'accompagnait d'une prétention de l'art à l'éternité : puisque la vérité ne saurait être qu'une et intemporelle, puisque l'humanité à qui elle s'adresse à travers les formes esthétiques possède une essence intangible et invariable, l'art ne saurait connaître des progrès historiques semblables à ceux qui bouleversent le monde de la science.

L'originalité de l'esthétique hégélienne tient justement dans l'inversion de ce postulat : c'est parce que la vérité a une histoire – ou pour mieux dire : est elle-même histoire – que l'art, comme présentation sensible de cette vérité, doit lui aussi entrer dans la sphère de l'historicité. Il y aura donc des « étapes » de l'art, comme il y en a dans le déploiement des figures de la conscience, dans celui de l'idée logique ou des diverses formes de l'esprit (auxquelles, du reste, l'art appartient). Mais pour autant, telle est la thèse que je voudrais ici expliciter, le classicisme, que l'esthétique kantienne s'était efforcé de battre en brèche, ne se trouve nullement modifié dans son *principe* : *car pour être devenue historique, la vérité n'en demeure pas moins le moment essentiel d'une œuvre d'art qui continue d'être conçue comme présentation sensible du vrai*. L'hégélianisme apparaît ainsi comme un « classicisme historicisé ».

La formule, cependant, ne saurait tenir lieu d'explication : les modalités de cette historicisation du Beau sont, chez Hegel, d'une si grande profondeur qu'à les suivre on comprend la place ultime à laquelle l'art peut prétendre dans un système métaphysique au sein duquel il est voué, malgré tout, à occuper un rang inférieur. L'*Aesthetica* de Baumgarten et la *Critique de la faculté de juger* tentaient, contre la réduction leibnizienne de la sensibilité à de l'intelligible confus, contre le primat du point de vue de Dieu sur celui de la finitude humaine, de donner à l'esthétique ses lettres de noblesse : il fallait lui garantir l'autonomie de son objet. En introduisant l'historicité dans la vérité, c'est ce primat du divin et de l'intelligible que Hegel entend rétablir. Par contrecoup, la sphère de l'esthétique, qui pourtant était née de la légitimation du sensible, doit elle aussi être réintégrée dans l'ensemble du système. La philosophie de l'art doit embrasser son objet pour mieux l'anéantir, ou si l'on veut être tout à fait juste : pour mieux l'assurer dans le rôle subalterne dont il n'aurait jamais dû s'évader.

Que l'esthétique de Hegel reprenne le thème fondamental du classicisme, c'est là ce que confirment de la façon la plus nette les modalités selon lesquelles elle définit la destination suprême de l'art : d'après l'introduction des cours [57], celle-ci est atteinte « lorsque l'art s'est situé dans la même sphère que la religion et la philosophie pour ne plus être qu'une manière d'exprimer et de porter à la conscience le divin, les intérêts les plus profonds de l'homme, les vérités de l'esprit les plus vastes… L'art a cette destination en commun avec la religion et la philosophie, mais de telle sorte cependant qu'il présente de façon sensible même ce qui est le plus élevé et qu'il le rapproche ainsi du mode de manifestation qui est propre à la nature, aux sens et à la sensation [58] ».

Hegel n'a cessé de le répéter : « L'art a pour objet la présentation de la vérité. » Loin d'être une pure illusion, comme pourrait le laisser croire une certaine tradition platonicienne, il possède une visée identique à celle de la philosophie, et même si la vérité y est présentée sous la forme de *phénomènes*, de ces manifestations sensibles que sont les *œuvres*, il convient « d'attribuer à ces phénomènes de l'art une réalité (*Realität*) bien plus élevée et une existence (*Dasein*) bien plus vraie qu'à la réalité (*Wirklichkeit*) quotidienne » (I, p. 22). Car, Hegel y insiste à maintes reprises dans ses cours, la présentation sensible de la vérité doit se faire dans la belle œuvre de telle sorte que les deux moments en présence ne soient pas rapportés l'un à l'autre de façon arbitraire, mais au contraire, au sens le plus fort, convenable : « Le contenu de l'art est l'idée, sa forme en est la structuration sensible et imagée. Or l'art doit médiatiser ces deux aspects de telle sorte qu'ils constituent une libre totalité réconciliée » (I, p. 100). C'est dans la diversité des modalités d'une telle réconciliation que Hegel va situer le principe d'une hiérarchie *chronologique*, non seulement des diverses appréhensions du concept de beauté, mais aussi des différents arts eux-mêmes. Avant d'expliciter ce principe – qui permettra de comprendre très exactement en quoi l'hégélianisme revient, de façon certes grandiose, sur les acquis de l'esthétique kantienne –, on doit déjà saisir comment cette simple définition de l'art implique un triple retour au classicisme :

1. C'est tout d'abord une conception « cartésienne » de l'esprit qui se trouve ici réactivée. Il ne s'agit évidemment pas de suggérer par là que le concept hégélien de l'esprit serait une simple reprise des *Méditations métaphysiques*. Il est clair que, de la conscience cartésienne à l'esprit hégélien, la distance est grande et ne saurait être annulée. Reste que, comme chez Descartes, et à la différence de ce qui avait lieu dans la théorie kantienne du génie, l'esprit se voit réinvesti d'un pouvoir de maîtrise sans limites sur lui-même : il ne saurait subsister en lui, du moins lorsqu'il se trouve enfin conforme à son concept, la moindre *obscurité*, la plus petite parcelle de cet inconscient, de cette *naturalité* que Kant n'hésitait pas à attribuer au pouvoir créateur de l'artiste. Il n'y a sur ce point aucun doute pour Hegel : la véritable beauté est une création de l'esprit, et, s'il est une chose que l'on ne saurait nier, c'est bien le fait que « l'esprit est capable de se considérer lui-même et d'avoir une conscience, et même une conscience *pensante* de lui-même et de tout ce qui jaillit de lui. Car c'est justement le *penser* qui constitue l'essence la plus intime de l'esprit. [...] Or l'art et ses œuvres, pour autant qu'il y ait en eux quelque chose de vrai, appartiennent eux-mêmes à l'ordre du spirituel en tant que jaillis de l'esprit et engendrés par lui, quand bien même leur présentation porte en elle l'empreinte de l'apparence sensible et pénètre le sensible par l'esprit » (I, 27).

2. On comprend, dans ces conditions, que la philosophie hégélienne se situe aux antipodes de l'esthétique du sentiment, et c'est en fin connaisseur de cette tradition que Hegel marque ses distances par rapport à ceux qui, notamment « en France », ont affirmé contre le classicisme cartésien l'*irrationalité* du « cœur », de ce « je-ne-sais-quoi » dont on a vu comment il constituait, pour Bouhours et Dubos, « l'âme de la délicatesse » : il s'agit en effet d'en finir avec ces « réticences élevées à l'encontre d'un traitement véritablement scientifique des beaux-arts » qu'on peut lire « en particulier dans certains écrits français sur le beau » (I, 19) – mais aussi, il faut bien l'avouer, jusque dans la *Critique de la faculté de juger*.

3. On doit donc résolument affirmer – et l'on mesure ici combien Hegel s'écarte de Kant pour réintégrer l'orbite de l'esthétique classique – non seulement que les beaux-arts sont dignes de susciter la réflexion philosophique, mais surtout (ce qui va beaucoup plus loin) qu'ils sont un objet tout à fait approprié à un traitement authentiquement scientifique (I, 18). La nuance est importante : elle signifie que l'art n'est pas un objet irrationnel sur lequel la réflexion philosophique pourrait bien, comme de l'extérieur, trouver à s'exercer, mais qu'il fait *intrinsèquement partie* du développement de la science, c'est-à-dire de l'autodéploiement de l'esprit dans toute sa systématicité.

C'est à ce titre que l'art apparaît pleinement comme ce qu'il est : un moment de la vérité qui possède son développement (son historicité) propre (interne), mais aussi, en tant justement qu'il n'est qu'un moment, son historicité *externe*. Il y a, au sein du système complet de la science, un *avant* de l'art, et un *après* (la religion et la philosophie, comme on le comprendra peut-être mieux dans ce qui suit) : « De même que l'art trouve son *avant* dans la nature et dans les domaines de la vie, il possède aussi son après, c'est-à-dire une sphère qui à son tour dépasse son mode d'appréhension et de présentation de l'absolu. Car l'art contient encore en lui-même une borne et doit donc se résoudre dans des formes supérieures de conscience » (I, 141) : passage capital où Hegel nous livre le principe d'une esthétique qui va essentiellement consister en une hiérarchisation chronologique des étapes de l'*autodissolution de l'art* dans la religion, puis dans la philosophie. La limite que l'art porte en lui, nous la connaissons. Elle n'est nullement liée, comme le croit naïvement l'esthétique du sentiment (qui, au demeurant, seconde naïveté, y voit une supériorité de la beauté sur la vérité), au fait que l'art contiendrait un élément irrationnel, voire serait en lui-même d'un autre ordre que celui de la raison. Bien évidemment, la borne évoquée par Hegel *est celle de la sensibilité* en laquelle s'exprime la vérité – sensibilité qui, du point de vue du philosophe, du point de vue du divin, n'a aucune valeur ontologique.

La triple historicité de l'art

Il s'agit donc de comprendre comment l'introduction de l'historicité dans l'art, en tant que présentation sensible d'une vérité elle-même historique, n'est pas l'opposé du classicisme, mais, au contraire, le plus sûr moyen de le réaliser, de le rendre enfin conforme à son concept, à ce que, dès l'origine, il contient de juste dans sa lutte contre le baroque et le sentimentalisme. En ce point nodal de l'esthétique hégélienne, la *triple historicité* du beau qui structure l'ensemble des *Cours* prend toute sa signification. Tentons de la formuler de façon adéquate :

1. La première historicité : symbolisme, classicisme, romantisme.

Considérons à nouveau la façon dont Hegel définit l'articulation des deux moments constitutifs du concept de beauté artistique : nous avons affaire, « premièrement, à un contenu, un but, une signification ; deuxièmement, à l'expression, au phénomène, à la réalité de ce contenu ; mais troisièmement, ces deux moments sont si pénétrés l'un par l'autre que l'extérieur, le particulier apparaît exclusivement comme étant la présentation de l'intérieur » (I, 132). Si l'art est structuré comme un langage, avec, dirions-nous aujourd'hui, un signifiant et un signifié, il reste cependant très différent du langage ordinaire en ceci que le signifiant, la forme sensible, ne doit en principe rien concéder à l'arbitraire : « Dans l'œuvre d'art, rien n'est présent qui n'exprime et ne possède un rapport essentiel avec le contenu » (*ibid.*). Il y a bien d'autres façons de dire une vérité que le mode esthétique ; mais ce qui le caractérise entre tous, c'est le fait que, bien que sensible, la forme de l'expression ne laisse rigoureusement rien à la contingence (I, 101). De cette simple remarque se déduit le principe de la hiérarchisation des grandes formes d'art : dans la mesure où « l'art a pour tâche de présenter en général l'idée pour l'intuition immédiate dans sa forme sensible et non dans la forme du penser et de la pure spiritualité, dans la mesure où cette présentation tire sa valeur et sa dignité de la correspondance et de l'unité des deux moments que constituent l'idée et sa forme, le rang et le degré d'excellence de l'art, quant à la réalité conforme à son concept, dépendent du degré d'intimité et d'unité avec lequel l'idée et la forme apparaissent élaborées l'une en l'autre » (I, 103).

Le principe de hiérarchisation se dédouble ainsi lui-même :

– La supériorité d'une forme d'art se mesurera d'abord à la capacité qu'elle possède à exprimer adéquatement, bien que de façon sensible, la vérité de l'idée. De ce côté, l'art recherche ce que Hegel, après Kant, nomme l'« idéal », c'est-à-dire l'individualité entendue comme la synthèse de l'universel contenu dans l'idée et du particulier inhérent à la forme sensible qu'elle revêt : « L'idée en tant que telle est certes le vrai en soi et pour soi, mais le vrai selon son universalité non encore objectivée », tandis que, comme idée du beau, donc incarnée de façon sensible ou individualisée par son union avec une forme particulière, elle s'apparente à l'idéal. Dès lors, on peut dire que l'exigence qui s'exprime dans l'art, c'est que « l'idée et sa forme comme réalité concrète soient rendues parfaitement adéquates » (I, 104, 105). Et c'est selon cette exigence qu'on devra juger les « progrès » qui scandent l'histoire de l'esthétique.

– Mais il va de soi qu'ainsi formulé, le principe de hiérarchisation reste tout à fait insuffisant (« abstrait »). La valeur de l'art, et ici encore s'exprime le classicisme de Hegel, dépend aussi de la richesse et de la profondeur (de la « concrétude ») de l'idée. Or cette dernière relève à son tour d'une historicité : « L'esprit, avant de parvenir au concept véritable de son essence absolue, doit effectuer un parcours jalonné d'étapes, fondé lui-même dans ce concept, et à ce parcours du contenu qu'il se donne correspond, comme lui étant immédiatement lié, un parcours des formes d'art au sein desquelles l'esprit se donne en tant qu'esprit artistique la conscience de lui-même » (I, 103).

C'est en ce point précis que Hegel parvient à réconcilier pleinement le classicisme et l'historicité, la seconde venant conférer au premier sa puissance maximale. Loin que l'histoire de l'art, comme chez Dubos, constitue un argument contre la thèse selon laquelle l'art serait la manifestation sensible de la vérité, il la confirme de façon magistrale : c'est parce que la vérité « vraie » est historique (et non « éternelle », comme le pensaient encore les classiques du XVIIe siècle), qu'il doit y avoir une histoire des manifestations sensibles de cette vérité. Il n'y a rien là qui incite à abandonner le projet de transformer l'art en objet scientifique, rien non plus qui puisse plaider en faveur d'une « indépassabilité » de l'art. Tout au contraire, et les deux thèmes sont fortement liés, c'est parce qu'il est, dans l'ordre de la sensibilité, manifestation historique d'une vérité elle-même historique qu'il faudra bien se résoudre à le dépasser au profit d'expressions mieux appropriées à la spiritualité d'un contenu qui, en dernière instance, répugne à la sensibilité, même s'il peut s'y complaire pour un temps. Comme l'art n'est pas un langage semblable aux autres puisqu'en lui la liaison de la forme et du contenu, du signifiant et du signifié ne doit rien emprunter à l'arbitraire, l'historicité du contenu est aussi bien celle des formes.

Nous pouvons ainsi compléter le principe de la hiérarchisation des arts en soulignant que l'imperfection de la forme, dans la sphère esthétique, est liée à celle du contenu : « La défectuosité de l'œuvre d'art ne doit pas être considérée, par exemple, comme un manque d'habileté technique inhérent au sujet, mais la défectuosité de la forme provient aussi de celle du contenu. »

Hegel illustre son propos en termes culturels : si « les Chinois, les Indiens et les Egyptiens » ne parviennent à produire de Dieu que des images « sans forme ou d'une forme n'offrant qu'une déterminité mauvaise et sans vérité », c'est parce que « leurs représentations mythologiques » sont elles-mêmes indéterminées et abstraites (I, 105). C'est seulement grâce au développement de l'idée « que la beauté artistique parcourt une totalité d'étapes et de formes particulières ». Les trois grands moments : symbolique, classique, romantique, ne sont ainsi « que les différentes relations du contenu et de la forme, relations qui se déduisent de l'idée elle-même et qui fournissent le véritable principe de la division de ces différentes sphères » (I, 107). Cette tripartition des grandes formes génériques, qui apparaît comme la première relation de l'art à l'historicité, est (relativement) bien connue.

Dans l'optique d'une histoire de l'esthétique entendue comme histoire de la subjectivité, elle offre l'immense intérêt de témoigner, bien que négativement, de la liaison intime qui unit l'esthétique à ce que l'on pourrait nommer la « laïcité philosophique » inhérente, déjà chez Kant, au retrait du divin : c'est parce que Hegel est conduit à faire de la philosophie une tentative de dépassement par l'homme du point de vue de la finitude humaine, de la subjectivité réflexive au profit du point de vue de Dieu (du savoir ou du sujet absolus), que sa hiérarchisation des formes d'art prend la forme d'une chronologie, d'une logique de la temporalité qui tourne à la mise à mort de l'art. Elle est en effet susceptible d'une double lecture : comme autodéploiement de l'art à travers les différentes étapes que l'approfondissement de l'idée impose à la variété des formes ; mais tout aussi bien comme autodissolution de l'art puisque, au cours de ce procès, il doit inévitablement se rendre compte, au moment même où il touche à la perfection de son genre, qu'il n'est pas le moyen d'expression le plus adéquat de l'idée, qu'il est inférieur à la représentation du divin par la religion, et finalement, par la pensée philosophique elle-même.

C'est cette structure paradoxale de l'art qu'il faut saisir, avant de pénétrer les deux autres formes d'historicité qui vont venir également l'affecter et compléter ainsi ce mouvement d'autodéploiement et d'autodépassement.

L'art commence par être Symbolique. Ce premier moment n'offre pas de difficulté particulière, tant il est facile d'y repérer, en suivant le principe de hiérarchisation, la double défectuosité qui l'affecte : d'une part, dans la forme symbolique, « l'idée n'accède à la conscience que de façon indéterminée, avec une déterminité abstraite ; d'autre part, par là même, l'adéquation entre la signification et la forme ne peut elle-même que rester abstraite et défectueuse » (I, 109). Comme l'idée est encore trop indéterminée pour pouvoir indiquer par elle-même de façon concrète la forme qu'elle doit recevoir, l'art symbolique, son nom l'indique assez, se borne souvent à utiliser des objets naturels comme simples représentants du contenu à exprimer : par exemple, on peut symboliser la force par l'image d'un lion. On fait alors comme si l'idée était présente dans la forme de l'objet naturel, mais, bien évidemment, la relation entre les deux moments de l'art reste ici tout à fait extérieure. En vérité, l'idée n'est nullement dans l'objet naturel et le rapport reste métaphorique. L'idée ne peut donc se satisfaire d'une telle relation extérieure à sa forme, et c'est dans cette insatisfaction, qui constitue aux yeux de Hegel le moment du sublime, que l'art symbo-

38. Géants de l'île de Pâques

L'art symbolique s'exprimera donc aussi bien dans « des géants et des colosses », dont le caractère monumental et grandiose tente laborieusement de traduire cette supériorité de l'idée encore toute abstraite et indéterminée.

lique commence à se ruiner lui-même, que son autodéploiement devient autodépassement.

Quel lien convient-il d'établir entre le symbolique et le sublime ? En allemand, sublime se dit : *Erhaben*, ce qui s'élève au-dessus. Or dans cette quête insatisfaite d'une forme qui lui soit adéquate l'idée fait l'expérience de sa propre sublimité, c'est-à-dire du fait qu'elle est au-dessus de toutes les formes sensibles qu'on tente maladroitement de lui accoler. L'idée devient donc tyrannique à l'égard des phénomènes naturels qu'elle torture littéralement et finit par rejeter dans sa tentative même de se les approprier : l'art symbolique s'exprimera donc aussi bien dans « des géants et des colosses », dont le caractère monumental et grandiose tente laborieusement de traduire cette supériorité de l'idée encore toute abstraite et indéterminée **[38]**, que dans ces statues indiennes « aux cent bras et aux cent poitrines » dont la diversité torturée et la richesse factice correspondent à la même aspiration insatisfaite.

C'est cet effort, encore vain, que l'art grec vient couronner : si l'idéal se définit comme adéquation parfaite de la forme et du contenu, de la représentation sensible et de l'idée, c'est seulement avec l'art classique (entendu ici au sens de l'art grec) que nous l'atteignons **[39-41]**. Dans l'optique qui nous intéresse ici, il importe de bien comprendre le paradoxe constitutif de cette seconde étape : elle va en effet apparaître, au sein du système hégélien, comme la perfection suprême d'un ordre limité, comme l'art le plus parfait, mais malgré tout comme un art, donc comme inadéquat à l'idée, puisque celle-ci, en tant que telle, ne saurait jamais se satisfaire pleinement d'être incarnée dans une forme sensible, fût-elle la plus adéquate possible, la plus intrinsèquement déterminée par son contenu. Que se passe-t-il, en effet, avec le passage du symbolique au classique ? Selon le principe de hiérarchie, il faut tout à la fois que l'idée se détermine, devienne plus concrète et plus riche, mais aussi que, ce faisant, elle produise pour ainsi dire sa propre forme, détermine non seulement son contenu mais aussi l'expression qui, seule, lui convient pleinement. L'art classique ne saurait donc plus se contenter d'emprunter à la nature extérieure des formes symbolisant l'idée, la spiritualité. Et pourtant, il doit rester un art, et comme tel, une présentation sensible et, malgré tout, naturelle, de la vérité : « Il convient alors de rechercher pour un tel contenu ce qui, dans l'ordre du naturel, a pour attribut intrinsèque le spirituel en soi et pour soi » (I, 110). La seule forme naturelle qui réponde à l'équation ainsi formulée est la forme humaine, et pour l'essentiel, l'art classique s'incarne aux yeux de Hegel dans la sculpture grecque qui présente l'unité visible de l'humain et du divin : le corps humain, en particulier le visage, apparaît ainsi comme « le seul phénomène sensible approprié à l'esprit ».

39. Kroisos
(Kouros d'Anavysos),
vers 525 av. J.-C.

40. Le doryphore
(porteur de lance)
Copie romaine d'après
un original de Polyclète
de 450-440 av. J.-C.
environ.

41. L'aurige du sanctuaire
d'Apollon à Delphes
vers 470 av. J.-C.

Si l'idéal se définit comme adéquation parfaite de la forme et du contenu, de la représentation sensible et de l'idée, c'est seulement avec l'art classique (entendu ici au sens de l'art grec) que nous l'atteignons.

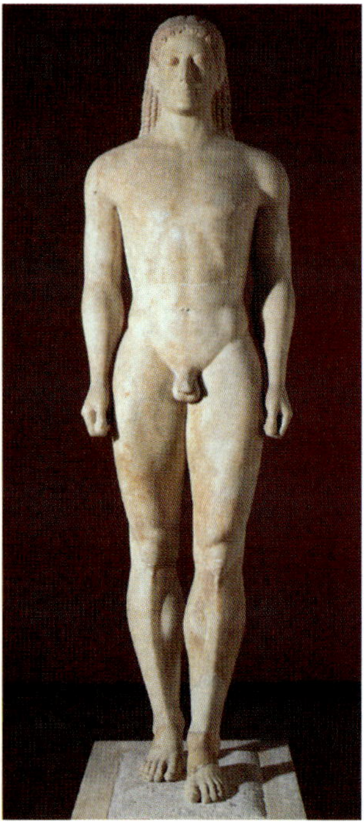

39

Bien sûr, dans cette nouvelle étape de la vie esthétique, à la différence de ce qui avait lieu dans le symbolique, le corporel n'est « plus simple existence (*Dasein*) sensible, mais existence et forme naturelle de l'esprit, ce pourquoi il faut le soustraire à toute l'indigence du seulement sensible et de la finitude contingente du phénomène » (I, 110), ce que l'art grec, plus que tout autre, parvient à exprimer dans le calme et la sérénité des corps et des visages. Il touche ainsi l'idéal puisque l'idée s'est suffisamment développée pour se percevoir elle-même comme subjectivité et que cette subjectivité trouve en l'homme une expression qui n'a plus rien d'arbitraire. Mais c'est en ce point, précisément, que le paradoxe de l'art éclate au grand jour. La subjectivité qui s'exprime dans l'art le plus parfait n'est encore qu'une

40

41

subjectivité finie, humaine, affectée justement pour cette raison d'un corps naturel, esthétique (sensible). En un sens, l'art n'y peut rien : comment pourrait-il, puisque c'est son essence, s'affranchir de toute référence à la sensibilité et à la finitude ? En un autre sens, c'est là ce qui le condamne au moment même, bien sûr, où il atteint sa perfection : avant, cette limite aurait pu encore être imputée à une imperfection accidentelle, provisoire, ce qui n'est plus possible lorsque nous avons enfin affaire à l'idéal.

Telle est la raison pour laquelle Hegel évoque en termes mitigés ce qu'il faut bien se résoudre à nommer l'anthropomorphisme de l'art le plus parfait : « On a certes souvent condamné la personnification et l'humanisation comme une dégradation du Spirituel ; mais l'art, dans la mesure où il a pour vocation de rendre le spirituel intuitionnable de façon sensible, doit en venir à cette humanisation... » (I, 110). L'idée vraie est bien cette unité de l'humain et du divin que représente la statuaire grecque ; mais en même temps, le fait que cette représentation reste dans l'ordre de l'esthétique, de la sensibilité puisqu'elle s'exprime dans le *corps* humain, est une limite qui rejaillit inévitablement sur la conception de la spiritualité elle-même : « Par là, l'esprit est aussi déterminé comme particulier, humain, non comme purement absolu et éternel... » La forme classique, malgré sa perfection, ne peut donc elle non plus se maintenir : « Elle a certes atteint ce que la mise en forme sensible propre à l'art peut produire de plus élevé et si quelque chose, en elle, fait défaut, cela tient seulement à l'art lui-même et à la limitation de la sphère qui est la sienne » (I, 111). « Seulement »... La formulation ne manque pas d'intérêt : elle confirme, s'il en était besoin, combien l'histoire de l'esthétique est, dans une métaphysique de la raison, l'histoire de son propre dépassement. C'est là ce dont témoigne plus explicitement encore le passage du classicisme au romantisme.

Avec l'époque romantique, en effet, nous entrons dans ce que l'on pourrait nommer « l'art de la sortie de l'art » : le romantisme se définit en effet comme « le dépassement de l'art par lui-même, dépassement qui demeure pourtant encore dans le domaine propre de l'art ainsi que dans sa forme » (I, 113). Le paradoxe s'éclaire si l'on prend en compte la double structure (contenu/forme) du principe de hiérarchisation : d'un côté le contenu de l'art romantique est d'un degré plus élevé que celui de l'art classique : ce dernier était parvenu à l'idée vraie que l'esprit est synthèse du fini et de l'infini, de l'humain et du divin, union que la sculpture grecque présentait de façon idéale dans la sensibilité **[42]**. Mais cette unité du fini et de l'infini reste encore chez les Grecs un en soi, une unité immédiate, non développée et déterminée. C'est précisément pour cette raison, en fonction même de sa limitation, que ce contenu spirituel peut encore trouver dans la sensibi-

42. La Vénus de Milo,
fin IIe siècle av. J.-C.

L'art classique était parvenu à l'idée vraie que l'esprit est synthèse du fini et de l'infini, de l'humain et du divin, union que la sculpture grecque présentait de façon idéale dans la sensibilité.

lité une expression qui lui soit parfaitement adéquate (I, 111). En revanche, dans l'art romantique, cet en soi devient pour soi : l'esprit prend conscience du fait qu'il est unité du divin et de l'humain, de l'infini et du fini.

Du dieu grec, nous passons au Dieu chrétien qui est esprit, intériorité, « pour soi ». Cette modification du contenu doit inévitablement rejaillir sur la forme : « L'élément vrai pour la réalité de ce contenu ne peut plus être l'existence sensible immédiate du spirituel, la forme corporelle humaine, mais l'intériorité consciente de soi **[43]**. Voilà pourquoi le christianisme, parce qu'il représente Dieu en tant qu'esprit, et non en tant qu'esprit particulier, individuel, mais bien comme esprit absolu, dans l'esprit et dans la vérité, doit se retirer de la sensibilité de la représentation vers l'intériorité spirituelle ; et c'est de cette dernière qu'il doit faire l'élément matériel et l'existence (*Dasein*) de son contenu, et non du corps », comme dans la représentation grecque du divin (I, 112). On comprend la situation paradoxale de l'art romantique : enfin parvenu à une représentation correcte, spirituelle, du divin, il s'aperçoit qu'il ne peut plus le présenter dans un matériau sensible qui le particularise, donc le déforme en l'individualisant : « Le contenu nouveau qu'on a ainsi obtenu n'est donc pas lié à la présentation sensible comme si elle lui correspondait, mais au contraire, il se libère de cette existence immédiate qui doit dès lors être posée négativement, dépassée, et réfléchie dans l'unité spirituelle » (I, 113).

C'est alors le monde intérieur qui doit constituer le contenu de l'art romantique, et c'est lui qu'il s'agit maintenant de présenter. Car le paradoxe est là : pour être spirituel, l'art n'en cesse pas moins d'être art et, comme tel, il reste intrinsèquement lié au sensible, à l'extériorité. Tout le problème, du côté de la forme, revient donc à savoir comment un contenu qui est intériorité pure (conscience, pour soi) peut être adéquatement présenté dans l'extériorité sensible : avec le romantisme, « l'intériorité fête son triomphe

43. Nu féminin, XVe siècle

Du dieu grec, nous passons au Dieu chrétien qui est esprit, intériorité, « pour soi ». « L'élément vrai pour la réalité de ce contenu ne peut plus être l'existence sensible immédiate du spirituel, la forme corporelle humaine, mais l'intériorité consciente de soi. »

sur l'extériorité et elle laisse voir cette victoire dans et par l'extériorité elle-même » (*ibid.*) : l'art romantique sera par conséquent un art du sens interne, du sentiment, et finalement, si l'on considère les formes de la sensibilité, du temps plutôt que de l'espace.

44. Pietà, début XIVe siècle

L'idée à laquelle l'art chrétien
s'est élevé est celle de l'esprit,
non plus extériorisé
dans la belle individualité grecque,
mais conscient de soi, et quoique
rationnellement supérieur
à l'art classique, il doit
en quelque façon lui redevenir
esthétiquement inférieur.

On mesure ici à quel point l'esthétique reçoit chez Hegel l'étrange mission de dépasser la sensibilité, à quel point l'art romantique est bien, en ce sens, l'art de la sortie de l'art et de l'entrée dans la religion. L'idée à laquelle il s'est élevé est celle de l'esprit, non plus extériorisé dans la belle individualité grecque, mais conscient de soi, et quoique rationnellement supérieur à l'art classique, il doit en quelque façon lui redevenir esthétiquement inférieur : plus question, en effet, de retrouver l'adéquation parfaite avec une sensibilité qui, désormais, est clairement désignée comme ennemie. Telle est la raison pour laquelle l'art romantique devra se résoudre à abandonner la perfection classique **[44]** et renouer avec la fâcheuse scission de la forme et du contenu qui caractérisait le symbolique. Moment quelque peu analogue à celui du sublime puisque l'Idée se retrouve au-dessus du sensible, mais ici, pour une raison radicalement inverse. C'est parce qu'elle est devenue trop riche et trop concrète pour lui, et nullement parce qu'elle est encore indéterminée, qu'elle doit reprendre ses distances avec la forme : « Par suite, l'indifférence, l'inadéquation et la séparation de l'idée et du contenu réapparaissent à nouveau – comme dans le symbolique –, toutefois avec cette différence essentielle que dans le romantisme, l'idée, dont la défectuosité dans le symbole commandait les défauts de la forme, doit se manifester comme esprit et comme âme parfaits en soi et que c'est en raison de cette haute perfection qu'elle se soustrait à une réconciliation adéquate avec l'extériorité puisqu'elle doit chercher et accomplir sa vraie réalité et sa vraie manifestation seulement en elle-même » (I, 114).

Les trois moments (symbolisme, classicisme, romantisme) de la relation de l'idée avec sa forme s'avèrent être ainsi les trois temps d'un processus consistant à « chercher, atteindre et dépasser l'idéal en tant que véritable idée de la beauté ». Cette première historicité se résout en une autre, plus particulière, au sein de laquelle se précise encore le caractère intrinsèquement intenable, par essence provisoire, de l'esthétique.

2. La deuxième historicité : architecture, sculpture, peinture, musique et poésie.

Il faut d'abord, pour en comprendre la signification profonde, saisir comment cette nouvelle division de l'esthétique se distingue de la première tout en s'y rapportant de façon directe. La trinité des grandes formes d'art – symbolisme, classicisme, romantisme – est la plus générale, celle qui énonce les moments de l'idée du beau elle-même. Il s'agit maintenant, avec la prise en compte des arts particuliers, d'analyser la façon concrète dont ces grandes étapes du concept de beauté s'incarnent dans la réalité, « l'être-là (*Dasein*) extérieur ». Il y aura un lien intime entre les différents genres artistiques et l'idée du beau puisqu'ils n'en sont que la réalisation sensible (I, 114/115). D'après ce qui a été dit au sujet de l'art romantique, il est aisé de saisir le principe de la seconde hiérarchie : poursuivant le paradoxe inhérent à l'art en tant que « présentation sensible » d'une vérité intelligible, Hegel en vient très logiquement à poser la thèse selon laquelle l'art le plus élevé est tout simplement celui qui parvient à s'affranchir au maximum de la sphère sensible, donc, à certains égards, de ce qui constitue l'art en tant que tel. Réciproquement, plus un art restera englué dans l'extériorité du matériau corporel, plus il méritera d'occuper les rangs inférieurs de l'échelle. C'est avant tout de la spatialité, en tant qu'elle est par excellence la forme de la sensibilité (de l'extériorité), qu'il faut s'émanciper, et dans ces conditions, on comprend pourquoi, selon Hegel, le premier genre artistique, en commençant bien sûr par le bas, est l'architecture **[45]** : non seulement elle se déploie dans l'ordre des trois dimensions de l'espace, mais en outre, les matériaux qu'elle utilise pour représenter l'idée – ou faudrait-il dire plutôt : pour l'abriter, puisque son exercice favori est la construction des temples – sont empruntés à la nature inorganique. Elle se situe ainsi au plus loin de la spiritualité véritable, ce pourquoi elle est l'expression privilégiée de l'art symbolique.

C'est dans le projet de rendre le matériau sensible plus adéquat à l'idée, moins extérieur à elle, que l'on passe de l'architecture à la sculpture : celle-ci se meut certes, encore, dans l'élément de la tridimensionnalité, mais elle cesse de considérer le matériau sensible de façon seulement mécanique pour tenter de lui donner la forme de l'organicité, de l'individualité – ce par quoi la sculpture s'avère être tout à fait adéquate à l'idéal classique : « ... Par l'architecture, le monde extérieur inorganique est purifié, ordonné de façon symétrique, apparenté ainsi à l'esprit, et là se dresse le temple de Dieu, la maison de ses fidèles. Dans un second temps, c'est Dieu lui-même qui fait son entrée dans ce temple **[46]** dans la mesure où l'éclair de l'individualité touche la masse inerte et la pénètre » (I, 118) en donnant à l'esprit infini la forme du corps humain organisé.

Une fois que l'art s'est plu à construire le temple divin, qu'il y a fait entrer Dieu lui-même comme individualité

45. Le Parthénon,
Ve siècle av. J.-C.

... Selon Hegel, le premier genre artistique, en commençant bien sûr par le bas, est l'architecture.

46. Poséidon,
vers 460-450 av. J.-C.

Dieu lui-même
fait son entrée
dans ce temple…

47. Combat de Jacob avec l'Ange
Page de la Genèse de Vienne,
début du VIe siècle apr. J.-C.

La peinture « spiritualise l'acte de rendre visible » en s'affranchissant des contraintes de la troisième dimension.

incarnée dans l'organisation sculpturale de la matière, reste à s'occuper de la communauté des fidèles. On peut dire que dans cette troisième étape Dieu s'humanise : il devient l'esprit réfléchi dans la multiplicité de ceux qui constituent son Eglise invisible. « L'unité solide de Dieu dans la sculpture se fragmente dans la multiplicité d'une intériorité séparée dont l'unité n'est pas une unité sensible, mais purement idéelle » : dans un mouvement d'intériorisation analogue à celui par lequel on passait du classicisme au romantisme, la sculpture cède la place aux trois arts de la sortie de l'art, aux trois étapes au cours desquelles va véritablement s'accomplir le projet d'en finir avec la spatialité. A commencer par la peinture : non seulement elle parvient à se passer du matériau inorganique (ou presque : la matérialité proprement dite est longtemps inessentielle dans l'ordre pictural), mais elle « spiritualise l'acte de rendre visible » en s'affranchissant des contraintes de la troisième dimension **[47]**. Selon l'heureuse formule de Hegel : « La peinture libère l'art de la complétude sensible/spatiale (*von der sinnlich-räumlichen Vollständigkeit* : dans le texte allemand, les deux termes sont indissociablement liés) de l'élément matériel en tant qu'elle le réduit à la dimension de la surface » (I, 121). En contrepartie de cet abandon de la « complétude » du volume extérieur, le nouveau genre artistique auquel on vient de parvenir s'autorise une première expression des sentiments subjectifs, une première approche de l'intériorité : « Ce qui, sentiment, représentation, intention, peut trouver une place dans le cœur humain, ce qu'il est capable de faire surgir de lui, toute cette multiplicité peut constituer le contenu bariolé de la peinture » (*ibid.*).

C'est cette intériorité que creuse encore la musique puisqu'elle parvient, la première parmi les autres genres esthétiques; à se débarrasser totalement de la spatialité : « Bien qu'encore sensible, son matériau atteint un degré plus profond encore de subjectivité et de particularisation » (I, 121). Le son, en effet, dépasse « la co-existence indifférente propre à l'espace » (*ibid.*) pour nous faire pénétrer dans l'ordre de la temporalité, c'est-à-dire, pour parler comme Kant, dans l'ordre du « sens interne ». Les notes musicales peuvent être considérées comme des points : de même qu'en passant de l'architecture et de la sculpture à la peinture on était passé du volume à la surface, on passe ici de la ligne au point. Et toujours selon la même proportion, ce qu'on perd en extériorité, on le gagne en intériorité : la musique est le premier art véritablement approprié à l'expression de l'infinie variété des sentiments et des passions de l'âme humaine.

Ce mouvement d'intériorisation propre aux arts romantiques s'achève avec la poésie. Le son, dans la musique, est encore lié à la sensibilité, même si cette dernière ne prend plus la forme de l'extériorité, mais s'incarne dans le temps de la conscience. Pour dire les choses très simplement : les sonorités musicales sont intrinsèquement sentimentales. Dans la poésie, en revanche, le son prend ses distances avec cette forme de sensibilité spiritualisée : il devient arbitraire, au sens où l'on parle de « l'arbitraire du signe » : « Le son se fait mot en tant que son en soi articulé dont le sens consiste à désigner des représentations et des pensées... » (I, 122). Il devient ainsi un « point spirituel » : « Cet élément sensible qui, dans la musique encore, ne faisait immédiatement qu'un avec l'intériorité, se sépare ici du contenu de la conscience tandis que l'esprit détermine son contenu par, en et pour lui-même, contenu pour lequel il se sert certes du son, mais toutefois comme d'un signe en soi sans valeur et sans contenu » (I, 122/123).

La poésie est par excellence l'art de la sortie de l'art auquel aspirait dès l'origine l'histoire de l'esthétique, celui au sein duquel la sensibilité s'est effacée au point de laisser place à la spiritualité représentée dans la conscience subjective. Si l'on tient compte du fait que l'idée qu'il s'agissait dès le début d'exposer dans l'art est celle du divin, on comprend que la fin de l'art ne puisse signifier que le passage à une sphère supérieure de l'esprit ; on conçoit également que celle-ci ne puisse être que la religion, toujours définie par Hegel comme appréhension du divin sur le mode de la *représentation*. Mais avec cette remarque, nous entrons dans une troisième forme d'historicité. Les deux premières – celles qui conduisaient du symbolique au romantique, puis de l'architecture à la poésie – étaient pour ainsi dire intérieures à l'esthétique elle-même. Maintenant que nous en quittons l'orbite, il nous est possible de la situer au sein d'une temporalité qui l'englobe, par rapport, donc, à ce qui la précède et la suit au sein du système tout entier.

3. La troisième historicité : la dissolution de l'art dans la religion.

La fameuse thèse hégélienne selon laquelle l'art appartiendrait désormais à une époque révolue de l'histoire humaine reçoit ici toute sa signification. Quand Hegel déclare que « l'art est et reste pour nous, quant à sa destination la plus haute, quelque chose de passé (*ein Vergangenes*) », qu'il a perdu « *pour nous* » sa « vérité authentique » et « cessé d'être vivant » (I, 25), l'affirmation doit être comprise à deux niveaux de profondeur successifs.

Il est clair, bien sûr, que le « pour nous » s'entend d'abord en un sens historique et signifie : « pour nous, modernes », qui avons quitté l'enfance de l'humanité. C'est ici par rapport à l'Antiquité grecque que se mesure le temps écoulé : « Les beaux jours de l'art grec de même que l'âge d'or du Moyen Age tardif sont révolus » (I, 24) et s'ils le sont, c'est parce que nous vivons dans une « culture de la réflexion », voire de la raison, qui nous permet de nous affranchir des cadres de la sensibilité lorsque nous cherchons à penser la vérité : « Voilà pourquoi notre présent, fondamentalement, ne se prête pas à l'art » (I, 24). Alors que la culture grecque était avant tout une culture esthétique, une religion de la beauté, la modernité chrétienne a si bien spiritualisé le religieux que notre environnement culturel a pu prendre ses distances à l'égard de l'art. Il suffit pour s'en convaincre de considérer la différence qui sépare la divinité antique, telle qu'elle se manifeste de façon *idéale* dans l'art classique, et la spiritualité des chrétiens : « Le dieu grec n'est pas abstrait, mais individuel ; il est en harmonie avec la forme naturelle. Le Dieu chrétien est certes lui aussi une personnalité concrète, mais *purement* spirituelle, et il doit être su, comme esprit et dans l'esprit. Son élément d'existence (*Dasein*) est donc essentiellement le savoir interne et non la forme naturelle extérieure dans laquelle il ne peut être présenté que de façon incomplète, sans que soit prise en compte toute la profondeur de son concept » (I, 103).

Le « pour nous » se précise. Il signifie maintenant : pour nous, philosophes de culture chrétienne, qui parvenons à comprendre que la divinité n'a pas besoin d'une forme sensible, donc, *pas besoin de l'art*, pour être *représentée* à la conscience. Puisqu'elle est spiritualité pure, c'est même par une naïveté foncière que la vision esthétique du monde en vient à penser qu'on pourrait s'en tenir à une appréhension sensible de l'absolu. *C'est ainsi en vertu de son classicisme, en vertu de l'idée que la mission de l'art est la présentation sensible de la vérité, que Hegel est inévitablement conduit à affirmer la dissolution de l'art dans la religion – elle-même conçue comme un simple mode (certes supérieur, parce que moins sensible) de présentation de la vérité.* Kant, en fondant, contre Leibniz, l'autonomie de la sensibilité, était conduit à faire du divin une simple idée et de la religion une modeste « foi pratique », dictée au fond par les exigences de la raison. Il nous entraînait ainsi dans la sphère de la *laïcité philosophique*. En rétablissant le point de vue de Dieu dans ses droits, en réassumant le concept d'un sujet absolu comme vérité, et non comme simple idée de la raison humaine, Hegel devait reprendre à son compte la vieille thèse platonico-leibnizienne réduisant la sensibilité à un « royaume de l'intelligible confus ». Nul hasard, si refaisant le parcours kantien en sens inverse, Hegel nous invite à dépasser la sphère de la sensibilité, *c'est-à-dire le point de vue de la réflexion esthétique*, dans celle de la religion.

En effet, dans le monde grec lui-même, les limites de

l'art commencent à apparaître : « Pour nous l'art ne passe plus pour le mode suprême que la vérité puisse emprunter pour se donner une existence. En fait, la pensée s'est très tôt élevée contre l'art comme représentation qui rend le divin sensible : chez les juifs et les mahométans, voire chez les Grecs comme Platon, déjà, qui s'est opposé avec vigueur aux dieux d'Homère et d'Hésiode. A vrai dire, avec les progrès de la culture vient pour chaque peuple un temps où l'art fait signe vers son propre dépassement » (I, 141-142). Et, selon Hegel, ce temps est venu en Europe lorsque, avec la Réforme, le christianisme, qui avait fait lui-même usage de l'art, a dû enfin y renoncer, la représentation de Dieu ayant atteint un degré trop élevé de spiritualité pour pouvoir être plus longtemps galvaudée de la sorte : « Lorsque la passion du savoir et de la recherche ainsi que le besoin d'une spiritualité intérieure engendrèrent la Réforme, la représentation religieuse dut elle aussi se retirer de l'élément sensible pour rentrer dans l'intériorité de l'âme et de la pensée. *L'après* de l'art consiste en ceci que l'esprit est habité par le besoin de trouver la satisfaction en son propre sein seulement comme étant la vraie forme qui convient à la vérité » (I, 142). On ne saurait être plus clair, et ce passage par la Réforme exprime en condensé tout ce que la religion ajoute à l'art en adoptant pour forme la représentation : avec cette dernière, « l'absolu se déplace de l'objectivité de l'art vers l'intériorité du sujet », de sorte que Hegel peut parler d'un « *progrès* de l'art vers la religion » (I, 142/143).

Ce progrès s'achèvera, comme on sait, avec la philosophie : elle seule parvient à penser l'intériorité d'une façon qui convient pleinement à la nature de l'esprit absolu. Pour l'avoir intériorisé, la religion n'en continue pas moins de représenter Dieu comme un objet extérieur à la conscience : cela est à vrai dire inhérent à la structure même de la *représentation en tant que telle*. Cette dernière, en effet, est toujours réflexive ; elle demeure dans l'élément de la conscience finie pour laquelle tout objet reste en quelque façon dans une certaine extériorité. Seule la philosophie spéculative, qui parvient à comprendre que la réflexion de la conscience finie n'est qu'un moment du déploiement de la subjectivité absolue et qu'en ce sens l'esprit authentique ne peut trouver à s'exprimer dans aucune autre forme que celle de la pensée pure, peut réconcilier l'objectivité de l'art et la subjectivité de la religion.

Peu importent, ici, les modalités de cette étrange réconciliation (au demeurant, ce sont les thèses les plus générales du système, voire le système tout entier qu'il faudrait déployer pour en justifier la possibilité – en admettant, bien sûr, qu'on y parvienne). Ce qu'il fallait saisir, en revanche, c'est le fait qu'avec elle l'idée kantienne selon laquelle la beauté, naturelle ou artistique, est irréductible aux pouvoirs de l'esprit se trouve, elle aussi, « dépassée ». Kant voulait critiquer la métaphysique de la subjectivité et le sommet de sa critique se situait sans nul doute dans l'esthétique. Que le « dépassement » hégélien de cette tentative soit ou non philosophiquement légitime est une autre question qui engagerait au fond celle de savoir dans quelle mesure Kant peut être aussi posthégélien. J'ai tenté ailleurs d'y apporter une réponse. Ce qui est peu douteux, en tout cas, c'est que la postérité de l'esthétique ne cessera pendant longtemps, jusqu'à nos jours peut-être, d'hésiter entre ces deux modèles. Dans une certaine mesure, l'esthétique nietzschéenne elle-même, dans sa réaffirmation de l'autonomie du sensible, peut être considérée comme une forme de « retour à Kant ». Mais ce qui la distinguera radicalement de l'esthétique kantienne, voire de l'hégélianisme, c'est sa volonté déterminée d'en finir avec l'idée que l'art est lié à la représentation d'un *monde* commun.

Deuxième partie

Du moderne au contemporain : le retrait du monde

Chapitre premier

Le moment nietzschéen : les arrière-mondes philosophiques de l'avant-garde

Selon une interprétation dominante en France, Nietzsche serait le philosophe antihégélien par excellence : il faudrait, comme l'écrit Deleuze, « prendre au sérieux le caractère résolument antidialectique de la philosophie de Nietzsche », car c'est sa pensée tout entière « qui reste abstraite et peu compréhensible, si l'on ne découvre pas contre qui elle est dirigée », c'est-à-dire, pour l'essentiel, contre Hegel, s'il est vrai que « l'antihégélianisme traverse l'œuvre de Nietzsche, comme le fil de l'agressivité [59] ». Cette interprétation n'est sans doute pas la seule possible : peut-être même existe-t-il, selon une lecture que Heidegger a plaidée avec beaucoup de force, une continuité plus secrète entre l'œuvre de Nietzsche et celle de Hegel. Il n'en reste pas moins qu'en première approximation, tout oppose la pensée tragique de l'irréductible multiplicité de la Vie au rationalisme achevé que symbolise l'hégélianisme. A commencer par l'idée, absurde aux yeux de Nietzsche, selon

48. Nietzsche (1844-1900), 1905
Erich Heckel

laquelle l'art appartiendrait désormais au passé. Si cette aberration s'est imposée, c'est seulement parce que, depuis Platon, la philosophie n'a cessé de vouloir déprécier le monde sensible au nom du monde intelligible. Et l'instrument de cette dépréciation, chez Platon comme chez Hegel, se nomme « dialectique ». C'est par son entremise, déjà, que Socrate prétend réfuter, voire anéantir les forces de l'illusion, de l'apparence, pour faire triompher la vérité des Idées. Mais l'art, justement, repose sur de telles forces, et en dénonçant partout « l'erreur » au nom d'une prétendue volonté de vérité scientifique ou philosophique, c'est l'esthétique elle-même que l'on récuse. C'est donc par une déconstruction ou, comme dit Nietzsche, par une « généalogie » de la dialectique qu'il faut commencer si l'on veut redonner à l'art la place qui lui revient.

Contre la dialectique : la revalorisation de l'esthétique

A regarder vers ses origines grecques, ou du moins « socratiques », la dialectique apparaît comme l'activité inesthétique par excellence : « Avec Socrate, le goût grec s'altère en faveur de la dialectique : que se passe-t-il exactement ? Avant tout, c'est un goût distingué qui est vaincu ; avec la dialectique le peuple arrive à avoir le dessus. Avant Socrate on écartait dans la bonne société les manières dialectiques. On les tenait pour de mauvaises manières » (*Le Cas Socrate*, § 5). Comme souvent chez Nietzsche, le jugement à l'emporte-pièce dissimule une forme d'argumentation. Il faut la restituer pour saisir en quoi consiste au juste l'essence antiesthétique de la dialectique et comprendre comment le renversement du platonisme auquel il convient désormais de procéder doit culminer dans une réhabilitation de la sphère du sensible et de l'art. En un certain sens, qui reste à préciser, le « moment nietzschéen » entretient avec la négation dialectique platonico-hégélienne de l'art une relation analogue (ce qui ne signifie pas identique) à celle que le « moment kantien » entretient avec le rationalisme classique : même si les voies empruntées sont, ici et là, fort différentes, il s'agit dans les deux cas de conquérir ou de reconquérir l'autonomie de la sensibilité – par rapport au « concept » chez Kant, à « la volonté de vérité » dialectique chez Nietzsche – et d'ouvrir ainsi l'espace nécessaire à l'existence même de l'art.

En quoi, tout d'abord, la dialectique est-elle « populaire », donc, inélégante (Nietzsche compare encore le dialecticien à quelqu'un qui se servirait à table avec les mains) ? La réponse, ici, peut être brève : si la méthode socratique emprunte les voies du dialogue, c'est pour mieux réfuter les positions de l'adversaire en vue de parvenir à une vérité supérieure, celle de l'Idée (de l'intelligible). Or, à la différence de l'erreur, qui est comme chacun sait multiple, la vérité se veut *unique* : elle prétend valoir en tout temps, en tout lieu, et pour tout le monde. C'est en cela qu'elle est « démocratique », « roturière », voire, au sens que Nietzsche donne à ce terme, « réactive », puisqu'elle ne peut se poser qu'en réaction contre d'autres points de vue, en l'occurrence contre les prétendues forces de l'illusion et du mensonge, c'est-à-dire, au final, contre l'art.

Par opposition à l'homme théorique (savant ou philosophe) qu'est le dialecticien, toujours animé par la volonté de vérité, l'artiste apparaît comme un personnage aristocratique : vivant encore dans le monde prédémocratique (l'univers des « grands Hellènes »), il pose des valeurs sans discuter, sans argumenter, avec l'*autorité* qui convient aux gens de goût. Les forces avec lesquelles il joue ne sont pas réactives : elles n'ont pas besoin, à la différence de celles qui animent la volonté de vérité, de nier d'autres forces, fussent-elles celles de l'illusion, pour se poser. D'où cette assertion décisive de Nietzsche contre la dialectique : « Ce qui a besoin d'être démontré pour être cru ne vaut pas grand-chose. Partout où l'autorité est encore de bon ton, partout où l'on ne "raisonne" pas mais où l'on commande,

49. La Mort de Socrate,
1787
Jacques-Louis David

Socrate est « le polichinelle qui se fit prendre au sérieux » : tirant toute sa « férocité » d'un « ressentiment populaire » contre l'aristocratisme esthétique, il a entrepris, avec succès, d'inoculer la « mauvaise conscience » chez ses interlocuteurs en cherchant sans cesse à les mettre en contradiction avec eux-mêmes.
Nietzsche

le dialecticien est un polichinelle » (*id.*). Socrate est « le polichinelle qui se fit prendre au sérieux » : tirant toute sa « férocité » d'un « ressentiment populaire » (*ibid.*, § 7) contre l'aristocratisme esthétique **[49]**, il a entrepris, avec succès, d'inoculer la « mauvaise conscience » chez ses interlocuteurs en cherchant sans cesse à les mettre en contradiction avec eux-mêmes. Avec sa « méchanceté de rachitique », armé de la dialectique infligeant aux autres le « coup de couteau du syllogisme » (*id.*), il réussit à extirper les tentations illusoires de la beauté sensible au profit de la vérité. La laideur et l'origine populaire sont, en ce sens très particulier à Nietzsche, indissociables : « Socrate appartenait de par son origine au plus bas peuple : Socrate était de la populace. On sait, on voit même encore combien il était laid », ce qui doit faire douter qu'il fût véritablement grec (*ibid.*, § 3).

Voici peut-être l'essentiel : la dialectique ne peut s'exercer que dans le cadre d'une théorie des Idées selon laquelle le monde sensible doit être nié au profit du monde intelligible, l'ici-bas au nom de l'au-delà. On connaît son motif favori : le sensible est trompeur, il nous montre les mêmes réalités sous des aspects différents. Par exemple, l'eau peut être tantôt liquide et brûlante, tantôt solide et glacée. Il contredit par conséquent aux règles sacrées de la logique, à commencer par la plus fondamentale d'entre toutes : le principe d'identité. Au contraire, les idées vraies sont stables : elles sont ce qui demeure sous la contingence des changements qui ne cessent d'affecter le monde. Mais Nietzsche ne se contente pas d'inverser les termes de l'opposition du temporel et de l'éternel, du sensible et de l'intelligible. Avant toute chose, c'est le regard du généalogiste qu'il jette sur cette négation de l'esthétique qu'est le platonisme, ici visé comme l'archétype de toute théorie : « Les sens, qui d'autre part sont tellement immoraux… les sens nous trompent sur le monde véritable. » Tel est, selon l'ironie nietzschéenne, le fond du discours scientifico-philosophique. Le « d'autre part », bien sûr, n'a rien d'accessoire : en vérité, c'est par crainte de la sensualité (toujours « immorale ») que l'on en vient à déprécier la sensibilité (toujours « fallacieuse »). Aux yeux du généalogiste (comme plus tard à ceux du psychanalyste), les thèses philosophiques ne sont jamais que des « rationalisations », des « symptômes » comme dit déjà Nietzsche (*ibid.*, § 2), l'expression fétichisée d'un certain pathos, voire d'une pathologie.

Si, comme l'affirme Nietzsche dans un aphorisme des plus célèbres, « ma philosophie est un platonisme inversé », que résulte-t-il de cette inversion quant à la fondation (ou la re-fondation) de l'esthétique ? La réponse nous est livrée dans le chapitre du *Crépuscule des Idoles* intitulé : « Comment le "Monde vérité" devient une fable. » Nietzsche entend montrer combien le « monde vérité », qu'il faut opposer au « monde apparence » comme le monde intelligible au monde sensible, s'avère être lui-même, au terme d'une longue histoire qui commence avec Platon pour finir avec Zarathoustra, l'illusion par excellence. Mais à l'issue de ce parcours, il ne s'agit nullement de revaloriser l'apparence (le sensible) comme telle, *mais bien de supprimer l'idée même selon laquelle il existerait quelque chose comme de l'apparence* : « Le "Monde vérité", nous l'avons aboli : quel monde nous est resté ? Le monde des apparences peut-être ?... Mais non ! avec le monde-vérité nous avons aussi aboli le monde des apparences. » C'est à ce prix, et à ce prix seulement que les conditions de possibilité sont créées qui vont permettre à l'art de prendre le pas sur la philosophie. Car cette libération du sensible et de l'apparence que réalise la généalogie du monde-vérité est tout autant libération de l'art puisque celui-ci « affirme précisément ce que nie l'évaluation du monde prétendu vrai » (Nietzsche, I, 72 [60]). L'art n'est en effet « rien d'autre que la volonté de l'apparence en tant que sensible » (*ibid.*, p. 73), et comme cette apparence, nous l'avons vu, n'en est pas une « en réalité », il faut dire avec Nietzsche que « la volonté de l'apparence, de l'illusion, de l'imposture, du devenir et du changement est plus profonde, plus "métaphysique" que la volonté de vérité, de la réalité, de l'être ». C'est en ce sens encore que l'art, antiplatonicien par essence, « a plus de valeur que la vérité », qu'il est l'expression la plus transparente de la vie, de cette volonté de puissance qui forme « l'essence la plus intime de l'être ».

Comme l'affirmait déjà laconiquement *La Naissance de la tragédie* : « Seule vie possible : dans l'art. Autrement, on se détourne de la vie » – par où l'on pressent que la déconstruction généalogique de la vérité platonicienne ne supprime pas toute notion de vérité, qu'il est peut-être une vérité plus profonde que celle des idées, plus réelle, si l'on peut dire, que celle qui anime le rationalisme philosophique ou scientifique, vérité à laquelle, peut-être, l'art seul serait capable de satisfaire **[50]**, comme seul, à ce niveau, les sens cessent de nous mentir « en tant qu'ils nous montrent le devenir, la disparition, le changement… » (*Crépuscule*, V, p. 103). Il y aurait donc au moins deux vérités et deux mensonges, les uns bienfaisants et bien réels, les autres réactifs et irréels… et c'est cette dualité que viendrait recouvrir celle de la théorie (fausse vérité et mauvais mensonge) et de l'art (bonne vérité et bon mensonge).

De là, aussi, le double visage qu'offre toute l'œuvre de Nietzsche :

– D'un côté, l'abandon de toute forme de projet « dialectique » visant à intégrer dans une quelconque systé-

50. Les Trois Sorcières, vers 1783
Johann Heinrich Füssli

Une vérité plus profonde que celle des idées, [… une] vérité à laquelle, peut-être, l'art seul serait capable de satisfaire.

maticité la multiplicité radicale de la vie (le tragique) conduira Nietzsche vers un historicisme et un relativisme comme on n'en avait encore jamais rencontrés dans l'histoire de la philosophie. La proposition fameuse selon laquelle « il n'y a pas de faits, mais seulement des interprétations » peut et doit s'entendre, non seulement dans le sens d'une critique généalogique du rationalisme métaphysique ou scientiste, mais aussi, et peut-être surtout, comme l'inauguration de ce que l'on pourrait nommer un « ultra-individualisme », chacun ayant désormais le « droit » (les guillemets s'imposent ici car le terme n'a plus guère de sens) d'exprimer ce qui constitue à proprement parler son « point de vue ». Plus rien, en effet, ne vient contraindre les diverses perspectives à entrer de force dans un ordre. A cet égard, il n'y a rien de surprenant au fait que Nietzsche soit devenu le penseur fétiche d'une génération intellectuelle qui a accompagné les divers mouvements libertaires qui ont tant marqué la vie intellectuelle et politique des années 60/70.

– D'un autre côté, pourtant, rien ne serait plus absurde que de voir en Nietzsche un penseur de la « libération des mœurs ». On connaît son goût pour la rigueur classique et son aversion envers tout ce qui ressemble de près ou de loin à un déferlement des passions, à commencer, bien sûr, par le romantisme. Nietzsche, toutefois, n'est pas un classique, cela va de soi, au sens « cartésien » du terme, au sens où, comme chez Hegel encore, c'est la raison qu'il s'agirait d'exprimer dans l'art. Et pourtant, en un autre sens, c'est bien malgré tout de classicisme qu'il s'agit : car l'art continue d'entretenir un lien direct avec la vérité. Mais cette dernière a cessé d'être identité, transparence, harmonie pour devenir cette différence pure qu'est la multiplicité des forces vitales. Ce que nous enseigne la « physiologie » nietzschéenne de l'art, c'est que la beauté n'est rien d'autre que l'expression savamment hiérarchisée (le « grand style ») de cette multiplicité. Symétrique de l'ultra-individualisme, on pourrait donc parler d'un « hyper-classicisme » puisque, plus que jamais, c'est bien la vérité que l'art a pour fonction de traduire dans la sensibilité – à condition de préciser toutefois que ce nouveau classicisme est, si l'on peut dire, un classicisme de la « différence » et non plus, comme celui du XVIIe siècle, de l'identité harmonieuse et naturelle.

C'est à ce titre que Nietzsche doit être considéré comme le premier penseur de l'avant-gardisme : non qu'il ait écrit sur ce thème ou lui-même appartenu à un quelconque mouvement qui eût pu être considéré comme « d'avant-garde », voire témoigné par ses propres goûts d'une audace particulière. Mais en un sens moins anecdotique, Nietzsche annonce la dualité qui fera le fonds de tous les mouvements modernistes du XXe siècle : d'un côté l'ultra-individualisme, qui, en poursuivant les valeurs révolutionnaires de l'émancipation individuelle à l'égard des traditions, va consacrer l'innovation comme critère suprême du jugement esthétique **[51]** et faire ainsi basculer celui-ci dans la sphère de l'historicité ; de l'autre, le souci hyper-classique d'assigner à l'art une fonction de vérité, une vocation à traduire une réalité plus réelle que celle des anciens classiques, une réalité qui n'est plus rationnelle, harmonieuse, euclidienne, mais illogique, chaotique, difforme et non-euclidienne **[52]**. C'est dans cette perspective aussi que Nietzsche va penser le personnage de l'artiste en des termes nouveaux, en des termes qui ne peuvent plus être ceux des théories classiques, cartésiennes, de la subjectivité maîtresse et consciente d'elle-même.

51. Le Déjeuner sur l'herbe,
1863
Edouard Manet

*L'innovation
comme critère suprême
du jugement esthétique.*

52. Nature morte au panier,
1888-1890
Paul Cézanne

Traduire une réalité plus réelle que celle des anciens classiques, une réalité qui n'est plus rationnelle, harmonieuse, euclidienne, mais illogique, chaotique, difforme et non-euclidienne.

53. Paysage avec une grotte,
fin XVIIe siècle
Peter Roos

*« Notre monde intérieur
est un monde bien plus riche,
bien plus vaste,
bien plus caché »
qu'on ne l'avait cru
jusqu'alors.*
Nietzsche

La brisure du sujet

Le très intéressant § 357 du *Gai Savoir* intitulé : « A propos du vieux problème : qu'est-ce qui est allemand ? » nous mettra sur la voie de cette nouvelle pensée du sujet. Une fois n'est pas coutume, Nietzsche y fait l'apologie de trois penseurs rationalistes qui, d'ordinaire, ne manquent pas d'attirer ses critiques les plus vives : Leibniz, Kant et Hegel. A travers l'hommage inhabituel qu'il leur rend se dessinent peu à peu les traits caractéristiques d'un individualisme esthétique sous-tendu par une nouvelle théorie de la subjectivité. Ce que Nietzsche, en effet, juge « positif » dans l'œuvre philosophique des Allemands, c'est la *profondeur*, ici entendue au sens propre, comme la capacité de mettre au jour des « arrière-mondes ». Elle témoigne du fait, comme le dit encore Nietzsche à propos de Leibniz, que « notre monde intérieur est un monde bien plus riche, bien plus vaste, bien plus caché » qu'on ne l'avait cru jusqu'alors **[53]**. Et c'est ici tout à la fois la tâche du généalogiste qui s'esquisse, en même temps que se déconstruit la vision moderne, métaphysique, du sujet – vision *platement* individualiste qui accorde à la *surface*, à la *conscience*, un primat exorbitant.

Pour comprendre avec fidélité ce que Nietzsche porte ici au crédit de Leibniz, Kant et Hegel, il faut percevoir la signification que revêt chez lui, à l'exact inverse de ce qui a lieu dans toute philosophie d'inspiration platonicienne, le souci de dépasser les apparences, de rendre visibles les arrière-mondes. Une telle volonté de transparence pourrait sembler paradoxale. On a vu en effet comment l'un des principaux reproches adressés au platonisme, ainsi qu'à la version populaire qu'en fournit le christianisme, tenait à ce que tous deux s'efforcent de nier le monde sensible au nom d'un monde intelligible – le premier étant désigné comme l'apparence par rapport à laquelle le second vient jouer le rôle d'un arrière-monde démystificateur (selon le fameux mythe de la caverne). Pourquoi, dans ces conditions, ce qui est négatif chez Platon (la critique des apparences au nom d'un arrière-monde accessible seulement à la réflexion philosophique) deviendrait-il positif chez les Allemands ? N'avons-nous pas affaire, dans les deux cas, à une relativisation du monde réel au nom d'un monde caché ?

En vérité, l'« apparence » s'est, de Platon aux Allemands, tant et si bien déplacée que ce n'est plus la même illusion qui, ici et là, se voit dénoncée. Si chez Platon et dans le christianisme (cette « horreur du toucher »), c'est le monde sensible qui est critiqué au nom d'un au-delà dont le modèle est fourni par la théorie des Idées, chez Leibniz, Kant et Hegel, c'est au contraire la vérité platonicienne qui se retrouve en lieu et place de l'apparence. La critique du platonisme, pour Nietzsche comme plus tard pour Heidegger, trouvera son prolongement naturel dans une déconstruction de la science moderne qui se borne à développer et accomplir ce qui, déjà, est en germe dans la métaphysique, les sciences poursuivant en effet, de façon inlassable, la tâche qui consiste à dénoncer les opinions naïves, *sensibles*, au nom d'une vérité cachée, accessible seulement à la raison du savant. Seule l'inversion du platonisme peut créer les conditions de possibilité de la généalogie. Il ne s'agira plus pour elle de « sauver les phénomènes », de dévoiler sous le chaos confus des images sensibles l'immuable clarté des idées. Tout au contraire, la véritable *profondeur* consiste à révéler sous l'apparence *superficielle* de la lumière intelligible ce monde obscur et fou que le jeune Nietzsche appelait « dionysiaque ». Voici en quoi une telle activité « archéologique » est typiquement germanique :

Chez Leibniz tout d'abord : ce qui est remis *profondément* en question, ce sont les prétendues « évidences » de la philosophie cartésienne, et, en particulier, ce primat de la conscience au nom duquel la vie « intérieure » devrait s'identifier à la vie claire et distincte. Leibniz est en effet le premier à introduire dans la philosophie le concept d'inconscient, avec ces fameuses « petites perceptions » qui, en vertu du principe de continuité, doivent nécessairement précéder l'apparition de la conscience claire. Lorsque, par exemple, je m'éveille d'un profond sommeil, c'est par une infinité de degrés de conscience infinitésimaux que je passe de l'inconscient au conscient et non pas, comme le voulait Descartes, d'un seul coup. Affirmation proprement bouleversante, puisqu'elle implique déjà l'existence d'une vie psychique inconsciente qui relie un degré zéro de conscience à un degré N. C'est ainsi que Leibniz devait concevoir « l'incomparable idée qui lui donnait raison, non seulement contre Descartes, mais contre tout ce qui avait philosophé jusqu'à lui, selon laquelle la conscience est un simple *accident* de la représentation, *non* son attribut nécessaire, essentiel, de sorte que ce que nous appelons conscience ne constitue qu'un état (et peut-être même un état malade) de notre monde spirituel – nullement, tant s'en faut, ce monde lui-même ». La parenthèse, bien sûr, est un ajout de Nietzsche ; elle indique ce qui sépare encore la « découverte » leibnizienne d'une véritable généalogie. Car il est clair que, pour avoir « découvert l'inconscient », Leibniz n'en continue pas moins de penser dans les termes qui sont ceux de l'individualisme moderne : le sujet se définit comme monade/substance et la conscience, même partiellement remise en question, demeure l'idéal du philosophe en même temps que l'intelligible reste la vérité d'un sensible qui n'a guère plus d'autonomie que chez Platon ou Hegel. Néanmoins, il y a selon Nietzsche quelques raisons de penser « qu'un latin ne serait pas parvenu aisément à ce renversement d'évidence » et qu'ici, la profondeur germanique ouvre la voie à une authentique généalogie du sujet : c'est le fond métaphysique de l'individualisme moderne qui se trouve subverti.

Du côté de chez Kant, c'est la raison scientifique elle-même qui voit contestée sa séculaire suprématie. Il faut en effet rappeler, selon Nietzsche, « le formidable point d'interrogation qu'il vint poser devant le concept de "causalité" ; non qu'il ait, à l'instar de Hume, contesté d'un point de vue général les droits de cette idée ; au contraire, il commença à délimiter avec soin le domaine à l'intérieur duquel elle conservait un sens (c'est une tâche qu'on n'a pas même achevée aujourd'hui) ». Bel exemple du style de Nietzsche : on aurait pu attendre qu'il préférât Hume à Kant, qu'il appréciât le doute que le scepticisme faisait peser sur le principe de raison (tant sur la légitimité de son usage que sur sa capacité à dépasser le stade de la « croyance » pour atteindre celui de la vérité). Et pourtant, il juge la critique kantienne plus profonde que celle de l'empirisme : si Kant, à la différence de Hume, admet une certaine validité des lois causales, c'est pour immédiatement la relativiser en postulant la fameuse thèse selon laquelle elles ne s'appliquent qu'aux phénomènes et n'ont aucune pertinence pour la réalité en soi. Ainsi, avec lui, « c'est en Allemands que nous doutons de la valeur ultime des connaissances fournies par les sciences de la nature et, plus généralement, de tout ce qui peut s'apprendre de façon causale : le connaissable lui-même, en tant que tel, nous apparaît déjà de moindre valeur ».

C'est enfin « l'admirable trouvaille de Hegel » qu'il faut mettre au crédit de la profondeur allemande. Son mérite est double : il consiste d'abord à mettre un terme au primat de l'identité, à accepter l'idée de contradiction au sein de la logique ; il réside ensuite et surtout dans le fait d'introduire l'historicité dans les catégories de la raison et de rompre ainsi avec la théorie platonicienne des idées stables et éternelles.

Bien évidemment, ces percées vers la véritable généalogie restent encore fugaces et la dépendance de l'individualisme moderne à l'égard de la métaphysique traditionnelle demeure, dans les trois cas, évidente : chez Kant, parce que le primat de la raison pratique relève encore du platonisme et de la tradition rationaliste ; chez Leibniz et Hegel, parce que la découverte de l'inconscient et de l'histoire reste au service de la mise en système de ce qui est, de sorte que, dans un cas comme dans l'autre, la « découverte » se trouve bientôt annulée – l'inconscient repris dans la conscience, l'histoire dans la Raison, et non l'inverse.

Il n'en reste pas moins que le jugement porté par Nietzsche sur la valeur de ce qui est allemand est au plus haut point significatif d'un nouvel âge où l'individualisme s'accommode de la disparition du sujet et de l'objet au profit d'un perspectivisme pur, d'un éclatement absolu des points de vue dans un historicisme radical :

– Avec l'émergence de l'inconscient chez Leibniz, c'est en effet l'exténuation du sujet qui est en jeu – exténuation qui devra finalement s'accomplir dans l'avènement d'un individu éclaté, n'aspirant plus à la maîtrise de soi ou à l'autonomie. Telle est la raison pour laquelle le mot « sujet » renvoie seulement, en dernière instance, à une « terminologie qui est celle de notre croyance à l'unité commune aux multiples moments de notre plus haut sentiment de réalité : nous concevons cette croyance comme l'effet d'une seule cause » (Schlechta, III, 627) et c'est par cette hypostase de l'identité que nous parvenons à la conclusion erronée selon laquelle le moi serait un substrat ultime de nos représentations. Le *cogito* cartésien s'avère n'être qu'un effet de ce que Nietzsche nomme le « piège des mots » ou « l'habitude grammaticale » (Schlechta, III, 577). En vérité, « le "sujet", c'est la fiction d'après laquelle beaucoup d'états identiques en nous seraient l'effet d'un même substrat ; mais c'est nous qui avons créé l'identité de ces états » (Schlechta, III, 627). Avec l'hypothèse de l'inconscient, c'est bien cette fiction qui se trouve ébranlée car, explique encore Nietzsche, il faut enfin se résoudre à ne considérer la conscience que comme un épiphénomène de la vie, nullement comme la vie elle-même : « la conscience du moi » n'apparaît plus dès lors que comme « le dernier trait qui s'ajoute à l'organisme quand il fonctionne déjà parfaitement, elle est presque superflue » – de sorte que si la fiction de l'unité du moi possède encore quelque vérité, ce ne saurait être à tout le moins au niveau de la conscience, comme le pensait naïvement toute la philosophie d'inspiration platonicienne/cartésienne : « Si j'ai quelque unité en moi, elle ne consiste sûrement pas dans mon moi conscient », lequel n'est jamais qu'un « phénomène terminal » dont les causes me sont tout à fait inconnues, mais dans ce que Nietzsche désigne comme « la sagesse de l'organisme ». La généalogie dissout littéralement ce fétichisme du sujet : le moi n'est qu'une « création », « une simplification pour désigner comme telle la force qui pose, invente, pense, par opposition à tout acte particulier de poser, inventer, penser » (Schlechta, III, 487). On croit ainsi exhiber avec le « moi » une réelle faculté, mais en vérité, cette faculté n'est rien, ou plus exactement, elle n'est que la concrétion, la réification d'une activité qui n'existe jamais que comme activité particulière.

L'éradication du sujet, par laquelle Nietzsche croit renouer avec « le personnalisme des Anciens », s'accompagne d'une inévitable disparition de l'objet, comme le suggère, selon une argumentation subtile, un passage décisif de la *Volonté de puissance* (Schlechta, III, 487). Il est clair, tout d'abord, que la liquidation du sujet/substance (de la conscience cartésienne) conduit à penser le monde comme un tissu d'interprétations irréductibles à une quelconque unité : tout substrat stable leur fait défaut. On n'a donc en toute rigueur plus « le droit de demander : qui interprète ? », car « c'est l'interprétation elle-même, en tant que forme de la volonté de puissance, qui possède une existence (non celle d'un "être", mais d'un processus, d'un devenir) en tant qu'elle est un affect ». Et si l'interprétation seule constitue le fond de ce qui est, ce n'est plus seulement le sujet qui est une illusion, un effet du fétichisme, mais l'idée qu'il existerait « en soi » des « faits » indépendants de l'interprétation : « Une "chose en soi" ? – aussi absurde qu'un "sens en soi" ! Il n'y a pas "d'états de faits en soi". » De même qu'il est vain de chercher, au sens métaphysique, un « sujet » de l'interprétation, de même qu'il faut renoncer à la question « qui interprète », on doit aussi se résoudre à abandonner « la question "qu'est-ce que c'est ?" » – car elle n'est à son tour qu'« une façon de poser un sens » et, comme telle, elle revient toujours à cette autre question : « "qu'est-ce que c'est pour moi" (pour nous, pour tout ce qui vit, etc.) » – la parenthèse visant à faire comprendre que le moi ne s'entend plus, ici, au sens d'un sujet métaphysique identique à lui-même dans la transparence de sa conscience, mais comme un sujet brisé, une force interprétative parmi d'autres, un pur point de vue : « Bref, l'essence d'une chose n'est, elle aussi, qu'une opinion sur cette "chose" **[54]**. Le "cela passe pour" est le résidu vrai du "c'est" ; c'est le seul "cela est". »

Nietzsche ne cesse d'y insister : s'il « n'y a pas de faits, mais seulement des interprétations », c'est parce que, selon la formule du *Crépuscule des Idoles*, « tout jugement est un symptôme », ou comme le dit encore un fragment de la *Volonté de puissance* : tout jugement de valeur n'a de sens

54. L'Asperge,
1880
Edouard Manet

« L'essence d'une chose n'est, elle aussi, qu'une opinion sur cette "chose". »
Nietzsche

que « dans une perspective définie, celle de la conservation de l'individu, d'une collectivité, d'une race, d'un Etat, d'une Eglise, d'une foi, d'une civilisation » et l'on oublie simplement « qu'il n'y a de jugements que perspectivistes » (Schlechta, III, 441). Bref : « Il n'y a pas de chose en soi, pas de connaissance absolue » (Schlechta, III, 503) parce que, à la différence de ce qui a lieu chez Leibniz ou Hegel, la multiplicité des points de vue s'avère irréductible dans cet individualisme qu'on pourrait dire postmoderne et ce pour l'excellente raison qu'il n'y a plus de sujet susceptible de fonder en lui une quelconque réunification systématique.

Que cette forme extrême d'individualisme soit explicitement assumée par Nietzsche, voilà qui ne saurait faire de doute si l'on précise en quoi il prolonge la critique de la science qu'il perçoit, ou croit percevoir, chez Kant. Ce n'est pas seulement la sphère de la vérité scientifique qui se trouve privée de toute objectivité, mais bien aussi celle de la signification. Là où Kant tentait de maintenir, notamment dans le domaine de l'esthétique, la possibilité d'un « sens commun », d'un accord contingent des subjectivités ou des sensibilités hors des règles conceptuelles de l'objectivité, Nietzsche postule une radicale hétérogénéité : « Nos valeurs sont des interprétations introduites par nous dans les choses. Y a-t-il un sens dans l'en soi ? Tout sens n'est-il pas nécessairement un sens relatif, une perspective ? » (Schlechta, III, 503).

Mais c'est aussi dans le sillage de l'historicisme hégélien que se détermine la nature ultime de l'individualisme nietzschéen. Dans le dépassement hégélien de Leibniz et de Kant, encore trop platoniciens, le relativisme dévoile en effet sa véritable signification : celle d'un historicisme radical, comme le suggère encore le fragment suivant : « Ce qui nous sépare de Kant comme de Platon et de Leibniz, c'est que nous ne croyons qu'au devenir… Nous sommes de part en part historiens » – et Nietzsche évoque ici les noms de Lamarck et de Hegel dont Darwin n'est à ses yeux que l'avatar.

On a déjà dit combien Nietzsche s'écartait de l'esprit systématique, réconciliateur, de la dialectique hégélienne. Deleuze a sans nul doute raison d'insister sur ce point. Il reste que son interprétation, contrairement à celle de Heidegger, sous-estime cette filiation, pourtant avouée par Nietzsche lui-même, selon laquelle la référence à l'histoire permet de porter un coup fatal à l'idéalisme platonicien. Comme le remarque à juste titre Léo Strauss dans *Les Trois Vagues de la Modernité* (New York, 1975), jusqu'à Hegel, « tous les idéaux prétendent avoir une base objective : dans la nature, en Dieu ou dans la raison. Le sens historique détruit cette prétention et, avec elle, tous les idéaux connus ». C'est cette virtualité que Nietzsche salue dans l'hégélianisme avant d'en tirer toutes les conséquences – ce qui implique évidemment que l'historicité soit dépouillée de sa gangue systématique. Selon Strauss (*idem*, p. 96), les idéaux et les cultures différents « ne s'ordonnent plus chez Nietzsche en un système » parce qu'il est

55. La Guerre ou la Chevauchée de la discorde, 1894
Henri Rousseau

... La créativité artistique ne connaît plus aucune limitation substantielle.

devenu impossible d'opérer « une véritable synthèse ». Avec Heidegger, Strauss nous invite donc à voir dans le perspectivisme nietzschéen davantage une prolongation de l'hégélianisme que sa réfutation : d'abord, tout y devient enfin historique, ensuite, le fond de tout idéal (pour autant que le terme conserve encore un sens) est la subjectivité brisée, entendue comme volonté de puissance : « La transvaluation de toutes les valeurs que Nietzsche tente de réaliser est finalement justifiée par le fait que sa racine est la plus grande volonté de puissance – une volonté de puissance plus grande que celle qui donnait lieu à toutes les valeurs antérieures », soit, pour reprendre la terminologie de Heidegger : un triomphe de la métaphysique de la subjectivité plutôt que son dépassement, ou encore, selon la formulation ici adoptée : un triomphe de l'individualisme post-moderne puisque avec Nietzsche, comme le dit Strauss, on assiste « à la fin du règne de la chance », l'homme devenant « pour la première fois le maître de sa destinée » dans une apologie de la créativité artistique qui ne connaît plus aucune limitation substantielle **[55]**.

La « physiologie de l'art » : un nouveau visage de l'historicisme

Pour rendre l'historicisme hégélien radical, pour accomplir la profondeur hégélienne sans céder à ses naïvetés, il faut, comme on l'a suggéré, sortir l'histoire du cadre dialectique et rationaliste qu'elle conserve encore chez Hegel. Cette sortie hors de la systématicité, par laquelle seule peut s'accomplir un relativisme parfait, se laisse repérer chez Nietzsche à deux indices particulièrement décisifs :

Tout d'abord le fait qu'il ne saurait y avoir aucune extériorité, aucune transcendance par rapport à ce perpétuel devenir qu'est la Vie (ce pourquoi ce vitalisme est un historicisme). Chez Hegel encore, le devenir avait une fin et la raison englobait l'histoire plus qu'elle n'était produite par elle. J'ai déjà eu l'occasion d'analyser ailleurs (cf. note 85) cet aspect fondamental du nietzschéisme et d'indiquer en quoi sa définition de l'Etre comme vie ou « volonté de puissance » impliquait une inévitable récusation du droit – à vrai dire de toute question du type : *Quid Juris ?* Or c'est exactement cette position de principe que désigne chez Nietzsche le terme « physiologie », comme on le voit en particulier dans le très explicite § 2 du *Cas Socrate.* Nietzsche y plaide la thèse selon laquelle le « consensus des sages » autour du platonisme ne prouverait en rien qu'ils aient eu raison. Tout au plus est-il l'indice que « ces sages parmi les sages avaient entre eux quelque accord physiologique pour prendre à l'égard de la vie cette même attitude négative, pour être tenus de la prendre ». Il y a plus : non seulement le dualisme platonicien du monde sensible et du monde intelligible se comporte de manière inamicale à l'égard de la vie (il annonce sa dépréciation chrétienne au nom de l'au-delà) ; mais surtout, il repose sur une « stupidité » qui, hélas, lui est consubstantielle : celle qui consiste à croire qu'on peut juger la vie alors que de toute évidence, tous nos jugements n'en sont jamais que des expressions, de sorte que « des appréciations de la vie, pour ou contre, ne peuvent en dernière instance jamais être vraies », « la valeur de la vie » ne pouvant « être évaluée ni par un vivant parce qu'il est partie, même objet de litige, et non pas juge ; ni par un mort, pour une autre raison ». Il y a, dans la prétention platonicienne à vouloir juger le monde d'ici-bas, un véritable cercle herméneutique : comprendre ce cercle, c'est aussi comprendre que nul énoncé philosophique ne saurait échapper à l'histoire (à la vie comme historicité), qu'il n'y a pas, en quelque sens que ce soit, de « méta-langage » : « Une condamnation de la vie de la part du vivant n'est jamais que le symptôme d'une espèce de vie déterminée. »

Mais on manquerait peut-être l'essentiel si l'on ne percevait que cet historicisme vitaliste est une conséquence directe de la « brisure du sujet » – ce qui le distingue des formes plus anciennes de relativisme. Car l'une des conséquences de cette « brisure » est justement que nos évaluations, nos points de vue, nos interprétations du monde, ne peuvent jamais être fondés par une quelconque référence à un savoir, au sens propre, absolu (non relatif à l'historicité de la vie). C'est ainsi qu'il faut comprendre le paragraphe du *Gai Savoir* intitulé « Notre nouvel infini » : « Le monde, pour nous, est redevenu infini en ce sens que nous ne pouvons pas lui refuser la possibilité de prêter à une infinité d'interprétations. » Et dans ces conditions, il ne saurait non plus y avoir aucune objectivité, il n'y a, pour employer un vocabulaire emprunté à un autre registre, plus de signifié, seulement du signifiant **[56]**, ou encore, comme l'affirme à juste titre Foucault dans un commentaire de Nietzsche : « Si l'interprétation ne peut jamais s'achever, c'est tout simplement qu'il n'y a rien à interpréter… car au fond, tout est déjà interprétation. »

Le philosophe achève dès lors de se confondre avec le généalogiste, c'est-à-dire, au sens le plus radical, avec celui qui perçoit que derrière les évaluations il n'y a pas de fond mais un abîme, derrière les arrière-mondes eux-mêmes, d'autres arrière-mondes, à jamais insaisissables car n'ayant en soi aucune existence, sinon à titre d'hypostases d'une interprétation elle-même à jamais insaisissable. En ce sens encore, Foucault avait raison d'y insister dans son article intitulé « Nietzsche, la généalogie et l'histoire », « la généalogie ne s'oppose pas à l'histoire comme la vue altière et profonde du philosophe au regard de taupe du savant. Elle s'oppose au contraire au déploiement métahistorique des significations idéales… », bien plus : « Elle a besoin de l'histoire pour conjurer la chimère de l'origine. » Le généalogiste, trait typique de l'individualisme post-moderne, est donc un « solitaire ». En marge du troupeau, il lui incombe d'affronter la tâche angoissante de regarder l'abîme en face : « Le solitaire […] doute même qu'un philosophe puisse avoir des opinions "véritables et ultimes" ; il se demande s'il n'y a pas en lui, nécessairement, derrière chaque caverne une autre qui s'ouvre, plus profonde encore, et au-dessous de chaque surface un monde sou-

56. Femme à la robe à pois blancs,
1891
Pierre Bonnard

*… Plus aucune objectivité,
plus de signifié,
seulement du signifiant.*

terrain plus vaste, plus étranger, plus riche, et sous tous les fonds, sous toutes les fondations, un tréfonds plus profond encore. "Toute philosophie est une façade" – tel est le jugement du solitaire. [...] Toute philosophie dissimule une autre philosophie, toute opinion est une cachette, toute parole peut être un masque » (*Par-delà le bien et le mal*, § 289). La caverne du solitaire, en effet, n'est plus celle de Platon.

Dans la philosophie moderne, l'historicisme et le relativisme avaient toujours pris la forme d'un subjectivisme (même si le sujet y était constamment confondu avec cet atome isolé qu'est l'individu aux yeux des empiristes aussi bien que des rationalistes dogmatiques) : s'il y avait relativisme – par exemple dans l'esthétique du sentiment ou encore dans les diverses formes de l'empirisme sceptique –, c'est justement parce que la subjectivité de l'individu était pour ainsi dire à ce point affirmée qu'elle en venait à rendre impossible tout espoir de trouver des critères acceptables de l'objectivité du goût (voire de la vérité ou de la moralité). Rien de tel chez Nietzsche où, nous l'avons vu, l'historicisme prend la forme d'un perspectivisme sans sujet ni objet, d'un perspectivisme où, à la limite – mais il faut s'y tenir –, seule existe l'interprétation en tant que telle, indépendamment de toute idée d'un sujet qui interpréterait autant que d'un objet interprété.

Le perspectivisme de Nietzsche : un individualisme sans sujet ni objet

La théorie nietzschéenne de l'art comme seule expression adéquate de la volonté de puissance est par excellence le lieu où cette nouvelle conception de la relativité, où ce nouvel individualisme sans sujet ni objet, trouve sa traduction la plus authentique – toute la difficulté des textes de Nietzsche tenant au fait que, par leur allure relativiste, ils empruntent la forme et le vocabulaire du subjectivisme sceptique, tandis que sur le fond, ils impliquent au contraire une critique radicale de toutes les formes de subjectivité connues jusqu'alors – ce pourquoi il fallait, me semble-t-il, distinguer cet individualisme contemporain de l'individualisme moderne, propre à la « métaphysique de la subjectivité ».

Sur le premier versant, il faut citer bien sûr la fameuse thèse du *Nietzsche contre Wagner* selon laquelle « l'esthétique n'est rien d'autre qu'une physiologie appliquée » – thèse dans la formulation de laquelle Nietzsche recourt si constamment au registre de la psychologie et de la biologie qu'il donne parfois le sentiment d'être un matérialiste français du XVIIIe siècle. C'est dans cette optique apparemment subjectiviste (au sens d'un refus de l'idée même d'un critère de l'objectivité du goût) qu'il faut comprendre les conclusions auxquelles parvient cette « physiologie », et notamment, celle selon laquelle le beau et le laid n'existent nullement « en soi », mais seulement comme « symptômes » de certains « états esthétiques » plus ou moins utiles au développement et à l'intensification de la vie : « Une expérience immémoriale nous prouve que ce qui, au point de vue esthétique, nous déplaît instinctivement s'avère être nuisible et dangereux pour l'homme, profondément suspect… Dans cette mesure, le beau se situe dans la catégorie générale des valeurs biologiques de l'utile, du bienfaisant, de ce qui augmente la vie […] » (Schlechta, III, 576). Comme chez Hume, semble-t-il, le Beau est relatif à une structure matérielle, en l'occurrence à une structure instinctuelle, dont il intensifie la puissance.

Ce « matérialisme » relativiste se présente toujours sous une double forme – biologique (référence au corps) et psychologique (référence aux pulsions inconscientes), dualité qui trouve bien sûr son unité dans le concept de vie dont Heidegger a raison de souligner qu'il est chez Nietzsche un concept métaphysique (ontologique) et nullement une notion scientifique. C'est en ce premier sens que l'art est dit agir « comme une suggestion sur les muscles et les sens » (Schlechta, III, 753), puisque « tout mouvement intérieur (sentiment, pensée, émotion) est accompagné de changements vasculaires et par conséquent de variations dans la couleur, la température, la sécrétion », tous phénomènes qu'il conviendrait selon Nietzsche de mettre en relation avec « la puissance suggestive de la musique » (Schlechta, III, 716). C'est dans le même esprit que nous sommes conviés à cette étrange réfutation de la conception aristotélicienne de la tragédie : « J'ai plusieurs fois mis le doigt sur la grande méprise d'Aristote qui croyait reconnaître dans deux affects déprimants, la frayeur et la pitié, les affects tragiques par excellence… On peut réfuter cette théorie avec le plus grand sang-froid : il suffit tout simplement de mesurer au dynamomètre l'effet d'une émotion tragique. On parvient alors à un résultat que seul peut méconnaître la parfaite mauvaise foi d'un systématique : la tragédie est un tonique » (Schlechta, III, 828). Bref, tout semble ici purement matériel, au point que, selon Nietzsche, « l'art nous fait penser à des états de vigueur animale : il est d'une part l'excédent, le débordement d'une constitution corporelle florissante dans le monde des images et des désirs ; d'autre part une excitation des fonctions animales par les images et les désirs de la vie intensifiée ; il est une augmentation du sentiment de la vie, un stimulant de la vie » **[57]** (*ibid.*) – et non un « calmant », l'a cru platement Schopenhauer.

– La psychologie des pulsions artistiques n'offre pas davantage de place à l'émergence d'un quelconque critère objectif du beau, et le relativisme de Nietzsche s'avère être, ici encore, radical : il conduit purement et simplement à faire de la création artistique l'effet d'un excès de sensualité. Un fragment de la *Volonté de puissance* (Schlechta, III, 756) explique en ce sens que les artistes, du moins « ceux qui valent quelque chose, sont doués (aussi du point de vue corporel) d'un tempérament vigoureux », de sorte que, « sans un certain surchauffement du système sexuel, on ne saurait imaginer un Raphaël… ». C'est une version – assez plate, au moins au premier abord – de la théorie freu-

57. Le Sommeil,
1868
Gustave Courbet

« L'art [...] est une augmentation du sentiment de la vie, un stimulant de la vie. »
Nietzsche

dienne qui émerge ici, tout se passant comme si la création artistique était tenue pour l'analogue de l'activité sexuelle : « Faire de la musique, écrit Nietzsche, c'est aussi une façon de faire des enfants » (*ibid.*). D'où le thème, longuement développé dans les aphorismes consacrés à la « physiologie de l'art », selon lequel il y aurait comme un jeu à somme nulle dans le rapport des deux types de création (sexuelle et artistique), l'artiste devant rester chaste s'il veut conserver toute son énergie esthétique : « La chasteté est seulement l'économie de l'artiste », car « c'est une seule et même force que l'on dépense dans la création artistique et dans l'acte sexuel ».

Comme chez Hume encore, « le beau existe tout aussi peu que le bien et le vrai » (Schlechta, III, 576). Il n'y a pas de beauté « en soi », de beauté « objective », puisque tout se réduit à des évaluations, elles-mêmes dépendantes de l'individu, du « type d'homme » qui évalue :

« L'homme de troupeau éprouvera le sentiment de valeur du beau devant d'autres objets que ceux de l'homme d'exception ou surhomme », car « il n'est pas possible de demeurer objectif, c'est-à-dire de suspendre la force qui interprète, ajoute, comble, invente (c'est cette dernière force qui produit la chaîne des prises de position affirmatives en faveur de la beauté) » (*ibid.*).

L'équivocité de l'individualisme post-moderne éclate ici au grand jour : d'un côté l'historicisme semble se confondre avec une forme de subjectivisme puisque l'une de ses caractéristiques principales est de rejeter « l'objectivité » du beau, de le faire radicalement dépendre du « type d'homme » qui évalue – ce qui suggère l'idée que le beau reste prisonnier d'une certaine forme de « subjectivité ». Et pourtant, on a vu comment la condamnation de l'individualisme moderne, si elle laissait place à un autre type d'individualisme, celui que Nietzsche attribue parfois aux Anciens, s'effectuait sur la base d'un rejet, voire d'une véritable « déconstruction » (au sens de Heidegger), de la conception cartésienne, métaphysique, de la subjectivité. Si les critères du beau ne peuvent être « objectifs », ce ne saurait donc être au sens où ils renverraient à des choix conscients, opérés par un sujet autonome, doué de cette libre capacité de décision volontaire que la philosophie moderne a pris l'habitude de désigner par l'expression : « libre arbitre ».

Nietzsche y insiste : la notion de libre arbitre implique celle de « cause de soi ». Elle renferme l'idée que le sujet conscient, le *cogito*, doit être considéré comme une « substance », comme le substrat unique et ultime de décisions et de choix qui s'enracineraient, pour ainsi dire, en eux-mêmes : « L'exigence de libre arbitre, au sens métaphysiquement superlatif où il règne malheureusement encore dans la cervelle des demi-instruits, l'exigence d'assumer soi-même l'entière et ultime responsabilité de ses actions, et d'en décharger Dieu, le monde, l'hérédité, le hasard, la société, n'est rien moins que celle d'être *causa sui* » (*Par-delà le bien et le mal*, § 21). Or cette idée est tout simplement absurde : « La *causa sui* est la plus belle contradiction interne qu'on ait jamais conçue, une sorte d'attentat contre la logique et un monstre » comparable, l'humour en moins, aux extravagantes histoires du baron de Münchhausen qui prétendait « s'arracher au marais du néant en se tirant par la perruque et se hisser ainsi à l'existence » (*id.*). La généalogie nietzschéenne est ici bien connue : elle consiste à montrer comment l'illusion du libre arbitre procède d'une réification des concepts de cause et d'effets dans leur application à la volonté, là où, « dans la vie réelle, il y a seulement des volontés fortes et des volontés faibles », mais point de volonté « libre » au sens de l'autonomie.

Si l'individualisme de Nietzsche, compris comme une réactivation de celui des Anciens, dénonce la croyance en l'objectivité en général, ce ne saurait donc être sur la base d'une quelconque conception métaphysique, qu'elle soit empiriste ou rationaliste, de la subjectivité. Pour que soit dénoncée l'objectivité, pour conserver aussi quelque signification, même minimale, à la notion d'individualité, il faut pourtant préserver la possibilité d'une référence à la subjectivité. De quelle nature ? Voilà la question qu'il faut résoudre si on veut l'interpréter correctement.

Un aphorisme de *Par-delà le bien et le mal* peut nous mettre sur la voie. Nietzsche s'y interroge sur cette « superstition du logicien » qui consiste (toujours cette croyance en la grammaire !) à rapporter le verbe à un sujet. Contre une telle superstition, il faut affirmer « qu'une pensée vient quand elle veut et non quand "je" veux ; c'est donc falsifier la réalité que de dire : le sujet "je" est la condition du verbe "pense" ; ça pense (*es denkt*), mais que ce "ça" soit l'antique et fameux "je", ce n'est, pour employer un euphémisme, qu'une supposition, une allégation – certainement pas une "certitude immédiate" » (§ 17). La généalogie nietzschéenne prend, comme à l'accoutumée, la forme d'une « défétichisation » de cette hypostase qu'est l'illusion du moi : « On déduit ici selon la routine grammaticale : "penser est une activité, or toute activité suppose un sujet agissant, donc, ..." » (*ibid.*). L'analyse est bien connue, mais Nietzsche, ici, la conduit à son terme : non seulement il convient de se débarrasser du fétichisme du sujet (de ce sophisme qui consiste, comme Kant l'avait déjà pressenti, à prendre ce qui n'est qu'une simple « philologie » pour une ontologie), mais il faut en outre en finir avec l'idée qu'il y aurait « quelque chose » qui pense. Ce « quelque chose » aurait-il même une autre forme que celle du *cogito* cartésien, repris par la *Phénoménologie* de Hegel à laquelle Nietzsche fait ici allusion, qu'il resterait encore illusoire en suggérant l'idée d'un substrat identique à lui-même : « C'est déjà trop dire que "ça pense" ; déjà ce "ça" comporte une interprétation du processus et ne fait pas partie du processus lui-même… Peut-être les logiciens s'habitueront-ils eux aussi un jour à se passer de ce petit "ça" qu'a laissé en s'évaporant ce brave vieux "moi" » (*ibid.*).

La déconstruction nietzschéenne de la subjectivité métaphysique semble à vrai dire informulable : on serait tenté de remplacer la formule « je pense » par cette autre : « ça pense en moi » – mais on risquerait sans cesse de confondre le « ça » avec le « substrat » dont Nietzsche nous invite à nous débarrasser. Il est au demeurant douteux qu'une telle déconstruction de la subjectivité se puisse mener jusqu'à son terme sans entraîner des contradictions performatives trop plates pour qu'on entreprenne ici d'en fournir les inévitables illustrations (quel est le sujet qui déclare qu'il n'y a pas de sujet ? Que signifient les « nous » par lesquels Nietzsche identifie, comme le faisait déjà Hegel, la position du philosophe, c'est-à-dire sa propre position ? Quel sens accorder aux « en fait », « en vérité », etc., au nom desquels les idées de factualité et de vérité sont dénoncées

58. Hina y Fatou (La Lune et la Terre), 1893
Paul Gauguin

La place éminente que doit occuper l'art comme expression enfin adéquate de l'essence de ce qui est, c'est-à-dire de la Vie ou de la Volonté de Puissance.

comme des « interprétations » ? etc.). Ce qui importe ici, c'est de comprendre qu'« idéalement » – c'est-à-dire : si une telle « position » philosophique était « tenable », elle reviendrait au final à dire qu'aucun de ces deux termes, objectivité et subjectivité, n'existe, qu'il n'y a que des interprétations sans *interpretans* ni *interpretandum*, et que c'est cela qui justifie la place éminente que doit occuper l'art comme expression enfin adéquate de l'essence de ce qui est, c'est-à-dire de la Vie ou de la Volonté de Puissance **[58]**.

On comprendra aussi en quel sens on peut dire que l'historicisme de Nietzsche repose sur une nouvelle forme d'individualisme, sur un individualisme sans sujet ni systématicité, sur une monadologie sans monades ni harmonie préétablie : c'est que seules les évaluations comme telles – les « points de vue » ou les « perspectives » – constituent, dans leur particularité absolue, des moments, toujours fugitifs, d'individualité, en ce qu'ils représentent chaque fois des expressions particulières et temporelles de la volonté de puissance ou de la vie.

On laissera de côté la question de la cohérence interne de cet individualisme post-moderne – question dont la pertinence serait évidemment rejetée par un nietzschéisme orthodoxe – pour s'interroger sur sa traduction esthétique. Dans la première partie de son livre sur Nietzsche, Heidegger formule en ces termes la difficulté à laquelle se heurte, semble-t-il, un relativisme aussi radical touchant la question du beau : « D'une part, en effet, l'art doit représenter le mouvement antinihiliste, la base des valeurs nouvelles, et de la sorte préparer et fonder la mesure et les lois de l'existence historialement spirituelle. Mais dans le même temps, on veut que l'art soit compris par le détour et les moyens de la physiologie... » Or il est pourtant clair que « du moment que l'art n'est plus que du ressort de la physiologie, l'essence et la réalité de l'art se dissocient en des états nerveux et en des processus dans les cellules nerveuses. Ou bien y aurait-il dans ces aveugles mouvements quoi que ce soit qui puisse de soi-même déterminer un sens, poser des valeurs, établir des critères ? » (*ibid.*, p. 89).

La question que pose ici Heidegger doit être ainsi explicitée : l'art est dit antinihiliste parce que, à la différence de la science, de la philosophie ou de la religion, il se présente sans détour comme une interprétation **[59]**, soit, aux yeux de Nietzsche, comme une expression de la volonté de puissance. Il s'écarte donc en principe de ces négations fétichisées de la vie que sont le rejet platonicien du sensible (qui conduit inévitablement à retirer toute légitimité à l'art), ou encore de cette naïve croyance au moi dans laquelle se reconnaît l'individualisme du troupeau – avec son cortège de valeurs « démocratiques » au premier rang desquelles figure cette « vérité » à laquelle chacun peut prétendre et qui prétend valoir pour chacun. La modalité « physiologique » selon laquelle Nietzsche envisage la création esthétique exprime cette opposition entre la volonté artistique, perspectiviste, et la volonté de vérité qui évacue toujours la sphère même de l'*aisthésis*. Mais dans cette subversion de la philosophie platonicienne, la position de Nietzsche ne risque-t-elle pas de perdre à son tour toute légitimité, réduite qu'elle serait à un pur relativisme ? Car, ajoute encore Heidegger, selon le point de vue de la physiologie, « il n'y a aucune hiérarchie ni établissement de critères ; tout y est, comme cela est, et demeure ce que c'est et a sa simple raison dans le fait que cela est. La physiologie ne connaît point de domaine où quelque chose ferait l'objet d'une décision ou d'un choix. Livrer l'art à la physiologie revient à ravaler l'art au niveau des sécrétions gastriques. Comment l'art ainsi conçu serait-il dans le même temps capable de fonder et de déterminer des valeurs ? Définir l'art à la fois comme mouvement antinihiliste et comme objet de la physiologie, c'est vouloir mêler l'eau et le feu » (*ibid.*, p. 90). Il faut donc, Heidegger a raison, qu'après ce moment de dissolution et de critique du platonisme que constitue la généalogie, de nouveaux critères soient finalement rétablis – faute de quoi, l'individualisme relativiste sombrerait dans la contradiction la plus plate : s'il n'y a pas de fait, rien que des interprétations, si ces interprétations ne sont elles-mêmes

59. Le Cri,
1893
Edvard Munch

*L'art est dit antinihiliste parce que,
à la différence de la science,
de la philosophie
ou de la religion,
il se présente sans détour
comme une interprétation.*

que l'émanation d'une « physiologie », à quoi bon discuter le platonisme ? Pourquoi ne pas en rester au simple constat que « les choses sont ce qu'elles sont », que le point de vue de Platon et celui de Nietzsche se « valent », au moins en ce sens qu'il n'existe à l'évidence aucune extériorité, aucun dehors de la physiologie, à partir de quoi il serait possible de les départager ?

De l'ultra-individualisme à l'hyper-classicisme : le « grand style »

La question des critères, c'est-à-dire, au sens le plus général, la question de la vérité se réintroduit donc dans et par l'esthétique. Le paradoxe d'un tel énoncé est évident : Nietzsche n'a cessé d'affirmer que l'art avait « plus de valeur que la vérité », que nous avions l'art « pour ne pas périr de la vérité », etc. Comment pourrait-il, à l'instar des classiques, refaire à son tour de la beauté une présentation sensible du vrai ?

Comme je l'ai suggéré : cela n'est possible qu'au prix d'une révolution dans la notion de vérité. Elle ne désigne plus, c'est l'évidence, l'identité stable des Idées au nom desquelles les philosophes prétendent « sauver les phénomènes », exhiber leur véritable rationalité dissimulée à la myopie des sens. En des termes que Heidegger a fort bien repérés, la vérité n'est plus la « rectitude de la représentation ». Mais pour autant, elle ne laisse pas de résider dans un certain type d'« accord » : celui de l'« évaluation » avec le réel (cf. *Nietzsche*, p. 425, 482). Pour rendre le paradoxe tout à fait explicite, il faudrait dire que c'est parce que l'art est faux qu'il est vrai, et ce, au moins en deux sens :

– D'abord parce que, en tant qu'interprétation qui ne prétend pas être plus que ce qu'elle est – donc : parce qu'il renonce à toute prétention à une vérité absolue –, l'art se trouve être en accord avec le caractère perspectif de l'existence, avec cette « vérité » selon laquelle tous nos jugements ne sont que des symptômes, de simples évaluations. Comme l'écrit Deleuze, commentant une formule célèbre de Nietzsche : « L'art est la plus haute puissance du faux, il magnifie le "monde en tant qu'erreur", il sanctifie le mensonge, il fait de la volonté de tromper un idéal supérieur… Alors vérité prend peut-être une nouvelle signification. Vérité est apparence. Vérité signifie effectuation de la puissance, élévation à la plus haute puissance. Chez Nietzsche, nous les artistes = nous les chercheurs de connaissance ou de vérité = nous les inventeurs de nouvelles possibilités de vie » (*op. cit.*, p. 117). On ne saurait mieux dire que l'idéal classique d'un art expression de la vérité n'a pas disparu chez Nietzsche. Bien plus, à y regarder de près, la définition de la vérité n'a pas même totalement changé, et la « révolution » nietzschéenne du platonisme nous reconduit en partie à son point de départ : si l'art est vrai, n'est-ce pas, malgré tout et quels que soient les termes utilisés, parce qu'il est *adéquat* au réel, voire beaucoup plus adéquat que ce mensonge qu'on a coutume, depuis Platon au moins, de désigner sous le nom de vérité ? En ce sens, Deleuze a raison d'affirmer que, pour Nietzsche, l'artiste est un chercheur de vérité : il est même, par excellence, celui qui est en quête de la « vraie vérité », le seul qui ne mente pas (comme les sens, eux non plus, ne sauraient mentir) – ce pourquoi, en dernière instance, le « vrai » philosophe doit lui aussi se faire artiste.

– Non seulement l'art est donc « fondé » à se présenter de façon explicite comme une simple interprétation, comme une pure évaluation, mais en jouant sur les apparences, en produisant de l'illusion, il se montre infiniment plus vrai que toute autre activité, à commencer par l'activité intellectuelle **[60]**. Tel est le sens ultime du fameux fragment selon lequel « la volonté d'apparence, d'illusion, de tromperie, de devenir et de métamorphose est plus profonde, plus "métaphysique" que la volonté de vérité, de réalité, d'être », parce que plus adéquate au fond de ce qui est, à savoir cette multiplicité de la vie qui a nom

60. La Vague III,
1900-1901
August Strindberg

*En jouant sur les apparences,
en produisant de l'illusion,
l'art se montre infiniment
plus vrai que toute autre activité,
à commencer par l'activité intellectuelle.*

« volonté de puissance ». Puisque, écrit encore Nietzsche, « l'apparence telle que je la comprends est la réelle et unique réalité des choses », celle qui se refuse et se refusera toujours à « toute métamorphose en un imaginaire "monde de la vérité" », on comprend non seulement que l'art soit plus vrai que la vérité, mais aussi comment la philosophie doit devenir à son tour une esthétique. Tous les interprètes de Nietzsche ont noté le caractère non anecdotique, philosophique, de l'écriture aphoristique : beaucoup y ont vu, suivant en cela l'évidence la plus visible, une « subversion » de l'idée de vérité, une sorte de révolte contre la « systématicité » inscrite jusque dans la grammaire et la syntaxe de l'écriture traditionnelle. On peut plaider avec plus de force, je crois, qu'il s'agit plutôt d'une concession très classique à l'idée de vérité.

Bien sûr, à première vue, « un aphorisme envisagé formellement se présente comme un fragment ; il est la forme de la pensée pluraliste » (Deleuze, *op. cit.*, p. 35) - non pas, cela va de soi, au sens « libéral » et démocratique du terme, mais en ceci que l'écriture fragmentée est censée s'opposer par son « ouverture » à la « clôture » du « système » entendu comme aboutissement de la théorie platonicienne de la vérité. L'aphorisme est ainsi par excellence la forme artistique de la philosophie. Comme dit encore Deleuze, « seul l'aphorisme est capable de dire le sens, l'aphorisme est l'interprétation et l'art d'interpréter » (*id.*). Sans doute. Mais la subversion est loin d'être aussi profonde qu'on se l'imagine et, à bien des égards, la forme aphoristique est aussi l'indice d'une étonnante naïveté : car dans la volonté d'être adéquat à la « brisure » et à la multiplicité de l'être comme Vie par la brisure et la multiplicité de l'écriture, c'est au fond toujours le vieux concept de vérité comme adéquation au réel qui se trouve reconduit et presque confirmé – de sorte que la pensée de Nietzsche, comme celle de ses épigones, semble souffrir d'un cruel manque d'autoréflexion. Pour reprendre une formule que Fichte appliquait à Spinoza : il pense bien, « mais il ne pense pas sa propre pensée ».

Il reste à comprendre, dans ces conditions, les motifs qui conduisent Nietzsche à prendre avec autant de vigueur le parti du classicisme contre le romantisme. Certes, je viens de le suggérer, il existe, en dernière instance, une analogie profonde entre le classicisme et l'esthétique de Nietzsche puisque, au final, l'art se voit confier dans les deux cas la tâche d'exprimer la vérité de façon sensible et vivante. Mais, malgré la profondeur de l'analogie, une différence fondamentale demeure : dans l'esthétique cartésienne (au sens large, englobant l'hégélianisme), la vérité qu'il s'agissait de présenter était définie comme rationalité. Chez Nietzsche, c'est à une « puissance » supérieure que l'art se manifeste comme exposition du vrai : il ne s'agit plus d'exprimer une vérité platonico-cartésienne, mais la « vraie vérité » qui est « différence » – ce pourquoi on pourrait définir l'esthétique nietzschéenne comme un « hyper-classicisme de la différence ». Comment dès lors interpréter le fait que Nietzsche voit dans le classicisme, et en particulier dans le XVIIe siècle français, l'incarnation la plus réussie de ce sommet de l'art qui a nom « grand style » ? **[61]**

Sur ce point au moins, sa pensée est d'une parfaite limpidité et sa définition de la « grandeur » est, dans toute l'œuvre de la maturité, d'une univocité sans faille. Comme l'explique fort bien un fragment de la *Volonté de puissance* (Bianquis, II, p. 338), « la grandeur d'un artiste ne se mesure pas aux “beaux sentiments” qu'il excite », mais elle réside dans le « grand style », c'est-à-dire dans la capacité à « se rendre maître du chaos intérieur, à forcer son propre chaos à prendre forme ; agir de façon logique, simple, catégorique, mathématique, se faire loi, voilà la grande ambition ». Ne pourront être surpris par ce texte que ceux qui commettent l'erreur, aussi absurde que fréquente, de voir dans le nietzschéisme une manière d'anarchisme, une théorie qui anticiperait les mouvements libertaires des années soixante de notre siècle. Rien de plus faux, et l'apologie de la rigueur « mathématique » trouve, elle aussi, sa place dans la définition des forces multiples qui composent la Volonté de puissance. La raison peut en être indi-

61. Paysage avec l'enterrement de Phocion, 1648
Nicolas Poussin

… Nietzsche voit dans le classicisme, et en particulier dans le XVIIe siècle français, l'incarnation la plus réussie de ce sommet de l'art qui a nom « grand style ».

quée simplement : si l'on admet que les forces « réactives » sont celles qui ne peuvent se déployer sans nier d'autres forces, il faut bien convenir que la critique du platonisme, aussi justifiée soit-elle, ne saurait conduire à une pure et simple élimination de la rationalité. Une telle éradication, en effet, serait par définition elle-même réactive. Il faut donc, si l'on veut parvenir à cette grandeur qui est le signe d'une expression réussie des forces vitales, hiérarchiser ces forces de telle façon qu'elles cessent de se mutiler réciproquement – et dans une telle hiérarchie, la rationalité doit aussi trouver sa place. Bien plus, selon un thème constant chez Nietzsche, la « simplicité logique » propre aux classiques est la meilleure appro-

62. Manfred und die Alpenhexe,
1837
John Martin

A l'opposé du grand style se situent toutes les formes d'activité, esthétiques ou non, qui, incapables de parvenir à la maîtrise de soi requise par la hiérarchie des instincts, donnent libre cours au déferlement des passions.

ximation de cette hiérarchisation « grandiose », comme le suggère de façon explicite cet autre fragment de la *Volonté de puissance* : « L'embellissement est la conséquence d'une plus grande force. On peut considérer l'embellissement comme l'expression d'une volonté victorieuse, d'une coordination plus intense, d'une mise en harmonie de tous les désirs violents, d'un infaillible équilibre perpendiculaire. La simplification logique et géométrique est une conséquence de l'augmentation de la force » (*id.*, p. 152). Nous sommes loin, on le voit, de l'image d'un Nietzsche apologète de la « libération des mœurs »…

A l'opposé du grand style se situent toutes les formes d'activité, esthétiques ou non, qui, incapables de parvenir à la maîtrise de soi requise par la hiérarchie des instincts, donnent libre cours au déferlement des passions **[62]**, c'est-à-dire à la réaction, puisque ce déferlement est toujours synonyme de mutilation réciproque des forces. Une telle mutilation définit la laideur : celle-ci réside toujours dans la « décadence d'un type ; quand il y a contradiction et coordination insuffisante des aspirations intérieures, il faut en conclure qu'il y a diminution de force organisatrice, de volonté... » (Albert, II, p. 152). Dans la sphère de la philosophie c'est, on le sait, le platonisme qui fournit le prototype de la réaction. Encore faut-il comprendre exactement en quoi il s'oppose symétriquement au « grand style » : comme l'explique longuement le *Crépuscule des Idoles*, si Socrate invente le « monde vérité », c'est au plus profond pour mettre un terme à « l'anarchie des instincts » qui apparaît lorsqu'on quitte l'univers aristocratique de la tradition et que, dès lors, le questionnement, l'interrogation et le doute viennent prendre la place de l'autorité, du commandement et de la volonté qui pose des valeurs sans discussion. Socrate est un « philosophe médecin » : mais la « cure » qu'il propose consiste dans la « castration », dans la suppression de tous les instincts (du monde sensible) au nom de la prétendue « vérité » de l'intelligible. Or la véritable solution, pour Nietzsche, eût consisté, non à mutiler les forces au nom d'autres forces (le sensible au nom de l'intelligible), mais à les hiérarchiser : Socrate, au fond, a manqué de maîtrise.

Dans le domaine de l'art, c'est donc le romantisme qui apparaît comme le sommet du réactif : les passions y sont si déchaînées qu'elles ne peuvent que se contrarier les unes les autres. Telle est la raison pour laquelle le personnage romantique par excellence est malheureux, déchiré, pâle et malade **[63]**. Comme le suggère de façon significative un fragment de la *Volonté de puissance* : « Qui sait si sous l'antinomie du classique et du romantique ne se cache pas l'antinomie de l'actif et du réactif ? » (Bianquis, II, p. 339). En un sens, on pourrait dire que la conception schopenhauerienne et wagnérienne de l'art comme conso-

63. Portrait de l'artiste par lui-même, 1835
Théodore Chassériau

… Le personnage romantique par excellence est malheureux, déchiré, pâle et malade.

lation est l'analogue, sur le plan esthétique, de ce qu'est la réaction socratique sur le plan philosophique. Si le classicisme est l'incarnation du grand style, puisque « pour être un classique, il faut avoir tous les dons, tous les désirs violents et contradictoires en apparence, mais de telle sorte qu'ils marchent ensemble sous le même joug » (Albert, II, p. 168), de sorte qu'on y « a besoin d'une quantité de froideur, de lucidité, de dureté de la logique avant tout », par exemple des « trois unités », il faut rompre à tout prix avec l'esthétique du sentiment qui annonce le romantisme. Nietzsche y insiste à maintes reprises : « Nous sommes les adversaires des émotions sentimentales » (Albert, II, p. 172) – et il le fait en des termes qui ne laissent aucun doute sur le parti qu'il prend dans le conflit qui oppose le classicisme au sentimentalisme : il invite tout artiste digne de ce nom à cultiver « la haine du sentiment, de la sensibilité, de l'esprit, la haine de ce qui est multiple, incertain, vague, fait de pressentiments... » (*ibid.*, p. 170) – bref : de tout ce que valorisait l'esthétique de Bouhours ou de Dubos.

Comme on le voit encore : la réhabilitation nietzschéenne du sensible et de l'esthétique n'est pas aussi simple qu'on pouvait le croire à première vue. On pourrait même être fort surpris de lire sous la plume de Nietzsche une telle invitation à haïr le « sensible », le « multiple », etc. Contre Victor Hugo, il réhabilite Corneille, comme l'un de ces « poètes appartenant à une civilisation aristocratique... qui mettaient leur point d'honneur à *soumettre à un concept* (c'est Nietzsche qui souligne !) leurs sens peut-être plus vigoureux encore, et à imposer aux prétentions brutales des couleurs, des sons, et des formes la loi d'une intellectualité raffinée et claire ; en quoi ils étaient, ce me semble, dans la suite des grands Grecs... » (Bianquis, II, p. 337). Le triomphe des classiques grecs et français consiste ainsi à combattre victorieusement ce que Nietzsche nomme de façon singulière « cette plèbe sensuelle » qui suscite l'admiration des peintres et des musiciens « modernes » (romantiques). Mais c'est, comme il l'indique lui-même dans un autre fragment, que de tels termes sont ambigus, peuvent être pris en plusieurs sens : par exemple, « le besoin de destruction, de changement, de devenir » peut être un signe « dyonisiaque », actif, anti-platonicien ; il peut aussi être l'indice du ressentiment qui pousse le faible à vouloir tout détruire (Wagner, Schopenhauer sont ici pris en exemple).

Tout le problème, on le voit, revient à savoir comment articuler la critique ultra-perspectiviste ou ultra-individualiste du platonisme avec cet hyper-classicisme qui conduit Nietzsche, tout bien pesé, à trouver les classiques bien supérieurs aux romantiques, donc, en un sens, à retrouver dans une certaine conception de la vérité un privilège de l'œuvre sur l'artiste.

Cohérence de Nietzsche, proximité de Heidegger

Après avoir lu ou relu tous les passages de son œuvre que Nietzsche a consacrés à l'art, il est difficile de se départir d'un certain sentiment d'étrangeté. Selon qu'on envisage les textes qui évoquent le projet d'une « physiologie de l'art » ou ceux qui définissent le « grand style », on pourrait être tenté d'élaborer deux interprétations toutes différentes, voire opposées, de sa théorie esthétique :

– Lorsqu'il parle de l'art en « physiologue », Nietzsche semble souvent flirter avec un relativisme matérialiste qui menace sans cesse l'œuvre d'une réduction complète à la réalité psychologique ou biologique de l'artiste. Et même si l'on suit l'interprétation de Heidegger (comme on doit le faire, à mon sens, sur ce point) selon laquelle le « biologisme » de Nietzsche n'est pas une forme de scientisme mais une ontologie (une définition de l'être de l'étant comme vie), il reste que son esthétique, comme Heidegger le suggère d'ailleurs au final, semble demeurer prisonnière des cadres de la métaphysique de la subjectivité :

elle continue de penser l'œuvre à partir du sujet, à partir de l'artiste et de ses états « esthétiques », par exemple de cette « ivresse dionysiaque » sans laquelle il ne saurait y avoir de création authentique.

– Lorsqu'il considère au contraire l'art en « classique », lorsqu'il nous invite à penser le grand style comme une hiérarchisation du multiple qui implique une maîtrise de soi, le penchant au « psychologisme » s'estompe : c'est alors le sujet qui tend à s'effacer devant la vérité de l'œuvre.

Ces deux moments – que j'ai désignés ici par les expressions « ultra-individualisme » et « hyper-classicisme » – sont en vérité liés de façon indissociable selon une modalité qui peut, au terme de cette analyse, être indiquée fort simplement. Il suffit de percevoir comment ils procèdent tous deux d'une source commune, sont à égalité l'effet d'une même cause : la « brisure » du sujet. Loin de s'opposer, ils se rejoignent et se complètent mutuellement.

Cela est clair, tout d'abord, pour l'ultra-individualisme. Il n'est pas douteux, en effet, que le relativisme radical de Nietzsche, son perspectivisme, tient directement à la généalogie au fil de laquelle le *cogito* se voit déconstruit : s'il n'y a plus de « monde », plus de « faits en soi », plus « d'objectivité », c'est bien parce que, le sujet étant lui-même ouvert sur l'infini de son « inconscient », il lui est désormais impossible de prétendre énoncer une quelconque vérité absolue. Il doit au contraire se résoudre, comme on l'a vu, à considérer tous ses jugements comme des symptômes, des évaluations ou des interprétations purement relatives à sa situation particulière. Et l'infinité des points de vue ainsi fondée, « notre nouvel infini », ne se laisse à son tour jamais réduire à l'unité d'une totalité, d'un univers – ce qui différencie au plus profond le perspectivisme nietzschéen de la monadologie leibnizienne.

Mais si l'on y réfléchit, on perçoit que le classicisme de Nietzsche, en tant qu'il est un classicisme de la différence (une invitation à penser l'art comme expression d'une « réalité » qui n'est plus celle de l'être mais du devenir), trouve tout autant son origine dans la brisure du sujet : c'est parce que ce dernier est clivé que le monde a cessé d'être UN monde, que l'objectivité s'est évanouie, que le réel est changement ; c'est donc aussi pour la même raison que la vérité ne saurait plus longtemps être définie comme identité, comme non-contradiction, validité universelle, etc., mais qu'elle est devenue Vie, c'est-à-dire multiplicité, différence et temporalité.

Ainsi interprétés, les deux moments de l'esthétique nietzschéenne s'accordent et, tout bien pesé, ils annoncent davantage la pensée heideggerienne de l'art qu'ils ne s'y opposent par avance. Car chez Heidegger aussi, la déconstruction de la subjectivité métaphysique conduit à faire de l'art qui vient – pour autant que l'art, selon la prophétie hégélienne qu'il semble près de partager, ne soit pas défunt – un « classicisme de la différence », et de l'œuvre une mise en scène de la vérité de l'Etre.

Selon une expression plusieurs fois reprise dans *L'Origine de l'œuvre d'art*, « l'art est la mise en œuvre de la vérité » ; plus précisément encore : « Il est sauvegarde créatrice de la vérité dans l'œuvre... Il fait jaillir la vérité. Il fait surgir ainsi dans l'œuvre en tant que sauvegarde instauratrice, la vérité de l'étant » (traduction Gallimard, p. 61). De telles formulations appellent au moins deux précautions si l'on ne veut pas en déformer le sens :

– Il est clair, tout d'abord, qu'on commettrait une erreur totale si l'on ne percevait qu'ici, la vérité n'est plus entendue comme adéquation à un objet, à un étant visible dans la représentation. Comme le souligne à juste titre l'un de nos meilleurs philosophes de l'esthétique : chez Heidegger, « l'art est donc voué par essence à la vérité. Mais cela veut-il dire que l'art serait la reproduction "vraie" du réel ? Ce serait reprendre la conception traditionnelle de la vérité comme adéquation à un objet. Or l'analyse de l'œuvre va nous conduire vers une définition plus originelle de la vérité comme dévoilement[61] » – terme qui traduit l'allemand *Unverborgenheit* et le grec *alêtheia*. Ce n'est pas ici le lieu de rappeler la signification de cette théorie de la vérité. Qu'il me suffise de dire que l'essentiel, selon la phénoménologie de Heidegger, n'est pas dans la représentation, mais dans la venue en présence de l'étant en tant que tel, dans le *dé-voilement*. Ce que l'œuvre d'art « montre » est, si l'on ose dire, qu'il y a de l'invisible, ce qu'elle manifeste, c'est qu'il y a de l'irreprésentable **[64]**, et que ce simple fait n'a rien de banal comme tend à nous le faire croire l'univers de la quotidienneté. Pourtant, en un autre sens, l'idée d'adéquation n'a pas perdu toute légitimité : si la vérité n'est plus l'accord du jugement avec la chose, si elle est devenue dévoilement, il reste que, à une puissance supérieure, la notion d'adéquation retrouve un sens ; car l'art authentique est bien celui qui nous mettra pour ainsi dire en présence de cet invisible qu'est la venue en présence de l'étant ; il est celui qui, pour reprendre une formule que Lyotard emprunte lui-même à Kant, « présentera qu'il y a de l'imprésentable » et qui, par là, se montrera plus fidèle, donc, si l'on veut, plus adéquat, sinon à la « chose même », du moins à « l'affaire de la pensée » : pour ne plus être un étant visible, un objet présent dans la représentation, identifiable et stable mais un néant, une absence, une différence, ce n'est pas moins d'elle qu'il s'agit dans l'œuvre d'art, c'est d'elle qu'il faut donner la mesure et c'est en ce sens que l'art conserve pour tâche classique d'exprimer la vérité.

– Dans ces conditions, la part de la subjectivité dans l'art – ou si l'on veut : le rôle de l'artiste – tend à se réduire au profit de celle de l'œuvre. Lorsque Heidegger fait de l'art une « mise en œuvre de la vérité », c'est pour aussitôt ajouter : « Ici se cache une ambiguïté essentielle : la vérité est à la fois "sujet" et "objet" de la mise en œuvre. » Même si les termes « sujet » et « objet » sont inappropriés puisqu'ils renvoient à une conception métaphysique de la vérité entendue comme adéquation du jugement d'un sujet à un état de fait représenté (objet), ils disent bien ici ce qu'ils veulent dire : l'œuvre est « sauvegarde instauratrice ». En d'autres termes : tout en elle n'est pas inventé, sa vérité ne réside pas tout entière dans l'artiste, elle n'est pas, du moins pas essentiellement, l'expression de ses états psychiques, de son « ivresse » ou de sa « physiologie », comme le laissent penser certaines formules de Nietzsche (mais on a vu que ces formules étaient moins « subjectivistes » qu'il n'y paraissait). D'où l'ambiguïté de l'œuvre qui est certes création, donc instauration, mais instauration non subjective puisque l'essentiel, en elle, est la sauvegarde d'une vérité qui n'appartient pas à l'artiste, dont il n'est pas le maître et possesseur, mais le « berger » **[65]**.

Si l'on accepte l'idée que la notion de sujet, chez Nietzsche déjà, s'est dissociée de celle d'auteur « maître et possesseur de son œuvre », si l'on admet aussi que la volonté de puissance qui définit le fond de ce qui est, l'être de l'étant, est bien davantage à penser comme différence et temporalité pures que comme résidu d'une quelconque conception de la subjectivité, on conviendra peut-être que la pensée nietzschéenne de l'art n'est pas si éloignée de celle de Heidegger.

Quoi qu'il en soit de cette question, après tout, seulement « philologique », il reste que ce nouveau classicisme de la différence, qui émerge chez Nietzsche et s'exprime avec maturité chez Heidegger, nous lègue une difficulté qui, on va le voir, traverse les courants majeurs de cet art qu'on dit « contemporain ». Je la formulerai brutalement, quitte à nuancer par la suite cette interrogation : les œuvres engendrées par un art qui prétendrait dire la « différence », « présenter qu'il y a un imprésentable », peuvent-elles avoir le même sens que celles qui ont marqué l'histoire de l'art connue jusqu'à ce jour ? Plus clairement peut-être – parce qu'après tout, on pourrait bien se moquer de la vieille conception « métaphysique » de l'œuvre : si l'art fut toujours, comme le pense Heidegger lui-même, avec Hegel, expression d'un Monde, comment concevoir que des œuvres qui prétendraient dire l'imprésentable, ce qui échappe à la représentation, la différence, le non-étant, etc., puissent se structurer en Monde au même titre que celles qui, si l'on peut dire, « classiquement classiques »,

64. Pomone trop mûre légèrement penchée,
1938
Paul Klee

*Ce que l'œuvre d'art « montre »
est, si l'on ose dire,
qu'il y a de l'invisible,
ce qu'elle manifeste,
c'est qu'il y a
de l'irreprésentable.*

65. Portrait de D. H. Kahnweiler,
1910
Pablo Picasso

L'œuvre est la sauvegarde d'une vérité qui n'appartient pas à l'artiste, dont il n'est pas le maître et possesseur, mais le « berger ».

F.LEGE

visaient « seulement » à exprimer quelque chose comme « une vision du monde ». Que la « déconstruction » de la tradition métaphysique, puisse prendre une certaine place, sans doute provisoire, dans l'histoire de la philosophie, je puis le concevoir sans grande difficulté puisqu'une telle déconstruction, qu'on le veuille ou non, reste de l'ordre de la pensée. Qu'un analogue du discours déconstructif puisse s'instaurer dans l'art me semble en revanche improbable, sauf si cet art comme il le fit si souvent au cours du XXe siècle, adopte explicitement pour thème et pour finalité la « mort de l'art ». Mais dans ces conditions, il ne saurait prétendre se constituer en Monde.

Le paradoxe, c'est que ce nouveau classicisme, qui fait de la vérité dévoilée par l'art une différence et non plus une identité, va trouver sa voie dans l'art contemporain, dans cet « avant-gardisme », autrefois tant prisé et aujourd'hui si décrié, qui de Picasso à Malevitch, de Mallarmé à René Char va fasciner la philosophie contemporaine. Nietzsche l'avait annoncé de façon prophétique : « La raison, comme l'espace euclidien, n'est qu'une idiosyncrasie. » Et tandis que les penseurs déconstruisaient la première, les peintres de l'avant-garde devaient bouleverser le second **[66]**.

66. L'Escalier,
1914
Fernand Léger

*« La raison,
comme l'espace euclidien,
n'est qu'une idiosyncrasie. »
Et tandis que les penseurs
déconstruisaient la première,
les peintres de l'avant-garde
devaient bouleverser le second.*

67. Photo-souvenir : inscription sur une des palissades entourant le chantier des « Deux Plateaux », cour d'honneur du Palais-Royal, Paris, 1986. Détail
Daniel Buren

Chapitre deuxième

Naissance et déclin des avant-gardes : la post-modernité

« "La névrose et l'*art moderne*". C'est le titre d'une conférence annoncée dans une université de valseuses de la plage où je passe le mois d'août. Et si je connaissais le Professeur qui va conférencier (sic), je l'inviterais à venir voir de près nos peintres modernes. Il déciderait lui-même si la névrose ou la pathologie a quelque chose à faire avec eux. Il verrait André Derain, Georges Braque, Maurice de Vlaminck, Fernand Léger, presque des géants, superbes de calme et de bon sens dans leurs propos, il verrait Picabia, sportman plein de sang-froid, Marcel Duchamp, G. de Chirico, Pierre Roy, Metzinger, Gleizes, Jacques Villon et bien d'autres, esprits ornés, doués de talents, et peut-être ensuite demanderait-il à modifier sinon le titre de sa conférence, du moins ses conclusions. »

Guillaume Apollinaire,
Chroniques d'art, 1902-1918.

Dialectique de la fin des avant-gardes

Avec leurs expositions sans tableaux et leurs concerts de silence, les avant-gardes finissantes [62] ont tourné l'art en dérision et préparé à leur insu l'éclectisme post-moderne. Sous prétexte de choquer ou de subvertir, les œuvres d'art, sinon les artistes, sont devenues modestes. Les colonnes de Buren ne bouleversent plus : elles divertissent en suscitant des sentiments d'irritation ou d'acquiescement en vérité si fugitifs qu'ils confinent à l'indifférence.

Le cas des premières avant-gardes fut tout autre : encore portées par des projets esthétiques d'envergure, elles ne visaient pas tant la mort de l'art, que son renouvellement radical. Pourtant, des décennies parfois après leur création, certaines œuvres restent lettre morte auprès de ce public qu'on dit cultivé – pour ne rien dire du « grand public » qui demeure le plus souvent dans l'ignorance complète de la culture contemporaine la plus reconnue par les amateurs éclairés. Des études récentes font apparaître à cet égard l'impressionnante marginalité économique et sociologique de la « musique moderne [63] ». Emblématique de cette crise, elle ne parvient guère à toucher un public autre que celui des professionnels ou des semi-professionnels. Voudrait-on incriminer des institutions étatiques qui entraveraient l'essor d'un art trop subversif ? Las, c'est tout l'inverse ! Ce sont elles qui le soutiennent et le subventionnent pour une part trois fois supérieure à celle que fournit un marché au demeurant largement dominé, du moins jusqu'à une date récente, par la radio et la télévision publiques [64]. Pierre-Michel Menger le souligne au terme d'une enquête sociologique serrée : « La fonction et le besoin d'une justification politico-idéologique de l'avant-gardisme ont largement perdu de leur importance. La culture d'opposition est devenue culture officielle ; le tourbillon des innovations esthétiques "révolutionnaires" est orchestré par le marché et/ou très largement soutenu par l'Etat ; l'audace, la provocation [65] et la volonté de rupture se sont banalisées [66]. »

On objectera, non sans raison d'ailleurs, que « le compositeur sérieux par définition pourrait-on dire n'est pas à la recherche d'un créneau de marché », qu'il est mû par une nécessité intérieure au regard de laquelle « la sanction du public, mesurée quantitativement, n'est pas non plus le critère d'accomplissement esthétique [67] ». On accorderait volontiers l'argument s'il visait à distinguer l'artiste authentique du démagogue. Mais la logique de l'avant-garde va bien au-delà : dans le conflit qui oppose le public et l'artiste, elle tient pour évident que ce dernier, en avance sur une masse abêtie et manipulée, a nécessairement raison : « Qui ne souhaiterait réconcilier l'art avec la société ? poursuit donc l'argument. Mais avec quelle société ? A société de consommation, arts "d'assouvissements", suivant l'expression de Malraux. L'art novateur doit montrer le chemin, pas suivre la troupe : aile marchande dans une société marchande, l'art s'accommode mal du marché[68]. »

Propos séduisants, sans doute, mais qui touchent pour le coup un thème un peu trop sensible au cœur du grand public : celui du génie méconnu, martyr solitaire d'un monde sans âme livré à la domination de la technique ; propos rassurants même : l'art d'avant-garde se porterait bien, il serait plus vivant que jamais et la désertion du public en serait pour ainsi dire le signe le plus certain. Rassurants parce que, dans cette vision élitiste qui fut toujours celle des avant-gardes, l'enfer, bien sûr, c'est les autres : l'industrie culturelle soumise aux impératifs de la rentabilité capitaliste (Marx) et technique (Heidegger) ; les médias qui tout à la fois relaient et sacralisent le conformisme éclectique sécrété par l'économie ; et finalement la « masse » elle-même qui refuse – mais il faut lui pardonner : elle est manipulée – de se laisser éduquer et initier aux plus hautes créations de la culture contemporaine.

Qu'il faille s'interroger sur les dangers d'un monde dominé par la technique, que la société bourgeoise vive aussi de la production d'une culture débile et débilitante, nul ne saurait l'ignorer. De là à en conclure que la « sous-culture » et ses relais médiatiques viennent étouffer une création authentique aujourd'hui au meilleur de sa condition, il y a un pas qu'on ne saurait franchir sans manquer au minimum de sens tragique en l'absence duquel l'interrogation philosophique est comme mutilée. Dans le cas de la culture contemporaine plus qu'en aucun autre, il nous faut garder distance avec l'idée, toujours trop simple, que l'enfer c'est les autres. Car le destin de cette culture est, pour une part non négligeable, lié à celui des avant-gardes, et les avant-gardes, à l'exact inverse de ce que suggèrent les plaidoyers *pro domo*, vivent de la banalité quotidienne : pas de banalité, pas d'avant-garde, si l'avant-garde est ce mouvement par lequel un petit groupe, une élite, animé d'un projet nouveau, rejette radicalement le conformisme ambiant, les idées reçues, les héritages de la tradition. La crise des avant-gardes ne saurait donc jamais provenir des oppositions qu'elles rencontrent. Tout au contraire, c'est peut-être aujourd'hui l'exténuation d'une telle opposition, l'absence même de conflit entre les artistes d'avant-garde et un public quasi inexistant, qui fait véritablement question.

Risquons l'hypothèse : et si les avant-gardes se mouraient d'être devenues banalité ? Et si c'étaient les avant-gardes qui avaient, depuis le début de ce siècle, secrètement et parfois à leur insu, travaillé à l'abolition de toute distinction entre « sous-culture » et « haute culture » ? L'urinoir introduit au musée par Duchamp n'est-il pas le symbole de cette volonté de rompre avec la banalité, qui devient elle-même banale et banalisante en ce qu'elle efface toute distinction entre l'œuvre d'art et l'objet technique ?
[68]

C'est, dès lors, du côté d'une dialectique interne aux avant-gardes qu'il faudrait chercher les sources de la crise qui les affecte aujourd'hui. Comme le suggérait déjà Octavio Paz dans ses conférences de 1972 sur le destin de la poésie moderne : « L'art moderne commence à perdre de ses pouvoirs de négation. Depuis des années, ses négations sont des répétitions rituelles : la rébellion est devenue procédé, la critique rhétorique, la transgression cérémonie. La négation a cessé d'être créatrice. Je ne dis pas que nous vivons la fin de l'art : nous vivons celle de l'idée d'art moderne [69]. » Bien qu'il prenne ses distances avec Hegel, qui décrétait plus radicalement la mort de l'art, la contradiction que dévoile Paz est bien une contradiction dialectique au sens hégélien : en se faisant purement critique, le modernisme des avant-gardes se retourne contre lui-même. Animé par une unique obsession : la recherche de l'originalité et de la nouveauté en tant que telles, il bascule dans son contraire, la simple répétition vide et morne

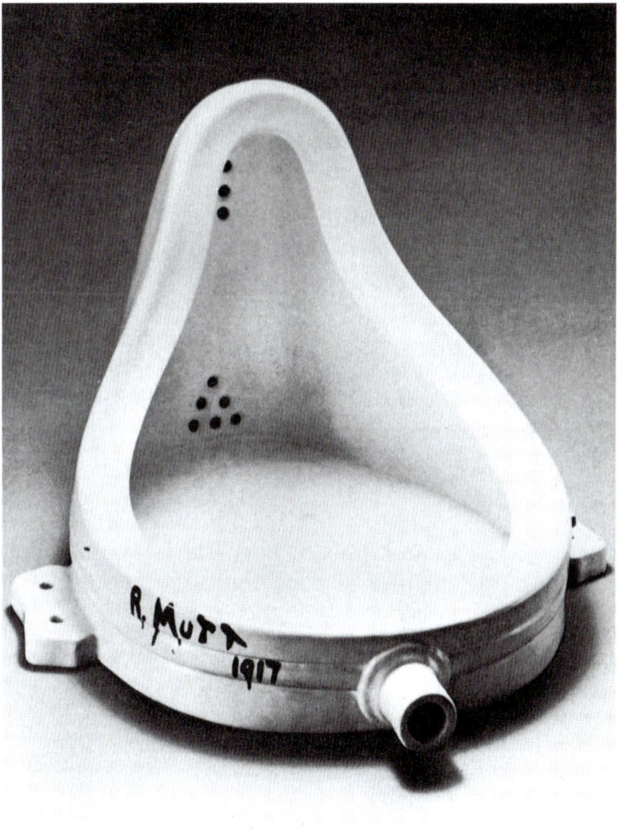

68. Fontaine,
1917
Marcel Duchamp

… Cette volonté
de rompre avec la banalité,
qui devient elle-même banale
et banalisante en ce qu'elle efface
toute distinction entre
l'œuvre d'art et l'objet technique.

du geste de l'innovation pour l'innovation. La rupture avec la tradition devient elle-même tradition, « tradition du nouveau », certes, pour reprendre l'expression de Harold Rosenberg, mais tradition quand même et, selon Paz, tradition aujourd'hui vide de sens et de contenu.

Le raisonnement de Paz touche l'une des principales difficultés que rencontre la « haute culture » contemporaine : la crise qu'il décèle est d'autant plus grave qu'il s'agit d'une crise interne, nullement d'une « réaction » qui, de l'extérieur, viendrait freiner un mouvement en plein essor. Est-il pourtant légitime d'incriminer sans autre précision « l'art moderne » ? A vrai dire, la formule est si vague qu'elle en perd presque toute signification et l'on ne peut manquer de s'étonner qu'elle soit si unanimement reprise par les critiques les plus avertis et les philosophes les plus subtils. Je préférerai, dans ce qui suit, me référer au concept plus limité d'avant-garde. Stravinski et Ravel sont sans doute des « modernes » : leur art eût été impensable au XIXe siècle. Ils ne sont pas des avant-gardistes. La notion mérite d'être précisée si nous voulons comprendre la nature de la crise.

De l'art moderne comme art d'« avant-garde ». Sens et histoire du concept d'avant-garde

L'expression « avant-garde » appartient originellement au vocabulaire militaire. Mais il est remarquable que sa première utilisation en un sens figuré [70], pour désigner à la fois des mouvements radicaux dans le champ de l'art et de la politique, apparaisse dans le contexte scientiste d'une philosophie de l'histoire : celle de Saint-Simon. Au cours du dialogue entre l'artiste et le savant qui figure dans les *Opinions littéraires, philosophiques et industrielles* [71], le premier déclare au second que les artistes doivent « servir d'avant-garde » : dans la « grande entreprise » qui a pour but « l'établissement du système de bien public », « les artistes, les hommes à imagination ouvriront la marche[72] ; ils proclameront l'avenir de l'espèce humaine ; ils ôteront au passé l'âge d'or pour en enrichir les générations futures[73] ». Nous aurons à revenir sur l'interprétation de cet élément tout à la fois scientiste et progressiste qui, tout au long du XXe siècle, marquera de son empreinte jusqu'aux avant-gardes les plus éloignées en apparence de cette idéologie héritée des Lumières.

Sur le plan, non de l'histoire des idées mais des mouvements[74] réels, on a parfois vu dans le groupe des « Incohérents[75] » la première avant-garde esthétique digne de ce nom. Défrayant la chronique entre les années 1882 et 1889 (date à laquelle le mouvement s'épuise de lui-même et s'autodissout), le groupe des Incohérents se constitue par la fusion de groupuscules où se retrouvent les habitués des cabarets parisiens : « Hydropathes », « Hirsutes », « Zutistes » ou « Jemen-foutistes », leur principale activité réside dans l'organisation d'expositions plus ou moins humoristiques destinées pour l'essentiel à « choquer le bourgeois », à marquer symboliquement la distinction entre la vie de bohème et celle du philistin. Les signes de reconnaissance jouent donc un rôle capital dans la vie du groupe, comme en témoigne ce manifeste où s'expriment les éléments les plus caractéristiques d'une idéologie tout à la fois élitiste et potache : « L'Incohérent est jeune, il lui faut en effet la souplesse des membres et de l'esprit pour se livrer à de perpétuelles dislocations physiques et morales. [...] L'Incohérent n'a conséquemment ni rhumatismes ni migraines, il est nerveux et robuste. Il appartient à tous les métiers qui se rapprochent de l'art : un typographe peut être incohérent, un zingueur jamais. [...] L'Incohérent prend sa retraite en se mariant ou en attrapant un rhumatisme ! » **[69]**

Plus sérieusement, c'est au cours des premières années de ce siècle qu'on assiste de la part des artistes eux-mêmes

Stupeur de jeunes recrues apercevant pour la première fois ton azur,
ô Méditerranée !

Récolte de la tomate sur les bords de la mer Rouge par des cardinaux apoplectiques

69. Deux tableaux présentés
à l'exposition des Arts incohérents,
galerie Vivienne, en 1884
Alphonse Allais

*« L'Incohérent prend sa retraite
en se mariant ou en attrapant
un rhumatisme ! »*
Alphonse Allais

à une thématisation de l'idéologie d'avant-garde, dont l'essai de Kandinsky, *Du spirituel dans l'art et dans la peinture en particulier* (1912), constitue sans doute l'expression exemplaire. Kandinsky mobilise pour décrire la « vie spirituelle » une métaphore qui mérite l'attention car elle recèle tous les éléments qui vont bientôt former le type idéal de l'avant-garde : « Un grand triangle divisé en parties inégales, la plus petite et la plus aiguë au sommet figure schématiquement assez bien la vie spirituelle. Tout le triangle, d'un mouvement à peine sensible, avance et monte lentement, et la partie la plus proche du sommet atteindra "demain" l'endroit où la pointe était "aujourd'hui". En d'autres termes, ce qui n'est encore aujourd'hui, pour le reste du triangle, qu'un radotage incompréhensible et n'a de sens que pour la pointe extrême paraîtra demain, à la partie qui en est la plus rapprochée, chargé d'émotions et de significations nouvelles [76]. » La suite du texte file la métaphore et en dégage les implications principales.

La première est l'élitisme : « A l'extrême pointe du triangle, il n'y a qu'un homme, tout seul. Sa vision égale son infinie tristesse. » Il a pour mission de « faire avancer le chariot récalcitrant » du peuple abêti, situé à la base du triangle. D'un côté, donc, se trouvent « les hommes supérieurs » qui osent remettre en question les traditions et sont, par suite, voués à la solitude ; de l'autre, « les partisans de la représentation populaire », « républicains » ou « socialistes » restent englués dans le conformisme de masse. Parmi ces derniers « personne n'est jamais parvenu à résoudre une seule difficulté. Ce sont d'autres hommes, supérieurs à eux, qui toujours ont fait avancer le chariot de l'humanité [77] ». La métaphore de l'avant-garde retrouve alors les accents militaires qui l'inspiraient à l'origine : les hommes supérieurs, artistes ou savants de génie, « vont de l'avant, oubliant toute prudence, et succombent dans la conquête de la citadelle de la science nouvelle tels ces soldats qui, ayant fait le sacrifice de leur personne, périssent dans l'assaut désespéré d'une forteresse qui ne veut pas capituler [78] ». Le génie est seul et le sommet du triangle n'est qu'un point. On le « tourne en dérision », on le « traite de fou »[79]. Mais cette solitude est le signe le plus sûr de l'appartenance à l'élite, comme Schönberg le confesse à Kandinsky dans une lettre du 24 janvier 1911 : « Il est provisoirement refusé à mes œuvres de gagner la faveur des masses. Elles n'en atteindront que plus facilement les individus. Ces individus de grande valeur qui seuls comptent pour moi[80]. » Le thème est si important pour Schönberg qu'il deviendra en 1937 le centre d'un essai intitulé : *Comment on devient un homme seul*, où l'élitisme et la question du public (de son absence) s'articulent autour de la notion d'individualité : la solitude de l'artiste serait l'indice de sa personnalité, le signe de son individualisation par rapport à une masse informe qui absorbe aveuglément les valeurs de la tradition contre lesquelles il se révolte.

On pourrait désigner le second aspect que suggère la métaphore du triangle par le terme d'*historicisme*. Malgré un certain pessimisme lié à la structure triangulaire d'une vie spirituelle qui impose à l'artiste l'état de solitude, une croyance inébranlable au progrès permet de ressusciter l'optimisme au niveau de l'histoire : « En dépit de l'aveuglement [de la masse], le triangle spirituel continue en réalité d'avancer » ; il « monte lentement avec une force irrésistible ». L'élite peut être rassurée : sa solitude n'est que provisoire, elle sera tôt ou tard comprise par la masse à laquelle elle sert d'éclaireur et de guide. « La dissonance picturale et musicale d'aujourd'hui n'est rien d'autre que la consonance de demain[81]. » Mais, en vertu même de cette philosophie de l'histoire, obligation est faite à l'artiste de rompre avec la tradition pour créer sans cesse du nouveau. Ainsi, « chaque époque crée un art qui lui est propre et qu'on ne verra jamais renaître ». Dès lors, l'imitation des formes passées et dépassées de l'art n'est que « celle des singes » dont « la mimique est dénuée de toute signification[82] ». L'avant-garde est liée à l'idée de révolution : elle a pour mission d'ébranler « hardiment l'ordre établi », étant entendu que ce mouvement est sans fin. L'originalité ou l'individualité de l'artiste ne se situent donc plus seulement en relation à des règles, mais elles se conçoivent explicitement en fonction d'une certaine mise en histoire de l'art.

En conséquence de cet élitisme et de cet historicisme, l'avant-garde se veut expression du Moi ou, pour reprendre la formule même de Kandinsky, « expression pure de la vie intérieure » de celui qui, par son originalité, se trouve tout à la fois au sommet du triangle (élitisme) et en avance sur son temps (historicisme) et qui, par suite, constitue seul une véritable individualité (les autres « individus », même ceux qui sont immédiatement au-dessous du sommet, commencent à former une « masse » : ils se ressemblent, possèdent des points communs et sont donc moins individualisés que le génie). Ce thème est proprement central : il fournit la principale justification théorique à l'abandon de la « figuration » en peinture et de la tonalité en musique. S'il faut en finir avec l'art figuratif, s'il faut cesser d'imiter la nature, c'est pour être enfin pleinement en mesure d'exprimer la subjectivité, ce que Kandinsky résume par cette formule capitale : « Ce refus total des formes habituelles du beau conduit à admettre comme sacrés tous les procédés qui permettent de manifester sa personnalité[83] » **[70]**.

Nous verrons que la position des cubistes est sur ce point différente. C'est néanmoins en fonction de ce critère ultime et par référence à ceux qu'il situe à la pointe du triangle, à savoir Picasso et Schönberg, que Kandinsky esquisse une histoire de l'art contemporain où transparaissent de la façon la plus significative les trois présupposés implicites (élitisme, historicisme, individualisme) de toute idéologie avant-gardiste : tandis que Debussy, malgré certaines innovations appréciables, cède encore aux « charmes d'une beauté plus ou moins conventionnelle », Schönberg, « seul dans cette voie » et « à peine reconnu de quelques rares admirateurs [...] nous fait pénétrer dans un royaume nouveau où les émotions musicales ne sont plus seulement auditives, mais avant tout intérieures. Ici commence la musique future ».

70. Improvisation XIX,
1911
Wassily Kandinsky

« Ce refus total des formes habituelles du beau conduit à admettre comme sacrés tous les procédés qui permettent de manifester sa personnalité. »
Kandinsky

La situation est analogue dans le champ de la peinture. C'est cette fois Picasso qui « dépasse » Cézanne et Manet **[71]** : à la différence de ces derniers, pourtant déjà « en avance » sur leur temps, Picasso « n'a jamais succombé à cette beauté (conventionnelle). Constamment poussé par le besoin de s'exprimer, emporté par sa fougue, il se jette d'un procédé à l'autre. Si un abîme les sépare, Picasso, d'un bond insensé, le franchit et déjà il est sur l'autre bord au grand effroi de la cohorte compacte de ses fidèles admirateurs. Ils croyaient l'avoir atteint et tout est à recommencer[84] »

71. Le Violon (Jolie Eva),
1912
Pablo Picasso

*C'est cette fois Picasso
qui « dépasse »
Cézanne et Manet.*

Les trois moments de l'avant-gardisme sont ici clairement articulés : c'est parce que l'artiste de génie est doué d'une personnalité qui le place « en avant » de son temps – ses admirateurs forment sans doute une élite, mais ils ont déjà quelque chose de « compact » – qu'il est voué à la solitude réservée à l'élite de cette élite.

L'interprétation « individualiste » de l'avant-garde

Si l'on entend par individualisme l'idéologie moderne selon laquelle, au nom de sa liberté et de son autonomie, l'individu doit rompre avec l'hétéronomie des traditions héritées [85], il semble bien qu'une interprétation de l'avant-garde en termes d'individualisme s'impose. Le principe en a été esquissé par Daniel Bell, dans son essai sur les *Contradictions culturelles du capitalisme* [86]. Reprenant pour une part l'analyse marxienne de la société civile bourgeoise [87], il montre comment l'émergence du capitalisme ruine définitivement la notion de tradition en même temps que la vision « holiste » du social qui lui est attachée : « L'idée fondamentale du modernisme, la tendance répandue dans la civilisation occidentale depuis le XVIe siècle est la suivante : l'unité de la société n'est ni le groupe, ni la corporation, ni la tribu, ni la cité, mais l'individu [88]. » Et dès lors que cet individu se conçoit non seulement comme une monade douée de liberté et d'autonomie, mais comme l'atome social véritable, il s'accorde inéluctablement la capacité et le droit de remettre en question toutes les valeurs qu'il n'aurait pas lui-même posées et de modifier à son gré les normes qu'il institue. Pour aller dans le sens de Bell, on pourrait ajouter qu'au niveau de la philosophie politique ce principe reçoit sa justification dans le *Contrat social* de Rousseau : les individus regroupés en assemblée se donnent à eux-mêmes leurs lois, ils en sont maîtres et possesseurs ; nul ne saurait donc les empêcher de les changer à volonté puisqu'il est « absurde que la volonté se donne des chaînes pour l'avenir [89] ». D'un point de vue sociologique, Bell cite le passage du *Manifeste* où Marx décrit l'essence révolutionnaire de la société bourgeoise : « La bourgeoisie ne peut exister sans révolutionner constamment les instruments de production [...]. Tous les rapports sociaux traditionnels et figés, avec leur cortège de notions et d'idées antiques et vénérables se dissolvent ; tous ceux qui les remplacent vieillissent avant même de pouvoir s'ossifier [90]. » Dès l'origine donc, l'individualisme « bourgeois » aurait une portée révolutionnaire, sa temporalité serait orientée vers l'avenir et l'on perçoit en quel sens Bell, ancien marxiste, peut envisager d'établir une continuité paradoxale entre le monde bourgeois et la naissance d'avant-gardes dont le principal souci sera, en effet, de rompre avec les traditions, de créer sans cesse du nouveau en révolutionnant continuellement le monde de la culture. Continuité paradoxale, puisque l'univers spirituel des avant-gardes semble, en apparence, aux antipodes du mode de vie bourgeois : la vie d'artiste, du « bohème » se veut à l'opposé de celle du philistin et, comme le souligne Malevitch, les liens entre les avant-gardes esthétiques et politiques sont parfois fort étroits : « Le cubisme et le futurisme furent les formes d'art qui annoncèrent la révolution de la vie économique et politique de 1917 » **[72]**. C'est bien pourtant ce paradoxe que Bell entend mettre au cœur de son interprétation : « Il est frappant de voir, écrit-il, que, alors que la société bourgeoise introduisait un individualisme radical dans le domaine économique et qu'elle était prête à supprimer tous les rapports sociaux traditionnels, elle redoutait les expériences de l'individualisme moderne dans le domaine de la culture. Réciproquement, les innovateurs du milieu culturel, de Baudelaire à Rimbaud et Alfred Jarry, s'empressaient d'explorer toutes les dimensions de l'expérience mais détestaient la vie bourgeoise. Jusqu'ici, personne n'a écrit l'histoire de ce problème ni expliqué cet antagonisme [91]. » Il s'agit donc pour Bell de savoir comment

72. Dynamisme d'une automobile,
1912-1913
Luigi Russolo

« Le cubisme et le futurisme furent les formes d'art qui annoncèrent la révolution de la vie économique et politique de 1917. »
Malevitch

l'idée d'un fond individualiste commun à la bourgeoisie et aux avant-gardes (toutes deux bouleversent les traditions au nom de l'autonomie individuelle) peut être maintenue sans contradiction, lors même que le conflit qui oppose les deux formes de vie est patent.

La réponse de Bell a pour préalable une critique des paradigmes dominants de la sociologie contemporaine : le marxisme et le fonctionnalisme. Contre ces paradigmes, il faut selon lui affirmer l'hétérogénéité des différents niveaux qui constituent la société capitaliste. On distinguera à cette fin trois sphères : en premier lieu, la structure techno-économique qui peut être, pour l'essentiel, décrite dans les termes qui furent ceux de Max Weber. Régie par un mode d'organisation bureaucratique, elle a pour principe l'efficacité, la rentabilité maximale (la « rationalité instrumentale »). La seconde sphère est celle du politique. Depuis l'émergence de l'individualisme moderne – disons pour le contexte français et pour nous borner à ce qui est le plus visible : depuis la Révolution de 1789[92] –, elle est toujours davantage orientée, conformément aux analyses de Tocqueville, par une légitimité démocratique qui a pour fondement ultime l'exigence d'égalité d'abord formelle, puis de plus en plus réelle[93]. La sphère de la culture, enfin, et Bell se réfère ici, non plus à Weber ou à Tocqueville, mais à Cassirer[94], a pour principe, dans le monde moderne, l'expression du Moi ou « l'épanouissement de la personnalité[95] ».

Or le marxisme et le fonctionnalisme, que tout oppose par ailleurs, ont, selon Bell, une tendance commune à représenter ces trois niveaux comme intégrés dans une totalité cohérente (au moins du point de vue de l'interprète) : d'un côté, on affirmera que les superstructures expriment (avec retard, rétroaction, etc., mais quand même...) les infrastructures ; de l'autre, on supposera des systèmes de valeur partagés au sein d'un consensus[96]. C'est cette vision unitaire du tout social que Bell entreprend de mettre en cause en dévoilant les discordances qui, de plus en plus, se font jour entre les trois sphères de l'économie, de la politique et de la culture. L'apparition de ces discordances est d'ailleurs relativement tardive dans l'histoire du capitalisme (ce qui explique, pour une part, l'erreur des paradigmes sociologiques incriminés). A l'origine l'infrastructure et la superstructure de la société bourgeoise étaient relativement harmonieuses : comme le montrent les analyses de Max Weber, longtemps puritaine et protestante, l'idéologie du capitalisme a su conserver jusqu'à la fin du XIXe siècle sa cohérence avec la sphère économique. Les treize « vertus utiles » auxquelles Benjamin Franklin prétendait consacrer treize semaines quatre fois par an sont l'incarnation même de cette homogénéité : la tempérance, le silence, l'ordre, la décision, l'économie, le travail, la sincérité, la justice, la modération, la propreté, la sérénité, la chasteté et l'humilité, autant de qualités dont la mise en valeur (sinon l'exercice réel) a pu légitimer l'esprit d'entreprise d'un capitalisme naissant.

Mais il est clair que cette « éthique protestante » a aujourd'hui disparu au profit d'une culture nouvelle que Bell qualifie d'« hédoniste » et de « narcissique ». Deux étapes marquent son avènement dans le contexte de l'histoire américaine : les années 1910 tout d'abord, qui voient naître à Harvard, autour du groupe des « jeunes intellectuels », l'exigence d'une formidable libération des mœurs : « L'abondante richesse de la vie se résumait en une série de mots qui étaient autant de signes de ralliement. L'un d'eux était l'adjectif "nouveau". Il y avait la "nouvelle démocratie", le "nouveau nationalisme", la "nouvelle liberté", la "nouvelle poésie" et même la "nouvelle république" (commencée en 1914). Le second était la sexualité. La lecture de ce mot faisait frissonner les lecteurs de journaux. [...] Le troisième mot de ralliement était libération [97]. » Ce vent de liberté devait conduire les Etats-Unis à découvrir Freud et Bergson – on vendit alors en deux ans plus d'exemplaires de *L'Evolution créatrice* qu'en quinze ans en France – mais aussi les principaux représentants de l'avant-garde esthétique de la vieille Europe. De cette première poussée d'émancipation à l'égard de l'éthique protestante, Bell donne deux raisons principales : la fin, sous l'effet de l'accroissement démographique, du règne de la « petite ville » et, surtout, la naissance d'une véritable société de consommation où le développement du crédit vient littéralement bouleverser l'existence des masses en ruinant l'ancienne idéologie ascétique de l'épargne et de l'abstinence [98].

La seconde étape est celle des années soixante. Pour l'essentiel, elle n'innove pas mais reprend, en les démocratisant, les thèmes qui étaient déjà ceux des « jeunes intellectuels [99] ». Les années soixante voient se répandre une morale de l'authenticité dont l'impératif catégorique tient en deux mots : *Be yourself !* [73] Programme simple, certes, mais qui passe par une critique virulente des valeurs bourgeoises et des mœurs de l'Amérique profonde. Au terme de cette époque de « contre-culture », note Bell, « la morale traditionnelle fut remplacée par la psychologie, la culpabilité par l'anxiété [100] » : psychologie, puisqu'il ne s'agit plus d'imposer des normes mais de comprendre et d'épanouir la personnalité individuelle ; anxiété et non culpabilité, puisque le « mal d'être », sur fond d'exténuation de la « loi morale », se réduit à l'effet d'un conflit intrapsychique. Conséquence de cette nouvelle vision du monde sur la culture, les thèmes principaux des premières avant-gardes passent dans l'existence quotidienne : « Avec l'effacement de la distinction entre l'art et la vie (mot d'ordre déjà présent dans le mouvement surréaliste), l'authenticité d'une œuvre d'art ne se définit plus qu'en termes d'immédiateté, immédiateté à la fois de l'intention de l'artiste et de l'effet sur le spectateur. Au théâtre, seule compte la spontanéité ; le texte est pratiquement éliminé et l'on improvise ; on exalte le "naturel", la sincérité prend le pas sur le jugement, la spontanéité sur la réflexion : quand Judith Malina, directrice du *Living Theater*, déclare : "Je ne veux pas être Antigone (sur la scène), je suis et je veux être Judith Malina", elle veut se débarrasser de l'illusion au théâtre, comme les peintres l'ont éliminée dans l'art [101]. »

Au terme de cette analyse, l'opposition du bourgeois et de l'artiste apparaît comme l'effet paradoxal d'un nouveau visage de l'individualisme : entrée dans l'ère de la consommation de masse, la société capitaliste ne peut plus s'accommoder d'une éthique ascétique qui restreindrait cette consommation. D'où le conflit entre une sphère économique qui requiert toujours les mêmes efforts et reste réglée par le souci de rentabilité, et une sphère culturelle qui, sous l'apparence d'une critique radicale de la société de consommation, ne fait en vérité qu'y inciter comme jamais auparavant [74] : « Les deux sphères qui historiquement avaient été unies pour produire une unique structure des mentalités, celle du puritanisme, sont maintenant

74. Grande boîte de soupe Campbell's,
19 cents,
1962
Andy Warhol

Une sphère culturelle qui, sous l'apparence d'une critique radicale de la société de consommation, ne fait en vérité qu'y inciter comme jamais auparavant.

73. Cathedral,
1947
Jackson Pollock

Les années soixante voient se répandre une morale de l'authenticité dont l'impératif catégorique tient en deux mots : Be yourself !

séparées. […] D'une part, la corporation des affaires exige que l'individu travaille énormément, accepte de reporter à plus tard récompenses et satisfactions… » mais d'autre part, la corporation de la culture « encourage le plaisir, la détente, le laisser-aller. Il faut qu'on soit consciencieux le jour et bambocheur la nuit. C'est ce qui s'appelle l'accomplissement, le plein épanouissement de soi-même [102] ».

Cette interprétation à laquelle je vois mal comment on pourrait rester insensible tant elle dévoile une des caractéristiques les plus profondes des comportements contemporains conduit à un paradoxe : alors que l'art d'avant-garde se présente volontiers, pour ne pas dire complaisamment, comme subversif et antibourgeois, il ne serait en vérité que l'expression ultime d'une société bourgeoise qui, afin de satisfaire aux exigences nouvelles de consommation qu'elle a elle-même engendrées, a su renoncer à la morale ascétique que décrivait encore Max Weber pour faire place aux idéologies hédonistes de la libération culturelle.

Je ne reviendrai pas ici sur les difficultés que soulève, sur le plan méthodologique, ce type d'interprétation [103] : il est clair que, malgré les distances qu'elle prétend prendre avec le marxisme, elle reconduit l'idée, à mes yeux douteuse, que les « superstructures » ne sont que l'effet des « infrastructures » (l'idéologie de l'avant-garde, l'effet de l'âge du crédit). Pourtant, moyennant une certaine élaboration du concept d'individualisme [104], elle me semble rendre compte assez adéquatement de ce que l'on pourrait nommer la « forme avant-garde » des mouvements modernistes, abstraction faite de leurs contenus particuliers : il est clair, en effet, que les trois moments que nous avons vus à l'œuvre dans le texte de Kandinsky – l'élitisme, l'historicisme et le culte du moi – reçoivent une interprétation plausible dans la perspective esquissée par Bell.

C'est ailleurs, me semble-t-il, au niveau du contenu des différentes avant-gardes que se situent les limites de sa lecture. Deux difficultés principales me paraissent devoir être repérées qui imposent une interprétation plus complexe du phénomène :

La première tient à ce que, insistant sur la continuité qui relie le modernisme à l'individualisme classique « depuis le XVIe siècle », Bell sous-estime la rupture qu'introduit dans l'histoire de l'art l'abandon de la perspective et de la tonalité. Cette rupture s'inscrit à ses yeux, si l'on ose dire, dans la continuité des ruptures qui scandent depuis leur origine l'histoire des sociétés individualistes/démocratiques. On passerait ainsi de l'impressionnisme au cubisme ou à l'art abstrait comme on était passé, par exemple, du romantisme à l'impressionnisme, la seule différence notable entre le XIXe et le XXe siècle étant au fond qu'en ce dernier les ruptures se feraient de plus en plus fréquentes sous l'effet d'un individualisme sans cesse exacerbé. Dans une optique assez proche, Gilles Lipovetsky a donné toute sa puissance à cette vision continuiste de l'histoire de l'art : « Le modernisme, écrit-il, n'est pas une rupture première et incomparable : dans sa rage de détruire et d'innover radicalement, le modernisme poursuit dans l'ordre culturel, avec un siècle d'écart, l'œuvre des sociétés modernes visant à s'instituer sur le mode démocratique. [...] De même que la révolution démocratique émancipe la société des forces de l'invisible et de son corrélat, l'union hiérarchique, de même le modernisme artistique libère l'art et la littérature du culte de la tradition, du respect des maîtres, du code de l'imitation [105]. »

Que l'idéologie de la rupture avec les traditions s'exprime au plus haut point dans la Révolution française, que, dans cette mesure, on puisse y chercher l'origine de la « forme avant-garde », cela n'est pas douteux. Mais si l'on admet qu'un des aspects fondamentaux des avant-gardes picturales du début de ce siècle se situe, au niveau de leur contenu, dans l'abandon de la perspective euclidienne, cette analogie avec la Révolution française devient problématique [106]. S'il fallait comparer le mouvement de l'histoire de l'art à celui des idées et des réalités politiques – exercice dont j'ai conscience qu'il ne relève guère d'une science exacte –, je dirais plutôt que c'est l'émergence de la perspective qui annonce, avec quelques siècles d'avance,

OPVS PETRI DEBVRGO SCI SEPVLCRI

75. La Flagellation du Christ,
1452
Piero Della Francesca

L'émergence de la perspective annonce, avec quelques siècles d'avance, la révolution politique.

76. Portrait de jeune homme, 1518
Ambrosius Holbein

Si l'on peut mettre en parallèle la naissance de l'individualisme moderne et celle de la perspective picturale classique, il faut, en revanche, percevoir qu'au rejet de cette perspective, comme au rejet de la tonalité en musique, correspond une nouvelle figure de la subjectivité.

la révolution politique [75], et qui coïncide, sur le plan des idées, avec l'apparition de cet humanisme qui s'exprime dans les théories du contrat social. C'est là du moins ce que suggère l'idée, attestée par exemple dans les travaux de Francastel, selon laquelle la valorisation de la perspective correspond à une vision du monde dominée par la notion moderne d'égalité, par une métaphysique de la subjectivité où l'homme occupe un point de vue sur le monde à partir duquel ce dernier apparaît comme un matériau manipulable et maîtrisable à volonté [107].

A vrai dire, ce n'est pas l'interprétation individualiste qui est ici mise en cause à sa racine, mais la périodisation du concept de subjectivité qu'elle implique. Pour formuler l'hypothèse que j'aimerais préciser et tester dans ce qui suit : si l'on peut mettre en parallèle la naissance de l'individualisme moderne et celle de la perspective picturale classique [76], il faut, en revanche, percevoir qu'au rejet de cette perspective, comme au rejet de la tonalité en musique, correspond une nouvelle figure de la subjectivité ou, si l'on veut, un nouvel âge de l'individualisme qui ne saurait se réduire au premier. Sur le plan de l'histoire des idées, mais aussi, nous allons le voir, sur le plan de l'histoire de l'art, le parallèle entre les avant-gardes et la Révolution française conduit à sous-estimer la rupture qu'introduit, à la fin du XIXe siècle, l'émergence de cette nouvelle figure de la subjectivité que thématise si bien la philosophie de Nietzsche : si dans l'individualisme classique, dont la Révolution française est tout à la fois l'héritière et l'expression sur le plan politique, le sujet est conçu sur le modèle du *cogito*, de la monade close sur elle-même et sur ses intérêts particuliers, le XIXe siècle voit apparaître des critiques de plus en plus radicales du *cogito* qui conduisent à l'élaboration, comme on l'a vu chez Nietzsche, d'un « sujet brisé », d'un sujet différent de lui-même, ouvert sur un inconscient immaîtrisable [77].

Dans les théories libérales de l'individu, la pluralité des points de vue et des intérêts pouvait encore être « intégrée » de façon harmonieuse dans une monadologie ou

78. Croix noire,
1923-1929
Kasimir Malevitch

On ne pourra créer des formes esthétiques radicalement nouvelles qu'après avoir « supprimé de tous nos arts l'idée petite-bourgeoise du sujet ».

77. Autoportrait en robe noire,
1945
Hélène Schjerfbeck

Un « sujet brisé », un sujet différent de lui-même, ouvert sur un inconscient immaîtrisable.

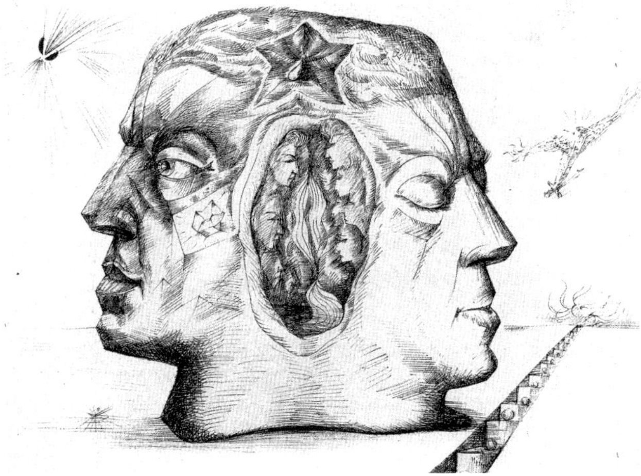

79. Portrait d'André Breton,
1941
André Masson

dans une théorie du marché, « main invisible » ou « ruse de la raison ». Dans le perspectivisme que thématise Nietzsche, mais qui, à n'en pas douter, dépasse de très loin le cadre de la philosophie pour devenir la *Stimmung* de cette fin du XIXe siècle, cette pluralité devient irréductible, irréconciliable : à l'idée d'harmonie fait place celle de chaos, et l'identité cède le pas à la « différence » ; c'est cette « différence », inhérente à un nouvel âge de la subjectivité, qu'exprimeront aussi bien la philosophie que la peinture ou la musique d'avant-garde. De Schönberg à Kandinsky ou Malevitch, c'est cette critique du *cogito* qui justifie les innovations les plus hardies, s'il est vrai, comme y insiste Malevitch, qu'on ne pourra créer des formes esthétiques radicalement nouvelles qu'après avoir « supprimé de tous nos arts l'idée petite-bourgeoise du sujet » **[78]** et « tapé sur la conscience comme sur des clous que l'on enfonce dans un mur de pierre [108] ».

La seconde difficulté à laquelle se heurte l'interprétation de Bell découle de la première : à certains égards, et nous aurons l'occasion de voir combien cette remarque se vérifie jusque dans le détail, les avant-gardes se caractérisent par le culte du moi, par la « sacralisation », pour reprendre la formule de Kandinsky, de « tous les moyens qui permettent d'exprimer sa personnalité ». Pourtant, au niveau du contenu des avant-gardes, nous savons, au moins depuis Apollinaire, que deux courants principaux se sont très tôt différenciés au début de ce siècle : d'un côté, celui de l'art abstrait, de l'« orphisme » qui, avec Delaunay et Kandinsky, rejette la perspective au nom de l'abstraction pure ; de l'autre le cubisme qui, malgré son refus du « naturalisme », conserve l'idée proprement classique d'un art objectif ou réaliste qui resterait attaché aux principes de la figuration quand même celle-ci ne passerait plus, tout au contraire, par les lois de la perspective euclidienne.

80. Automobile en course,
1912
Giacomo Balla

... Fascination des futuristes italiens pour les « machines modernes ».

Que cette distinction, établie par Apollinaire dans son ouvrage sur les *Peintres cubistes*, ait été vivement contestée lorsqu'il entreprit de classer chaque artiste dans l'un de ces deux camps [109], ne devait pas l'empêcher de s'imposer globalement auprès des peintres eux-mêmes, comme en témoigne parmi tant d'autres ce texte, datant de 1946, dû au grand théoricien du cubisme que fut Metzinger : « Dès 1912, confesse-t-il, nous envisagions déjà deux possibilités : une peinture d'"effusion pure" et un "nouveau réalisme". La première s'appelle maintenant peinture abstraite ou non figurative, la seconde a gardé le nom de cubisme [110]. » On sait combien le surréalisme devait reprocher au cubisme son souci de réalisme et d'objectivisme [111]. Si l'on entend, au sens large, par « classicisme », une forme d'art qui définit le beau comme l'exposition du vrai, du réel, on peut dire que la composante classique n'est nullement absente des avant-gardes et même de la plus remarquable d'entre elles, le cubisme. Au demeurant, on aurait tort de penser que l'art abstrait et le surréalisme, pour se démarquer du réalisme des peintres cubistes, écartent de leur art toute référence classique à une « science de l'art » : il serait aisé de montrer comment, chez Kandinsky lui-même, la théorie des couleurs prétend prendre la forme d'une science ou encore, comment, dans le surréalisme, l'écriture automatique se légitime aussi en référence à cette théorie « scientifique » qu'est la psychanalyse aux yeux de Breton. Bref : ce dont l'interprétation individualiste des avant-gardes ne rend pas compte, c'est de cette composante « classique », réaliste, voire parfois scientiste qui vient contrebalancer le subjectivisme ou le narcissisme par ailleurs inhérents à la forme avant-garde. Si la logique de l'individualisme est celle qui affranchit des normes de la tradition, la logique du classicisme conduit tout au contraire à l'imposition de règles contraignantes. C'est cet aspect « objectiviste » des avant-gardes et tout particulièrement du cubisme qu'il faut explorer pour mesurer plus exactement ce que l'interprétation individualiste laisse échapper.

La « quatrième dimension »

« Dans les premières années du XXe siècle, nous rappelle Francastel, la mode était au scientisme », le monde était « saisi d'étonnement devant les applications chaque jour renouvelées, non pas tant de la science que des techniques » qui venaient bouleverser la vision d'un univers physique qu'on avait cru « stable pendant des siècles [112] ». Tel est bien le contexte dans lequel fleurissent les premières avant-gardes, contexte quelque peu estompé tant le progrès des sciences, de nos jours, suscite davantage encore l'inquiétude que l'étonnement ou l'admiration. Par l'effet d'une illusion rétrospective, nous sommes volontiers enclins à oublier que la fascination des futuristes italiens pour les « machines modernes [113] » **[80]** est à tout prendre plus proche de Jules Verne que de Kafka, ou que les premiers peintres cubistes pouvaient adhérer sans réserve à une philosophie selon laquelle « par les modifications des œuvres d'art, on pourrait historiquement suivre à la trace les modifications des sciences », tant l'influence des secondes sur les premières paraissait décisive [114].

Sans nous laisser prendre au jeu d'une vision causaliste des rapports entre l'art et la science, il faut constater avec Francastel que « la première démarche du cubisme, vers 1907, a été une spéculation sur les dimensions de l'espace. Influencés par les vocables qui circulaient dans leur entourage, les cubistes ont cru faire œuvre scientifique positive en introduisant dans leurs toiles une quatrième dimension ou en supprimant la troisième [115]… ». Comme le suggère encore Francastel, sans peut-être en percevoir toutes les implications esthétiques et philosophiques : « Pour Picasso, le monde possède un double aspect. Il est d'abord courbe et proche **[81]**. C'est lui qui est plastiquement le plus près de certaines hypothèses géométriques de Riemann et d'Einstein [116]. »

Etrangement pourtant, la plupart des historiens de l'art [117] ont évité de donner à ces allusions scientifiques une portée autre que métaphorique. Soucieux à juste titre

81. La Citerne de Horta,
1909
Pablo Picasso

« Pour Picasso, le monde possède un double aspect. Il est d'abord courbe et proche. »
Pierre Francastel

d'éviter toute confusion entre la peinture et les géométries nouvelles, entre l'espace mathématique des savants et l'espace plastique des artistes, ils ont préféré le plus souvent s'en tenir à l'aspect négatif d'une référence qui menaçait sans cesse d'alimenter l'accusation d'« intellectualisme » si communément opposée à l'art d'avant-garde : l'allusion aux géométries « non-euclidiennes [118] » n'aurait au fond servi, de la part des peintres eux-mêmes, qu'à légitimer contre un public conservateur, habitué au naturalisme des tableaux « en perspective », l'abandon d'un espace euclidien borné à la tridimensionnalité [119]. Précaution légitime, encore une fois, mais qui conduit à sous-estimer singulièrement la signification véritable du recours aux géométries nouvelles. Les contemporains des premières avant-gardes ne s'y sont d'ailleurs pas trompés, comme en témoigne ce passage des *Peintres cubistes* qu'Apollinaire consacre aux mathématiques modernes : « Jusqu'à présent, les trois dimensions de la géométrie euclidienne suffisaient aux inquiétudes que le sentiment de l'infini met dans l'âme des grands artistes. [...] Or aujourd'hui, les savants ne s'en tiennent plus aux trois dimensions de la géométrie euclidienne. Les peintres ont été tout naturellement, et pour ainsi dire par intuition, amenés à se préoccuper de nouvelles mesures possibles de l'étendue que, dans le langage des ateliers modernes, on désignait toutes ensemble et brièvement par le terme de "quatrième dimension" [120]. »

Ce texte est d'autant plus remarquable qu'il maintient l'importance de cette « quatrième dimension » en pleine connaissance de cause : mieux que tout autre, Apollinaire sait que le reproche de « géométrisme » est déjà si banal au moment où il rédige son livre (en 1912) qu'il est tout simplement à l'origine du terme « cubisme », d'abord utilisé comme anathème [121]. Et pourtant, il ne peut manquer de souligner le rôle irremplaçable que jouent les nouvelles géométries, sinon dans la formation du cubisme, du moins dans la légitimation d'un nouveau rapport « intuitif » à ce qu'il nomme, selon l'exacte terminologie des

mathématiciens, « l'étendue [122] ». De leur côté, les peintres évoquent de façon très explicite la nécessité de « dépasser » les trois dimensions d'Euclide et de remettre en cause, avec les géométries non-euclidiennes, le postulat qui « pose l'indéformabilité des figures en mouvement [123] » **[82]** : « Si l'on désirait rattacher l'espace des peintres à quelque géométrie, affirment Gleizes et Metzinger, il faudrait en référer aux savants non-euclidiens, méditer certains théorèmes de Rieman (*sic*) [124].» Le caractère hypothétique de cet énoncé (« Si l'on désirait… ») ne doit pas tromper : il ne s'agissait nullement pour Gleizes et Metzinger, tout au contraire, de déclarer non pertinente pour l'artiste l'étude des géométries nouvelles, mais seulement de rappeler que, pour autant, les artistes n'étaient pas des géomètres, que leurs connaissances mathématiques relevaient encore de l'amateurisme et restaient, comme en témoigne d'ailleurs le fait que le nom de Riemann soit mal orthographié, des connaissances de seconde main.

Nous savons aujourd'hui [125] par quels canaux complexes les peintres s'initièrent aux nouvelles géométries et nous pouvons reconstituer de façon assez précise la signification concrète que devait revêtir pour eux cette fameuse « quatrième dimension ». Bien que les essais de son principal théoricien, Charles Howard Hinton [126], ne fussent pas traduits, nombre d'ouvrages consacrés aux géométries nouvelles étaient aisément accessibles au public français dès le début des années 1900. Outre *La Science et l'hypothèse* de Poincaré – dont l'influence transparaît aussi

82. Nu descendant un escalier n° 2,
1912
Marcel Duchamp

De leur côté, les peintres évoquent de façon très explicite la nécessité de « dépasser » les trois dimensions d'Euclide et de remettre en cause, avec les géométries non-euclidiennes, le postulat qui « pose l'indéformabilité des figures en mouvement ».

bien dans les écrits de Gleizes et Metzinger que dans les *Notes sur le Grand Verre* de Duchamp –, on vit paraître, en 1903, *L'Essai sur l'hyperespace* de Boucher et le *Traité élémentaire de géométrie à quatre dimensions* de Jouffret. Ce traité, qui offre l'avantage de fournir de nombreuses représentations graphiques des corps à quatre dimensions ou « hypercorps », avait de quoi susciter l'intérêt d'artistes soucieux de rompre avec le naturalisme des époques précédentes. Evoquant « l'univers que nous habitons et ceux que nous soupçonnons à côté de lui », il laissait planer un doute prometteur sur l'existence de la quatrième dimension : « Le monde à quatre dimensions, pouvait-on lire dès la première page, n'existe sans doute qu'au sens géométrique. Mais rien n'empêche aussi de lui supposer l'existence concrète, et alors le nôtre en ferait partie. » Et l'avant-propos s'attachait à relativiser l'espace tridimensionnel de la géométrie euclidienne en le réduisant à une simple convention née de l'habitude[127]. Dès lors, s'il n'était ni vérité logique ni loi intangible de notre perception, comment ne pas envisager la possibilité d'une « transformation correspondant à celle de l'analyse et ayant pour résultat de donner à nos descendants la sensation de se voir, et de concevoir l'espace avec quatre dimensions[128] » ? Pour Hinton, que cite Jouffret[129], la réponse ne saurait faire le moindre doute : la perception de la quatrième dimension est bien affaire d'accommodation, elle n'attend que la maturation de notre développement mental : « Quand la faculté est acquise, ou mieux : lorsqu'elle est portée à la conscience – car elle existe en chacun de nous sous une forme imparfaite –, un nouvel horizon s'ouvre. […] Notre perception est soumise à la condition d'être dans l'espace ; mais l'espace n'est pas limité comme nous le croyons au premier abord[130] » à la tridimensionnalité. Plus prudent que Hinton, Jouffret rejoignait sans doute Poincaré dans la conviction que la quatrième dimension resterait à jamais imperceptible pour nous. Mais il ne cessait pourtant de suggérer que son caractère non perceptible n'impliquait aucunement son inexistence : « La non-perception des corps qui sont à l'extérieur de notre espace n'empêche nullement d'établir leur géométrie, c'est-à-dire les relations descriptives et métriques qu'ils ont entre eux et avec ceux qui, de l'autre côté, peuplent les étendues supérieures. Le lecteur qui nous suivra dans ces curieuses régions de la pensée, dans ce pays qu'on a appelé la féerie des mathématiques, s'habituera vite aux étrangetés qu'il rencontrera puisque ces étrangetés sont d'accord avec la plus rigoureuse logique [131]. » Comme nous le verrons dans un instant, ce langage était fort proche de celui par lequel la science-fiction devait exhumer la quatrième dimension du domaine réservé des spécialistes pour recueillir l'attention du public. Mais il nous faut d'abord définir cette fameuse dimension à défaut de pouvoir en donner une représentation visuelle adéquate.

La difficulté pour comprendre ou faire comprendre ce que peut être la quatrième dimension tient en effet à ce qu'elle n'est pas perceptible. Il faut donc, pour en donner une idée, suivre la voie d'un raisonnement, au demeurant très simple, que Jouffret formule en ces termes : « Le géomètre conçoit l'espace divisé en une infinité de tranches infiniment minces qu'il appelle des plans, celles-ci en une infinité de bandes infiniment étroites qu'il appelle des droites, et celles-ci en une infinité de segments infiniment courts qu'il appelle des points [132]. » On dira donc qu'au lieu d'avoir trois dimensions comme les volumes, les plans n'en ont que deux, les droites ou les lignes n'en ont qu'une et les points n'en ont pas. Voici maintenant comment, à partir des éléments simples de cette série, on parvient à l'idée de la quatrième dimension : « Prenant la série en sens inverse, c'est-à-dire à partir du point, la géométrie qui va nous occuper la poursuit plus loin que l'espace [à trois dimensions]. Celui-ci n'est également pour elle qu'une tranche (nous ne pouvons plus diversifier les mots et nous cueillons le dernier lancé par la série commencée), qu'une tranche infiniment mince au milieu d'une infinité d'autres espaces formant autant de tranches pareilles dans une étendue à quatre dimensions [133]. »

Il s'agit donc d'un raisonnement par analogie : de même que le point peut être conçu comme une tranche infiniment mince coupée, si l'on peut dire, dans une ligne, de même que la ligne à son tour peut être regardée comme une tranche infiniment mince de plan, et le plan comme une tranche infiniment mince de volume (par exemple : un carré est une tranche infiniment mince de cube), de même, par analogie, rien n'empêche d'imaginer qu'un volume, un cube dans notre exemple, ne soit à son tour une tranche découpée dans un corps à quatre dimensions qu'on appellera dès lors un « hypercorps ».

Nous ne pouvons pas, bien entendu, percevoir cet hypercorps ; mais rien ne nous interdit d'en tracer la figure en deux dimensions. Partons de la ligne droite. Si nous déplaçons cette ligne parallèlement à elle-même, nous obtenons un plan et passons ainsi de la première dimension à la seconde :

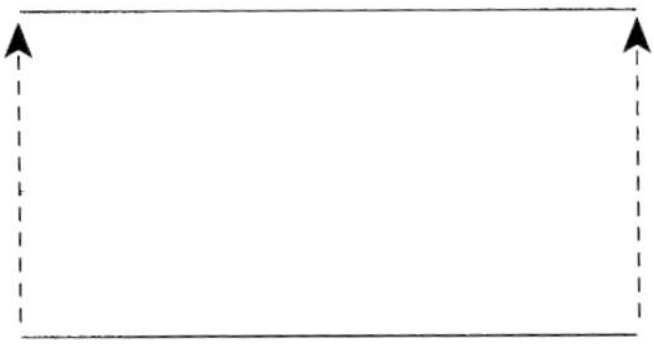

Si maintenant, nous déplaçons un carré parallèlement à son plan, nous obtiendrons un cube [134].

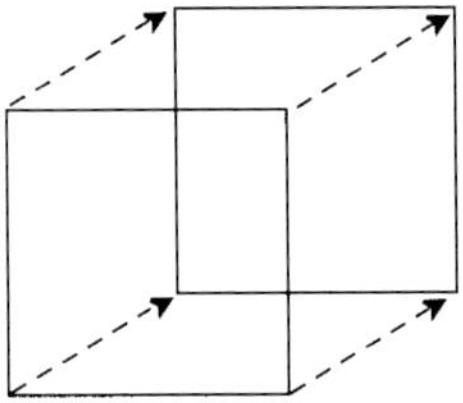

Par analogie toujours, nous pouvons déplacer à nouveau un cube perpendiculairement aux trois dimensions, et nous obtiendrons un hypercube, c'est-à-dire un volume en quatre dimensions.

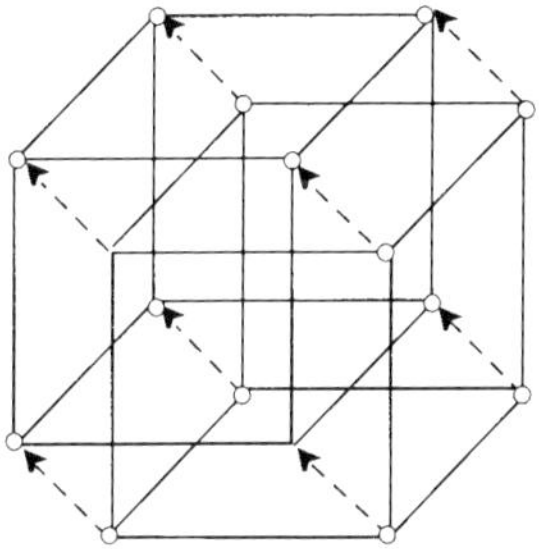

Bien entendu, la représentation de la quatrième dimension n'est donnée ici qu'en deux dimensions et nous ne saisissons toujours pas intuitivement la quadridimensionnalité. Mais, par analogie, on peut dire, en reprenant l'argument de la célèbre fable d'Edwin Abott [135] qu'évoque Poincaré dans *La Science et l'hypothèse*, que nous avons exactement la même difficulté à saisir la quatrième dimension que celle qu'auraient des êtres parfaitement plats, limités à deux dimensions, pour comprendre la troisième.

Sans chercher plus avant à nous appuyer sur l'intuition, nous dirons donc qu'un corps à n dimensions est toujours la limite infiniment mince d'un corps à n + 1 dimensions, et que, par suite, un volume à trois dimensions peut être regardé comme une tranche d'un hypercorps, même si cet hypercorps échappe à notre perception. C'est en ce sens précis que Jouffret pouvait évoquer en une même phrase « l'univers que nous habitons (à trois dimensions) et ceux que nous soupçonnons à côté de lui » sans pouvoir les percevoir – la non-perception n'étant nullement le signe de leur inexistence **[83]**.

83. Animation,
1914
Francis Picabia

« … L'univers que nous habitons (à trois dimensions) et ceux que nous soupçonnons à côté de lui » sans pouvoir les percevoir – la non-perception n'étant nullement le signe de leur inexistence.

Pour donner une dernière formulation de la même idée, on ajoutera que les hypercorps peuvent être représentés « par des projections sur notre espace, au moyen de perpendiculaires abaissées de divers points du corps sur celui-ci, tout comme les corps de notre espace peuvent être, au moyen de perpendiculaires, représentés par des projections sur un plan. […] Mais si, avec une projection sur un plan, encore mieux, avec deux projections sur deux plans, on n'a guère de peine à constituer et à voir par la pensée le solide de l'espace, il est de toute impossibilité de remonter de la projection d'un corps à quatre dimensions à ce corps lui-même [136] » afin d'en avoir une représentation intuitive.

Nous savons le goût que les peintres cubistes ont eu pour ces géométries : « L'art, celui qui ne passe pas, déclarait Metzinger [137], s'appuie sur une mathématique [138]. » Nous savons également que les peintres eurent une connaissance assez précise des thèses de Jouffret grâce aux leçons que leur dispensait un jeune mathématicien, Maurice Princet. Princet ne fut évidemment pas le « père du cubisme » (ni d'ailleurs le seul vulgarisateur des géométries nouvelles), comme l'avait plaisamment soutenu Vauxcelles dans un article de décembre 1918 que Juan Gris devait vivement contester [139]. Il serait pourtant tout à fait inexact de nier que son apport théorique auprès des jeunes artistes fût important, comme en témoignent – parmi tant d'autres [140] – ces deux confessions de Metzinger qui méritent toute notre attention : « Souvent Maurice Princet se joignait à nous. Quoique très jeune, il occupait dans une compagnie d'assurances une situation importante qu'il devait à son savoir de mathématicien. Mais par-delà sa profession, c'est en artiste qu'il concevait les mathématiques, en esthéticien qu'il évoquait les continus à n dimensions. Il aimait intéresser les peintres aux vues nouvelles sur l'espace ouvertes par Schlegel et quelques autres. Il y réussissait. Pour l'avoir écouté par hasard, Henri Matisse se fit surprendre en lisant un essai sur l'hyperespace. Oh ! ce n'était qu'un ouvrage de vulgarisation ! Cela montrait au moins que pour le "grand fauve", le temps était passé du peintre ignare qui, barbe au vent, court vers le joli motif. Quant à Picasso, la rapidité de sa compréhension émerveillait le spécialiste. C'est que sa tradition le préparait mieux que la nôtre à un problème de structure [141]... » Confession suggestive, qui indique un changement de *Stimmung* par rapport à l'artiste romantique : si les savants devenaient esthéticiens, le mouvement inverse, dans une atmosphère très fortement marquée par le scientisme, n'était pas moins réel : les peintres avaient le sentiment qu'un nouvel âge de la science venait légitimer un nouvel âge de la peinture. Sur le contenu de l'enseignement de Princet, Metzinger est tout aussi précis. Ecoutons-le encore : « C'est en effet une sottise, me déclarait Maurice Princet devant Juan Gris, que de prétendre réunir en un seul système de relations la couleur, qui est une sensation, et la forme qui est une organisation que vous n'avez qu'à recevoir et que vous devez comprendre, et, nous initiant aux géométries non-euclidiennes, il nous pressait de créer une géométrie des peintres. Nous ne pouvions le faire dans le même sens que lui. Néanmoins, de la rue Lamarck à la rue Ravignan, la prétention d'imiter une boule sur un plan vertical ou de figurer par une droite horizontale le trou circulaire d'un vase placé à la hauteur des yeux fut considérée comme les artifices d'un illusionnisme périmé. Le cubisme était né [142]. »

Les géométries à quatre dimensions eurent au moins un effet décisif : légitimer aux yeux des peintres la critique de la perspective traditionnelle comme « illusion périmée » et, par suite, engendrer l'idée d'une réduction de l'espace plastique à la bidimensionnalité **[84]**. Le point n'est pas sans importance. C'est sans doute, en effet, dans cette réduction que les géométries à quatre dimensions et les géométries non-euclidiennes pouvaient se rejoindre dans l'esprit des peintres. Contrairement à une idée reçue, les géométries de Riemann et de Lobatchevski n'étaient pas tout à fait inaccessibles au non-spécialiste qui en lisait la présentation faite par Poincaré dans *La Science et l'hypothèse*. Sans entrer dans le détail de cette exposition, on peut saisir brièvement en quoi ces géométries renforçaient l'idée d'un nécessaire dépassement de la perspective.

Jusqu'au début du XIXe siècle, le postulat d'Euclide selon lequel « par un point hors d'une droite ne passe qu'une parallèle à cette droite » faisait figure non de principe premier, mais, en vérité, de théorème mal démontré. Le nombre de mathématiciens qui tentèrent d'en produire une démonstration directe afin de réparer cette lacune était incalculable jusqu'à ce que Lobatchevski ait l'idée de

84. L'Atelier,
1927-1928
Pablo Picasso

Les géométries à quatre dimensions eurent au moins un effet décisif : légitimer aux yeux des peintres la critique de la perspective traditionnelle comme « illusion périmée » et, par suite, engendrer l'idée d'une réduction de l'espace plastique à la bidimensionnalité.

tenter une démonstration par l'absurde : il renversa tout simplement le fameux postulat et partit de l'hypothèse qu'on peut, par un point, mener plusieurs parallèles à une droite donnée. Et il obtint un système mathématique nouveau, apparemment irreprésentable, mais cohérent. A sa suite, Riemann reprit la même démarche, mais en partant cette fois-ci de l'hypothèse inverse selon laquelle, par un point extérieur à une droite, on ne peut faire passer aucune parallèle à cette droite.

Les géométries de Lobatchevski et de Riemann déduisent de ces prémisses une série de théorèmes qui semblent en contradiction parfaite avec ceux de la géométrie euclidienne. Pour évoquer seulement les deux plus connus : dans la géométrie de Lobatchevski, la somme des angles d'un triangle est inférieure à 180°, tandis qu'elle est, chez Riemann, supérieure à 180°. S'agissait-il, dès lors que ces deux systèmes étaient cohérents d'un point de vue proprement mathématique, de la découverte d'un nouvel espace ? Telle fut bien sûr la question que les artistes et les philosophes devaient inévitablement se poser. Et si la réponse était affirmative comme tous ou presque le pensèrent (et comme certains le pensent encore aujourd'hui !), quelle représentation plastique fallait-il donner de ces nouveaux espaces où les angles du triangle ne font plus 180°, où les perpendiculaires à une même droite se croisent, etc. ?

Je laisserai de côté la question de la signification réelle de ces géométries dans l'histoire des sciences. Il est malheureusement clair qu'elles n'ont pas bouleversé notre perception de l'espace même si elles ont conduit à privilégier la cohérence interne des systèmes mathématiques sur le recours à l'intuition et aux « figures ». Je ne m'intéresserai ici qu'à la façon dont elles pouvaient être comprises par les artistes à travers un livre, celui de Poincaré, que tous connaissaient. Quelques exemples simples empruntés à la géométrie de Riemann suffiront à faire saisir l'essentiel. Selon Poincaré, cette géométrie pourrait en effet être présentée comme la géométrie qu'auraient des êtres « infiniment plats », vivant sur la surface d'une sphère et doués d'intelligence. Il est clair, tout d'abord, que de tels êtres « n'attribueront à l'espace que deux dimensions : ce qui jouera pour eux le rôle de la ligne droite, ce sera le plus court chemin d'un point à un autre sur la sphère, c'est-à-dire un arc de grand cercle [143] ». Il suffit de saisir cet exemple simple pour comprendre aussi que, chez Riemann, les perpendiculaires à une même droite se « croisent » et les angles d'un triangle comptent plus de 180°. Imaginons en effet, comme nous y invite Poincaré, que pour ces êtres infiniment plats vivant sur une sphère, la ligne droite soit un grand cercle comparable aux méridiens sur le globe terrestre et nous verrons que deux droites (deux méridiens (a) et (b)) perpendiculaires à une même droite (l'équateur (c)) se croisent au pôle Nord et au pôle Sud :

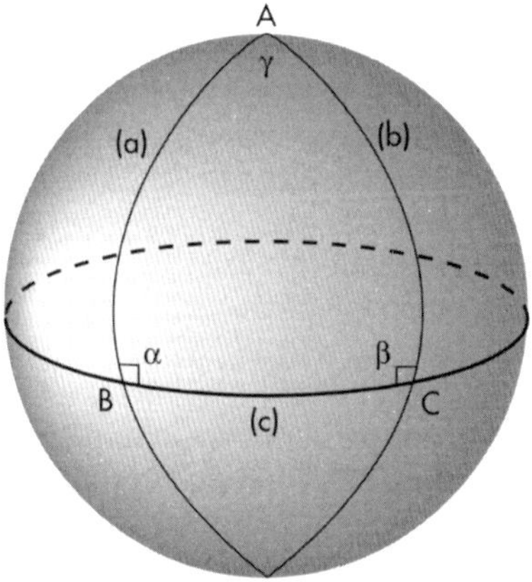

On admettra sans peine également que les angles γ, α, β du triangle ABC soient supérieurs à 180° puisque α et β sont déjà, par définition, des angles droits.

On pourrait sans difficulté donner ainsi à percevoir visuellement, en géométrie sphérique, les propriétés incompréhensibles au premier abord de ces théories qu'on a peut-être déclarées un peu hâtivement « non-euclidiennes ». Mais peu importe, encore une fois, la vérité historique. Ce qui nous intéresse ici, c'est que les géométries à quatre dimensions et les géométries non-euclidiennes, tout particulièrement celle de Riemann, pouvaient se rejoindre sur un point dans l'esprit des artistes : l'idée qu'il convenait d'en finir avec la perspective pour revenir aux deux dimensions. Car, par un paradoxe aisément compréhensible, l'effet des géométries à quatre dimensions fut bien, sur le plan plastique, la réduction du tableau à la bidimensionnalité au sein de laquelle seule la quatrième dimension pouvait être représentée par projection. L'art des illusions qu'est la perspective n'est en effet d'aucun secours pour représenter les hypercorps, de sorte qu'une représentation plastique de la quatrième dimension ne pouvait s'opérer qu'en considérant les propriétés purement mathématiques de figures définitivement limitées à deux dimensions. Or, présentée sous la forme que lui donnait le modèle de Poincaré, la géométrie de Riemann pouvait suggérer l'idée d'un espace courbe, lui aussi limité aux deux dimensions. Bref, dans cet espace comme dans celui que décrivait Jouffret, une chose au moins était certaine : c'est qu'il fallait en finir avec la perspective et, qu'en ce sens, toutes ces géométries pouvaient bien apparaître globalement comme « non-euclidiennes ».

Le rôle de la science-fiction

Si la géométrie à quatre dimensions renforçait, elle aussi, l'idée d'un espace plastique limité à deux dimensions, elle introduisait également un élément mystérieux, à mi-chemin entre l'esthétique et la science : le « sentiment » d'un hyperespace peuplé d'hypercorps qui engloberait secrètement le nôtre. Rien d'étonnant, dès lors, à ce que la science-fiction se soit si bien emparée du thème qu'elle devînt le principal médium de la vulgarisation des géométries nouvelles dans les milieux de l'avant-garde des années 1910. C'est en effet par la théosophie et la littérature fantastique que les principales thèses de Charles Howard Hinton sur la quatrième dimension gagnèrent la faveur du public. Elles étaient accessibles en français dans des ouvrages tels que celui de Leadbeater, *L'Autre Côté de la mort*, paru en 1910 aux Editions théosophiques. On pouvait y lire des propos finalement assez proches de ceux d'un mathématicien sérieux comme Jouffret : « En réalité, disait par exemple Leadbeater, dans notre monde physique nous ne connaissons que trois dimensions. Ce n'est pas que seules ces trois dimensions existent mais qu'elles seules peuvent être comprises par le cerveau physique. En réalité nous vivons dans un espace possédant une quantité de dimensions. [...] Nous ne voyons que ce que nous

85. Fac-similé
de la couverture
du *Voyage au pays*
de la quatrième dimension
de Gaston de Pawlowski

86. La Relativité,
1953
Escher

sommes capables de voir mais il y a beaucoup plus à voir. » Et, dans le même sens, les textes théosophiques de Level [144] ou de Noircame [145] suggéraient la possibilité d'accéder à un monde quadridimensionnel par le développement de certaines de nos facultés mentales.

Mais c'est sans nul doute [146] Gaston de Pawlowski qui devait avoir la plus grande influence sur les peintres modernes en vulgarisant, dans un essai populaire, le *Voyage au pays de la quatrième dimension* **[85]**, les thèses de Hinton, Jouffret et Poincaré.

87. Composition VII,
1913
Piet Mondrian

Le nouvel univers qu'on croyait alors pouvoir déceler « au-delà de celui que nous habitons ».

Ami de Jarry et d'Apollinaire, docteur en droit mais humoriste distingué en fait, Pawlowski avait entrepris une carrière de journaliste [147]. Passionné, comme les futuristes, par les « machines nouvelles », il fut l'éditeur du *Vélo* et d'*Automobilia* avant de devenir le directeur d'une des plus influentes revues d'art de l'époque, *Comœdia*, dans laquelle il publia, entre 1910 et 1912, les bonnes feuilles de ce qui allait devenir le *Voyage*... Alliant le goût de la fiction pure aux découvertes scientifiques les plus récentes, de Pawlowski entendait dans ce livre échapper, comme le faisaient les artistes nouveaux, aux « certitudes bourgeoises » en mobilisant les idées les plus contraires aux attitudes mentales établies [148]. Et c'est dans le sillage de Jarry et de son « Commentaire pour servir à la construction pratique de la machine à explorer le temps [149] », où figurait déjà une évocation de la quatrième dimension et des géométries non-euclidiennes, que Pawlowski entreprit de décrire à sa manière le nouvel univers qu'on croyait alors pouvoir déceler « au-delà de celui que nous habitons » **[87]**.

Le livre de Pawlowski, dès sa sortie en 1912, connut un grand succès. Il reprenait un argument analogue à celui qui avait déjà servi de fil conducteur au roman de Abott, *Flatland* : de même que, dans ce dernier, un être à deux dimensions (un carré) découvrait contre toute attente l'existence d'une troisième dimension insoupçonnée jusqu'alors, c'est, dans le *Voyage*..., de la découverte de la quatrième dimension qu'il s'agissait [150]. De Pawlowski s'y plaisait à mettre en évidence des paradoxes tels que l'« angoissant problème » de l'escalier horizontal qui « après une succession indéniable de marches vous ramène à l'étage d'où l'on est parti » : « Ce sont des choses dont on sourit pour la première fois, en croyant à une erreur passagère ; ce sont des problèmes qui deviennent effrayants lorsqu'on s'obstine à en chercher la solution suivant les principes primitifs de la géométrie euclidienne à trois dimensions. Et j'avoue pour ma part que j'éprouvai un réel soulagement le jour où je compris que si de pareils escaliers pouvaient exister, leur possibilité ne se concevait que dans un espace à quatre dimensions et que cela seul suffisait à donner une explication définitive du problème. Et bientôt, ce fut même avec un plaisir étrange que je parcourus quelques-unes de ces vieilles demeures, conçues jadis par la géométrie transcendantale, où les étages se confondait (*sic*), où le premier n'était pas nécessairement au-dessous du quatrième, ni le troisième au-dessus du rez-de-chaussée » **[86]**.

C'est après la lecture [151] du *Voyage*... de Pawlowski que Marcel Duchamp conçut le projet du *Grand Verre*, comme l'affirme sans équivoque un passage des entretiens accordés à Pierre Cabanne : « J'avais à ce moment-là, déclare Duchamp, essayé de lire des choses de ce Povolowski [152] qui expliquait les mesures, les lignes droites, les courbes, etc. Cela travaillait dans ma tête quand je travaillais, bien que je n'aie presque pas mis de calculs dans le *Grand Verre*. Simplement, j'ai pensé à l'idée d'une projection d'une quatrième dimension invisible puisqu'on ne peut pas la voir avec les yeux **[88]**. Comme je trouvais qu'on pouvait faire l'ombre portée d'une chose à trois dimensions, un objet quelconque – comme la projection du soleil sur la terre fait deux dimensions –, par analogie simplement intellectuelle, je considérai que la quatrième dimension pouvait projeter un objet à trois dimensions, autrement dit que tout objet de trois dimensions, que nous voyons froidement, est une projection d'une chose à quatre dimensions que nous ne connaissons pas. C'était un peu un sophisme, mais c'était une chose possible. C'est là-dessus que j'ai basé la Mariée dans le *Grand Verre* **[89]**, comme étant une projection d'un objet à quatre dimensions [153]. » On reconnaît sans peine ici, et presque mot pour mot, les thèses de Jouffret telles que pouvait les avoir vulgarisées Pawlowski ; l'interprétation du *Grand Verre* pourrait se poursuivre à partir de ces considérations jusque dans le détail le plus insignifiant en apparence puisque, comme le disait déjà Duchamp dans une lettre de 1955 à André Breton : « La Mariée [...] est une projection [...] à quatre dimensions (et même dans le cas du verre plat à une re-projection de ces trois dimensions sur une surface à deux dimensions) [154]... » Si l'on ajoute enfin que le théosophe Pierre Piotr Demianovich Ouspensky, dont le *Tertium Organum* publié en 1911, à Saint-Pétersbourg, devait passionner Malevitch, avait comme Jouffret puisé l'essentiel de ses réflexions sur la quatrième dimension dans les ouvrages de Hinton [155], on perçoit mieux l'importance de ce thème dans la naissance des avant-gardes au début de ce siècle.

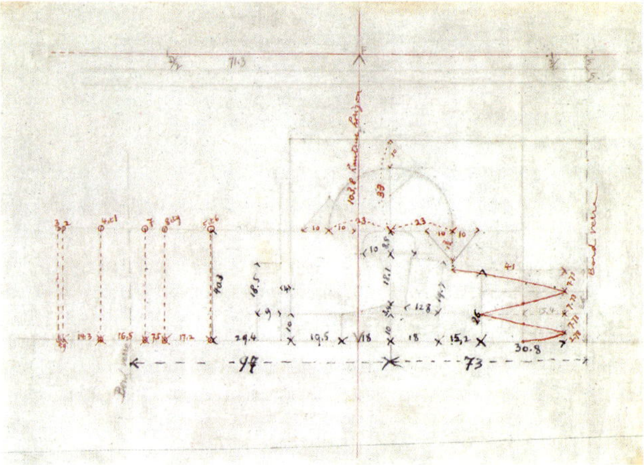

88. Machine célibataire (élévation), 1913
Marcel Duchamp

89. Le Grand Verre, 1923
Marcel Duchamp

« J'ai pensé à l'idée d'une projection d'une quatrième dimension invisible puisqu'on ne peut pas la voir avec les yeux. »
Duchamp

90. Très rare tableau sur la terre,
1915
Francis Picabia

« … Se débarrasser des cardinaux, des nénuphars et des dames nues de la peinture académique. »
Paulhan

La double dimension de la « quatrième dimension » : l'ultra-individualisme et l'hyper-classicisme

J'ai déjà dit combien, malgré certaines lacunes, l'interprétation des avant-gardes en termes d'individualisme devait être prise au sérieux. A bien des égards, la référence à la quatrième dimension pourrait s'inscrire dans les cadres d'une telle interprétation. Même chez le plus théoricien des peintres cubistes, Metzinger[156], la découverte d'une nouvelle dimension de l'espace devait être comprise comme une rupture émancipatrice à l'égard de la tradition, comme un progrès de l'expression personnelle de l'individu en révolte contre les normes admises par les « écoles ». Dans ses souvenirs, Metzinger raconte comment, très tôt, il devait « mesurer la différence qui séparait l'art antérieur à 1900 » et celui qu'il sentait naître : « Je savais que c'en était fini de tout enseignement. L'ère de l'expression personnelle s'ouvrait enfin. La valeur d'un artiste n'allait plus tenir au fini de son exécution, aux analogies que ses œuvres pressentaient avec tels ou tels archétypes. Elle tiendrait exclusivement à ce qui distingue cet artiste de tous les autres. Le temps du maître enfin était révolu[157]... »

On ne saurait mieux dire combien les peintres nouveaux avaient le sentiment que l'essentiel résidait dans la capacité d'exprimer, hors de tout mot d'ordre, la fine pointe de l'individualité par laquelle il est possible de se distinguer, de parvenir à l'originalité, valeur entre toutes les valeurs dans une perspective individualiste. Que l'expression de cette originalité passât par une négation de la tradition, et singulièrement de la tradition « euclidienne », c'est ce que Metzinger ne manquait pas non plus de rappeler : « Que Juan Gris désarticulât les objets, que Picasso y substituât des formes de son invention, qu'un autre remplaçât la perspective conique par un système basé sur les rapports des perpendiculaires, cela prouve que le cubisme ne naissait pas d'un mot d'ordre et qu'il marquait seulement la volonté d'en finir avec un art qui n'aurait pas dû survivre à la condamnation prononcée par Pascal [158]. » L'allusion à Pascal dénonçant la vanité de la peinture « qui attire l'admiration par la ressemblance de choses dont on n'admire point les originaux », prend ici tout son sens : dans cette opinion critique, Pascal visait non les arts plastiques en général, mais cette espèce particulière de peinture, le trompe-l'œil [159], qui n'a d'autre objectif que l'imitation parfaite d'un objet quelconque. C'est donc très clairement dans l'art figuratif académique, disqualifié d'ailleurs par la photographie [160], équivalent contemporain du trompe-l'œil, que Metzinger voit la tradition avec laquelle il s'agit de rompre. Dans un article intitulé de façon significative « Cubisme et tradition [161] », il va plus loin encore et perçoit que la tradition de l'histoire de l'art est déjà, avant même l'apparition du cubisme, « tradition du nouveau ». En véritable pionnier, il saisit l'essence de la logique individualiste à l'œuvre dans cette historicité nouvelle. Parlant des peintres d'avant-garde, il écrit : « Parce qu'ils usent des formes les plus simples, les plus complètes, les plus logiques, on a fait d'eux les "cubistes". Parce que de ces formes ils travaillent à dégager de nouveaux signes plastiques, on les accuse de faillir à la tradition. Comment failliraient-ils à la tradition, suite ininterrompue d'innovations, ceux-là qui, en innovant, ne font que la continuer ? »

La peinture d'avant-garde a été souvent décrite, y compris par ses avocats les plus passionnés, comme « une vaste entreprise de démolition, qui commence par se débarrasser des cardinaux, des nénuphars et des dames nues de la peinture académique [162] » **[90]**, comme une « destruction d'un espace plastique [163] », qui rompt avec une tradition, celle des traités de perspective, bien établie depuis l'école du *quattrocento*. Encore faut-il préciser que la perspective fut dénoncée comme « répressive » et que sa « démolition » fut celle d'une « prison » d'où l'individualité révoltée put enfin s'échapper : « On rencontre, écrit en ce sens Paulhan, à chaque page des traités de perspective, ces prisons modèles peuplées de cubes dont les uns se présentent de face, les autres de front, de trois quarts, de deux tiers et le reste. Cela fait les plus tristes ménageries qu'on puisse imaginer. […] Ce petit travail s'appelle la mise au carreau. C'est un mot qui évoque des tortures, et l'on ne saurait mieux dire : il s'agit bien de martyriser les lignes, couleurs, surfaces planes jusqu'à ce qu'elles donnent l'illusion de la profondeur, on ne sait quel équivalent mesquin de l'infini [164]. »

Dans cette analyse où s'expriment les exigences et les aspirations de l'individualisme révolutionnaire, on comprend aisément ce que put signifier la référence aux géométries nouvelles : globalement, en tant que « non-euclidiennes [165] » , elles symbolisaient la rupture avec un passé millénaire ; en second lieu, dans la mesure où l'espace euclidien, tridimensionnel, faisait dès lors figure de simple « convention [166] » à tous les sens du terme : à la fois postulat mathématique, mais aussi habitude reçue et admise passivement, l'art qui se proposait d'en finir avec la perspective traditionnelle pouvait se concevoir tout aussi bien comme un défi lancé aux certitudes que de Pawlowski, nous l'avons vu, n'hésitait pas à qualifier de « bourgeoises ». Enfin, c'est aussi au relativisme et à l'historicisme, ces expressions achevées de l'individualisme triomphant, que cette référence introduisait : les mathématiques nouvelles ne montraient-elles pas à l'évidence que ce qui avait pu être tenu pour la plus indubitable vérité pendant des millénaires (la tridimensionnalité) n'était en réalité qu'une illusion, voire une erreur liée à une phase « attardée » du développement scientifique et culturel de l'humanité ? Bref, comme le déclaraient posément Gleizes et Metzinger en conclusion de leur ouvrage sur le cubisme : « En résumé, le cubisme que l'on accusa d'être un système, condamne tous les systèmes. […] Aux libertés partielles conquises par Courbet, Manet, Cézanne et les impressionnistes, le cubisme substitue une liberté infinie. Désormais, la connaissance objective tenue enfin pour chimérique, et prouvé que tout ce que la foule entend par forme naturelle est convention [grâce aux découvertes opérées par les nouvelles géométries], le peintre n'aura d'autres lois que celles qui régissent les formes colorées. [...] Il n'est qu'une vérité, la nôtre, lorsque nous l'imposons à tous [167]. »

Cette subjectivisation de la vérité, cette conception de l'art comme expression d'une individualité distincte et originale, devait produire aussi ses conséquences narcissiques. J'ai suggéré comment l'individualisme révolutionnaire renfermait le risque permanent de sa propre dérive vers l'individualisme narcissique **[91]**. Et l'on pourrait sans grande difficulté composer un livre avec les seules citations d'artistes exprimant à l'état brut, en toute impudeur, ce que l'idéologie de la « tradition du nouveau » peut receler d'égotisme forcené : la série est ininterrompue qui va de Duchamp, commençant une conférence américaine modestement intitulée « *A propos of Myself* » par ce touchant commentaire de diapositive : « Blainville est un village de Normandie où je suis né et ce tableau a été exécuté en 1902 alors que je n'avais que quinze ans [168] », à Boulez qui ne redoute pas de publier, en guise d'avant-propos à *Penser la musique aujourd'hui*, un « auto-entretien » non moins modestement intitulé : « De Moi à Moi. »

Cette dimension « ultra-individualiste » ne saurait être sous-estimée et je comprends qu'on ait pu penser qu'en elle résidait le fonds « moderniste » des avant-gardes. Pourtant, si nous considérons dans toute sa portée la référence

91. Autoportrait en costume du XVIIe siècle
(Autoportrait dans un parc),
1959
Giorgio De Chirico

J'ai suggéré comment l'individualisme révolutionnaire renfermait le risque permanent de sa propre dérive vers l'individualisme narcissique.

aux géométries nouvelles, nous ne pouvons manquer d'être frappés par une autre dimension : celle, « objectiviste », que j'ai rattachée à un certain « classicisme ». Dans son article de 1917 consacré à « La peinture d'avant-garde [169] » – et dont l'essentiel réside dans une explicitation détaillée du sens que revêt aux yeux des peintres modernes la quatrième dimension –, Gino Severini **[92]**, l'un des principaux maîtres à penser du futurisme italien et grand ami des cubistes, avait déjà dénoncé les dangers d'une dérive individualiste de la tradition du nouveau : « On confond souvent aujourd'hui, écrivait-il, l'originalité avec la singularité et on a l'illusion qu'une originalité plus ou moins apparente puisse constituer à elle seule la valeur d'une œuvre d'art. J'entends faire une brève allusion à cette tendance ultra-individualiste qui, singulièrement en retard, surgit aujourd'hui sur les ruines de nos réactions violentes d'il y a sept ou huit ans. » Persuadé que les révoltes de l'individu contre les traditions ne doivent pas conduire au culte narcissique de l'originalité pour l'originalité, le véritable artiste d'avant-garde est celui qui sait aussi mobiliser les ressources de l'objectivité scientifique : « Si j'aime chercher souvent un appui sur les vérités des sciences, c'est que je vois là un excellent moyen de contrôler, et d'ailleurs aucun de nous ne saurait négliger les notions que la science met à notre portée pour intensifier notre sens du réel [170]. » De là une interprétation classiciste ou « réaliste » des avant-gardes qui se sont inspirées des géométries nouvelles.

Severini y insiste : la référence à la quatrième dimension n'a pas essentiellement une signification « individualiste ». Il ne s'agit pas, en suivant les découvertes scientifiques, de rechercher à tout prix une originalité en rupture avec la tradition euclidienne ; s'il faut dépasser cet art des apparences qu'est la perspective, c'est surtout pour parvenir à un « réalisme nouveau », un réalisme que Severini nomme, par allusion à Platon, « idéiste », puisque, selon le célèbre mot de Picasso, il s'agit de peindre les objets tels qu'on les pense, non tels qu'on les voit : « Tous

92. Gino Severini (1883-1966),
1966
Pierre Descargues

les efforts des peintres d'avant-garde tendent vers l'expression de ce réalisme nouveau. [...] La hantise de pénétrer, de conquérir avec tous les moyens le sens du réel, de s'identifier avec la vie par toutes les fibres de notre corps, est à la base de nos recherches et de l'esthétique de tous les temps. Il faut voir en ces causes générales les origines de nos constructions géométriques exactes [171]... »

C'est en ce point de l'argumentation de Severini que la référence à Poincaré devient centrale : s'il faut dépasser Euclide, ce n'est pas uniquement parce que la tridimensionnalité serait une convention bourgeoise bornant

93. Atelier II,
1949
Georges Braque

« … Aux trois dimensions ordinaires [les peintres] tâchent d'ajouter une quatrième dimension. »
Severini

l'imagination (ce qu'elle est aussi), mais surtout parce que « les formes qui constituent notre reconstruction de l'objet ne prennent pas leur vie dans l'imagination ou dans la culture mais dans l'objet lui-même [172] » et que les nouvelles géométries permettent de le cerner plus exactement.

A vrai dire, l'aspect révolutionnaire (« subjectif ») et l'aspect « réaliste » (« objectif ») de l'avant-garde se rejoignent dans un même combat contre le naturalisme traditionnel dénoncé tout à la fois comme oppressif (au regard d'une exigence nouvelle de liberté) et illusoire (au regard d'une exigence nouvelle de vérité et d'objectivité) : « L'espace ordinaire de celui-ci [du géomètre "euclidien" traditionnel] se base en général sur la convention inamo-

94. Le Billard,
1945
Georges Braque

« Mais qu'arriverait-il s'il vous prenait la fantaisie d'exprimer la table type ? Il vous faudrait la redresser sur le plan de la toile et, du trapèze, revenir au rectangle véridique. »
Princet

vible des trois dimensions ; les peintres dont l'inspiration est illimitée ont toujours trouvé trop étroite cette convention. C'est-à-dire qu'aux trois dimensions ordinaires ils tâchent d'ajouter une quatrième dimension **[93]**. [...] On a essayé souvent de nuire au cubisme en appliquant l'épithète de "mathématiciens" à des peintres comme Braque, Picasso, Gris et Metzinger dont les premières analyses plastiques, malgré tout, constituent un sérieux apport à l'art pictural. Le fait que ces recherches ont une correspondance dans certaines vérités géométriques et mathématiques, comme je le ferai constater tout à l'heure, ne constitue, aux yeux de toute personne impartiale, qu'une raison d'intérêt et de confiance [173]. »

L'analogie entre le mouvement de l'histoire de l'art et celui de l'histoire de la science n'est pas une simple coïncidence, puisque, comme le confesse Severini, « les premières recherches cubistes et futuristes relèvent, relativement bien entendu, et par intuition [n'oublions pas qu'il faut réfuter toujours l'accusation de "géométrisme"], des hypothèses exposées par Poincaré sur la quatrième dimension et les géométries non-euclidiennes [174] ». En soulignant que l'abandon de la perspective ne vise pas seulement à libérer l'expression pure d'une personnalité que viendraient entraver les conventions, en déclarant que l'art d'avant-garde doit viser une figuration plus profonde que celle de la perspective traditionnelle, Severini rejoint l'enseignement qui fut celui de Princet : il faut dépasser les apparences (la tridimensionnalité et cette perspective qui suppose un observateur fixe) pour atteindre la vraie réalité, celle qui, à l'instar de la quatrième dimension ou des idées platoniciennes, n'est pas visible, mais seulement accessible à l'intelligence. Comme le déclarait Princet à ses amis, en des termes qu'on retrouve dans les principaux écrits des peintres cubistes : « Vous représentez à l'aide d'un trapèze une table, telle que vous la voyez déformée par la perspective. Mais qu'arriverait-il s'il vous prenait la fantaisie d'exprimer la table type ? Il vous faudrait la redresser sur le plan de la toile et, du trapèze, revenir au rectangle véridique **[94]**. Si cette table est recouverte d'objets également déformés par la perspective, le même mouvement de redressement devra s'opérer pour chacun d'eux [175]. » Bref, c'est ici la perspective visible qui devient l'apparence « déformée » et la bidimensionnalité (dont on a dit comment elle était la conséquence plastique de la quatrième dimension), le réel, c'est-à-dire l'intelligible. Après Princet, écoutons Severini qui définit en toute précision ce nouveau « réalisme idéiste » : « Jusqu'ici la perspective italienne a été notre base, mais nous savons désormais qu'elle ne permet pas au peintre d'exprimer intégralement l'espace visuel. […] Notre but enivrant de pénétrer et dominer la réalité nous a appris à déplacer ce point de vue unique, parce que nous sommes au centre du réel, et non en face, à regarder avec nos deux yeux mobiles et à considérer parallèlement les déformations horizontales et verticales. Ces moyens nous permettent d'exprimer un hyperespace, c'est-à-dire un espace aussi complet que possible[176]. »

Etrange renversement, mais qui a caractérisé au plus haut point la révolution cubiste, et que l'on retrouve invariablement dans les écrits de cette période : contrairement à ce que pensait un naturalisme naïf, ce n'est pas la perspective euclidienne qui est vraie, mais bien cette quatrième dimension et cet espace courbe, non-euclidien, où les figures se déforment en se déplaçant. A en croire Gleizes, si « les géomètres du XIXe siècle (Riemann et Lobatchevski) ont eu raison de répudier le caractère devenu intellectuellement absolu des postulats d'Euclide... », c'est parce que « Euclide est pratique, mais il n'est pas "vrai" **[95]** ; une science de la connaissance ne peut pas être espérée sortie de lui (*sic*)[177] » ; ou encore, comme y insiste Metzinger contre ceux qui dénoncent le côté apparemment non figuratif de la peinture nouvelle : depuis l'école du *quattrocento*, depuis l'apparition des traités de perspective, ce sont les peintres académiques qui se trouvent dans l'erreur : « Exagérant les reliefs et les profondeurs, les peintres s'évertuaient à créer un espace théâtral, absurde, où les bords du chemin se touchant en un point empêchent de passer, où l'ouverture circulaire d'un vase devient une simple droite, où toutes les imperfections de notre mécanique visuelle se trouvent consacrées, et cela dans le dessein puéril d'apporter une dimension supplémentaire à ce qui, depuis le chaos, n'en compte que deux[178]. » Texte remarquable où se rejoignent le souci d'un nouveau réalisme, plus profond que celui de toutes les formes passées et dépassées de l'art figuratif[179], et le retour à la bidimensionnalité qu'implique l'interprétation plastique des nouvelles géométries.

On comprend maintenant en quoi ce nouveau classicisme vient contrebalancer, au moins dans les premières avant-gardes, celles du tout début de ce siècle, une indé-

95. La Danse du Pan Pan à Monico, 1911-1912 (refaite en 1959)
Gino Severini

« Euclide est pratique, mais il n'est pas "vrai". »
A. Gleizes

niable tendance à l'« ultra-individualisme ». Selon ce réalisme des idées, en effet, la rupture avec la tradition ne vise pas seulement à libérer l'individu, à conquérir le nouveau pour le nouveau. Si le classicisme du XVIIe siècle était lui aussi un « réalisme des idées », s'il prétendait également exprimer l'essence des choses, il s'agit pour les peintres contemporains d'en accomplir le projet en le conduisant pour ainsi dire au-delà de lui-même. Ce que démontrent à leurs yeux les géométries non-euclidiennes (au sens large, incluant les géométries à quatre dimensions), c'est au fond ceci : ce que les classiques ont tenu pour l'essence du réel et qu'ils ont tenté de rendre par la perspective n'est encore qu'une apparence ! En d'autres termes : si l'on peut affirmer qu'à leurs yeux l'espace euclidien n'est qu'une illusion qui doit être dépassée au profit de la vérité d'un hyperespace, on pourra également dire, par analogie, que le classicisme doit être relayé à son tour par un hyper-classicisme.

Cette terminologie même n'est pas forcée, pas extérieure aux préoccupations réelles des peintres. Si l'on prolonge la pensée de Metzinger, elle aurait pu parfaitement convenir aux plus éminents représentants du cubisme : « Le cubisme, dont l'influence s'étend jusqu'à ses pires adversaires, n'a pas cessé, depuis 1912, fidèle à soi, de se rapprocher du réel par de profonds chemins. Si le mot surréalisme n'avait pas été pris pour désigner un mouvement différent, “je crois”, me disait récemment Picasso, “qu'il définirait ma peinture”. [...] Le cubisme, en effet, outrepasse la chose extérieure pour l'envelopper et la mieux saisir. Regarder le modèle ne suffit plus, il faut que le peintre pense. Il le transporte dans un espace à la fois spirituel et plastique à propos duquel ce n'est pas tout à fait une légèreté que de parler d'une quatrième dimension [180]... » Comme eût dit Boileau : « Rien n'est beau que le vrai, le vrai seul est aimable, il doit régner partout et même dans la fable », à ceci près que le vrai, au début du XXe siècle, a cessé de se confondre avec cette harmonie en laquelle les classiques voyaient ou croyaient voir l'essence, la « nature » du réel.

Tels les plus purs théoriciens du classicisme [181], les peintres d'avant-garde qu'évoque Severini reprendront volontiers à leur compte l'idée que la capacité de l'œuvre à valoir universellement, et non simplement pour tel ou tel individu particulier, passe par son objectivité scientifique, par une exclusion de l'imaginaire (du génie) au profit de l'intelligence : « L'œuvre d'art plastique ne sera autonome et universelle qu'en gardant ses attaches profondes dans la réalité ; elle sera une réalité en elle-même, plus vivante, plus intense et plus vraie que les objets réels [puisqu'elle en exprime, comme chez les classiques encore, l'essence] qu'elle représente, qu'elle reconstruit, pourvu que les éléments qui la composent n'appartiennent ni à l'arbitraire, ni au caprice, ni à l'imagination, ni au bon goût décoratif », car « notre art, concluait-il, ne veut pas représenter une fiction de la réalité, mais veut exprimer cette réalité telle qu'elle est [182] ».

L'interprétation du modernisme proposée par Bell, malgré sa pertinence dans l'analyse de la forme avant-garde, se trouve démunie pour rendre compte de ces nouvelles contraintes et de ces nouvelles règles que les avant-gardes s'imposent au niveau du contenu. On dira peut-être que cette remarque vaut surtout du cubisme. Mais quand même on admettrait cette limitation – qui reste à démontrer : la composante « scientifique » de l'art abstrait ou du surréalisme, pour être plus souple, n'en est pas moins très réelle –, on ne saurait nier que le cubisme incarne à bien des égards le type idéal du mouvement d'avant-garde. On objectera encore, avec plus de pertinence cette fois, qu'il y a quelque paradoxe à prétendre déceler une composante « classique », voire « hyper-classique », dans des formes d'art que tout oppose, semble-t-il, au classicisme du XVIIe siècle : en ce dernier [183], le but assigné à l'art était de représenter une essence de la nature qu'avec Descartes on tenait pour rationnellement et harmonieusement réglée. Aux yeux des classiques, « imiter la nature », c'était imiter ce qu'il pouvait y avoir en elle d'identique, d'éternel et de stable au-delà de la diversité apparente de ses manifestations sensibles : lorsque Molière prétend « peindre d'après nature » et faire de ses comédies des « miroirs publics », c'est parce qu'il entend dévoiler l'essence de l'homme à travers la mise en scène de caractères idéaux – l'avare, le misanthrope, etc. – unifiant la diversité particulière des individus. D'où cette définition de la beauté qu'on retrouve dans les traités du Beau, de Leibniz à Crousaz : « L'unité dans la pluralité n'est rien d'autre que l'harmonie et c'est du fait que telle chose s'accorde avec telle chose plutôt qu'avec telle autre que découle la beauté qui éveille l'amour [184]. » Or l'art d'avant-garde n'est-il pas tout le contraire de ce classicisme qui vise l'identité et l'harmonie ? Ne cherche-t-il pas « la distorsion, l'écartèlement, la différence et l'extériorité à toute forme » plutôt que « la règle, la synthèse, la belle totalité, la chose perdue ou rendue, l'accomplissement d'éros unificateur [185] » ?

Dans la première lettre qu'il adresse à celui qui allait devenir son ami mais qu'il nomme encore avec déférence le « Professeur Schönberg », Kandinsky y insiste avec la dernière énergie : « Je crois justement, dit-il, qu'on ne peut trouver notre harmonie aujourd'hui par des voies "géométriques", mais au contraire par l'antigéométrique, l'antilogique le plus absolu **[96]**. Cette voie est celle des "dissonances dans l'art" – en peinture comme en musique [186]. » Pour approximatif qu'il soit peut-être [187], le parallèle qu'établit Kandinsky entre « dissonances » picturale et musicale est si significatif qu'il sera repris par les théoriciens les plus autorisés [188] : « La peinture moderne, écrit en ce sens Adorno, s'est détournée du figuratif, ce qui en elle marque la même rupture que l'atonalité en musique. [...] Ce qui était valable avant la rupture, à savoir la constitution d'une cohérence musicale au moyen de la tonalité, est irrémédiablement perdu [189]. » Dissonance, atonalité, illogisme, rupture, différence : tels sont bien les maîtres mots qu'affectionnent dans leurs écrits théoriques les peintres et les musiciens des premières avant-gardes. Ce qui est nouveau dans la réalité qu'entend représenter le cubisme, c'est, dit encore Gleizes, ce qu'elle a de choquant au regard d'une image traditionnelle, « logique, classique et euclidienne » du monde [190]. Et Metzinger d'ajouter que les peintres modernes « conscients du miracle qui s'accomplit quand la surface de la toile suscite l'espace, dès que la ligne menace de prendre une importance descriptive, décorative, ils la brisent [191] ». Si nous poursuivions ce parallèle entre peinture et musique nouvelles, nous verrions comment cette dernière vise à en finir avec tous les repères et tous les facteurs d'identité que constitue le système tonal pour ouvrir la voie à une musique de la différence pure qui exclut en son principe le plus radical tout « pôle d'attraction », suscitant ainsi chez l'auditeur le sentiment d'une musique « non identifiable », presque impossible à reproduire mentalement comme on chantonne les

96. Bleu de ciel,
1940
Wassily Kandinsky

« Je crois justement qu'on ne peut trouver notre harmonie aujourd'hui par des voies "géométriques", mais au contraire par l'antigéométrique, l'antilogique le plus absolu. »
Kandinsky

« mélodies » du répertoire « classique ». René Leibowitz qui, par son enseignement, devait introduire en France auprès d'un petit groupe de jeunes compositeurs – Boulez, Philippot, Martinet, Rigg... – les principes du dodécaphonisme schönberguien, le souligne avec une certaine véhémence dans son *Introduction à la musique de douze sons* : « Consciemment ou par mauvaise foi, la plupart des musiciens actuels restent les esclaves de ce que j'appellerais un certain psychologisme musical. Sans parler de ceux qui se complaisent dans un hédonisme souvent odieux, il est un fait que ce qui empêche certains compositeurs dits "avancés" d'accomplir le pas décisif vers le langage musical nouveau, c'est leur peur atavique, dirais-je, d'écrire "ce qui n'est pas beau" [192]. »

C'est donc avec toutes les représentations « classiques » de l'idée du beau, entendu comme harmonieuse synthèse d'une multiplicité de sons, qu'il s'agit de rompre. « A la limite, ajoute Leibowitz, il suffit d'entendre la musique ou de lire les travaux théoriques de Schönberg pour s'apercevoir que de telles considérations n'ont plus droit de cité dans l'art musical. Le *Traité d'harmonie* [l'ouvrage majeur de Schönberg] est farci de passages où l'auteur se révolte contre la tendance de qualifier telle agrégation de "belle", telle autre de "laide", appréciations qui ressortent [*sic*] d'un "psychologisme" faux et confus [193]. » L'idée même de beauté est dépourvue de sens. Elle ne saurait donc fournir un quelconque principe d'orientation à l'artiste, pas plus d'ailleurs que celle, « odieuse », de plaisir esthétique. Ainsi la tonalité, avec la réconciliation, le dépassement (l'*Aufhebung*) des dissonances qu'elle permet toujours, pense encore la différence sur fond d'identité, et c'est avec une certaine perspicacité que Leibowitz note combien « l'attitude de Schönberg participe au mouvement radical de la pensée contemporaine et s'apparente à la phénoménologie husserlienne [194] ».

De leur côté, les phénoménologues ne s'y tromperont pas non plus et verront, eux aussi, dans l'« art moderne » une tentative de dépasser les visions classiques du beau, de l'harmonieuse synthèse, en vue de présenter négativement l'imprésentable, qu'on le désigne comme « Invisible » (Merleau-Ponty) ou comme « Différence » (Heidegger) : « J'appellerai moderne, écrit en ce sens J.-F. Lyotard, l'art qui consacre son petit technique, comme disait Diderot, à présenter qu'il y a de l'imprésentable. Faire voir qu'il y a quelque chose que l'on peut concevoir et que l'on ne peut pas voir ni faire voir : voilà l'enjeu de la peinture moderne [195]. » Les « avant-gardes picturales » visent ainsi « à faire allusion à l'imprésentable, par des présentations visibles [196] ». Encore une fois : l'avant-garde n'est-elle pas dans cette mesure l'exact opposé du classicisme ?

J'accepte l'objection tout entière et si, comme je l'ai dit, l'expression n'était aussi floue, je ferais volontiers mienne la définition que Lyotard donne ici de l'« art moderne » : la quatrième dimension n'est-elle pas d'ailleurs par excellence le symbole de cet invisible dont on tente, négativement, de présenter l'idée par des projections en deux dimensions ? N'est-elle pas l'analogue de ces faces cachées du cube dont les phénoménologues font, eux aussi, la métaphore de l'Etre ou de la Différence ?

Et cependant, comment ne pas voir que l'essentiel du classicisme demeure, que subsiste le projet de « rendre un réel », d'y donner accès, fût-ce par des voies indirectes ? Bien plus – et telle est la raison pour laquelle je parlais d'hyper-classicisme –, les avant-gardes ne prétendent-elles pas, avec le nouveau réalisme qu'elles mobilisent, être plus réalistes que ne le furent les classiques, donc, en un sens, plus classiques encore qu'ils ne le furent eux-mêmes ? Commentant le célèbre carré noir de Malevitch, Andrei Nakov note, dans son introduction aux *Ecrits* du peintre, que la « notion de plan libre constitue une des pierres angulaires de sa conception d'une nouvelle logique ». Or celle-ci, ajoute-t-il, est incompréhensible si l'on ne la rapporte à la quatrième dimension : « La relation purement conceptuelle de notre logique à une autre – supérieure – est illustrée symboliquement par le choix de projections bidimensionnelles d'une réalité dont nous ne percevons que partiellement l'existence. Ces surfaces représentent uniquement "la façade" d'un objet à quatre dimensions, comme une figure bidimensionnelle représente la seule projection dans une autre dimension d'un corps géométrique tridimensionnel [197] » **[97]**. N'est-ce pas là une façon concrète d'illustrer ce que je nomme ici un hyper-classicisme, c'est-à-dire un classicisme de la différence et non plus de l'identité, ou, pour parler avec Lyotard, un classicisme qui vise à « présenter qu'il y a de l'imprésentable » ? Comme chez les classiques, l'art d'avant-garde ne reste-t-il pas porté par le projet d'imiter un réel qui, entre-temps, a cessé de se définir comme ordre, mais qui pour autant continue d'être « l'objectif » de l'artiste ?

N'oublions pas, en effet, que ce qui motive au premier chef l'abandon de l'espace euclidien au profit de celui que suggèrent les géométries nouvelles réside dans l'idée que cet espace, selon la formule de Gleizes, « n'est pas vrai » mais seulement « confortable ». Comme le dit Paulhan : « J'en vois bien l'avantage [de cet espace traditionnel] : c'est qu'il nous fait vivre dans un monde simple, où les événements se passent en bon ordre. [...] Il n'y a qu'un malheur, c'est qu'il n'est pas ressemblant. C'est qu'il ne ressemble pas le moins du monde, je ne dis même pas à mon espace nocturne, mais à notre espace de tous les jours, avec toutes ses différences et son chaos [198]. »

Il nous faut donc distinguer, au sein des premières avant-gardes, entre deux moments divergents, pour ne pas dire contradictoires. D'un côté la volonté – élitiste, historiciste, et « ultra-individualiste » – de rompre avec la tradition pour créer du nouveau radical ; mais de l'autre, le projet non moins remarquable de mener l'esthétique classique à son terme, de la conduire à ses limites au nom d'un réalisme nouveau qui, pour être tourné vers l'expression de ce que le réel – intérieur ou extérieur, peu importe au fond – peut avoir de chaotique et de « différent », n'en reste pas moins rivé à l'intelligence plus qu'à l'imaginaire et, dans cette mesure, accepte de nouvelles contraintes et de nouvelles règles.

97. Carré noir,
1923-1929
Kasimir Malevitch

« Ces surfaces représentent uniquement "la façade" d'un objet à quatre dimensions, comme une figure bidimensionnelle représente la seule projection dans une autre dimension d'un corps géométrique tridimensionnel. »
Andrei Nakov

C'est cette dualité qui m'a conduit à juger trop étroits les cadres de l'interprétation en termes d'individualisme. C'est elle pourtant qu'il s'agit de comprendre si nous voulons entrevoir la nature de ce phénomène spécifiquement contemporain que constituent les avant-gardes. Un texte d'Apollinaire suggère une hypothèse : « L'art grec, dit-il, avait de la beauté une conception purement humaine. Il prenait l'homme comme mesure de la perfection. L'art des peintres nouveaux prend l'univers infini comme idéal et c'est à cet idéal que l'on doit une nouvelle mesure de la perfection qui permet à l'artiste peintre de donner à l'objet les proportions conformes au degré de plasticité où il souhaite l'amener. Nietzsche avait deviné la possibilité d'un tel art […] il fait, par la bouche de Dionysos, le procès de l'art grec [199]. » L'art grec que Nietzsche critique au nom du dionysiaque est l'art de la conscience, de l'identité, de l'ordre, du visible, et le dionysiaque symbolise le chaos, la brisure, la différence et l'ivresse. Rappelons-nous encore comment, dans *Le Gai Savoir*, Nietzsche définissait le « nouvel infini » auquel, peut-être, Apollinaire fait ici allusion : « L'esprit de l'homme […] ne peut s'empêcher de se voir selon sa propre perspective et ne peut voir que selon elle. Nous ne pouvons voir qu'avec nos yeux. […] J'espère cependant que nous sommes aujourd'hui loin de la ridicule prétention de décréter que notre petit coin est le seul d'où l'on ait le droit d'avoir une perspective. Tout au contraire le monde, pour nous, est redevenu infini en ce sens que nous ne pouvons pas lui refuser la possibilité de prêter à une infinité d'interprétations. Nous sommes repris du grand frisson [200] » **[98]**.

Le sens de la découverte nietzschéenne est clair : il s'agit de libérer la pensée des illusions inhérentes au point de vue unique, à l'idée qu'il existerait une vérité absolue. Ce « moment » de la pensée nietzschéenne thématise la possibilité de ce que j'ai ici désigné comme l'« ultra-individualisme » des avant-gardes, c'est-à-dire leur liberté absolue à l'égard des normes, à l'égard des définitions habituelles, traditionnelles de la vérité. Telle est bien la

98. La Foudre,
1956
Josef Sima

*« [...] Le monde, pour nous,
est redevenu infini en ce sens
que nous ne pouvons pas
lui refuser la possibilité de prêter
à une infinité d'interprétations.
Nous sommes repris du grand frisson. »*
Apollinaire

signification du « nouvel infini » : le perspectivisme, la multiplicité infinie des points de vue ne sauraient, comme dans la définition leibnizienne de la beauté harmonieuse, être réduits à l'identité d'un point de vue unique.

Le perspectivisme marque donc la fin de la perspective classique. Mais pour autant, on ne saurait abandonner le projet d'atteindre le réel : que ce réel soit vie, multiplicité radicale des forces et des points de vue ; qu'il soit en tant que tel irréductible à l'unité est une chose ; qu'il faille renoncer à le saisir en est une autre et Nietzsche, en une formule qui annonce le cubisme, nous exhorte à voir le monde « avec le plus grand nombre d'yeux possible » **[99]**.

Par le rapprochement qu'il opère entre les avant-gardes et la philosophie de Nietzsche, Apollinaire nous suggère que le projet des « peintres nouveaux » est indissociable d'une certaine conception de la subjectivité de l'homme. Ce que Nietzsche formule dans la philosophie et que les artistes inventent ou réinventent de façon spontanée, c'est l'idée que le sujet n'est plus réductible à la conscience, qu'il est un sujet brisé et que c'en est fini de l'ère des *cogito*, des « je pense » clos sur eux-mêmes, sous le primat de la conscience. Schönberg l'écrira à Kandinsky : « Toute recherche tendant à produire un effet traditionnel est plus ou moins marquée par l'intervention de la conscience. Mais l'art appartient à l'inconscient [201]. » C'est cette pensée de l'inconscient que, le premier peut-être, Nietzsche formule dans sa critique des philosophies du *cogito*. C'est elle qui introduit dans l'histoire de la subjectivité (ou de l'individualisme, si l'on veut conserver ce terme) une rupture comparable à celle que représentent l'atonalité ou le rejet de la perspective euclidienne. C'est elle encore qu'il fallait mettre en parallèle avec l'émergence, symbolisée par la quatrième dimension, d'une nouvelle représentation du réel comme réel lui aussi brisé et chaotique.

L'enjeu, aujourd'hui encore, est d'importance car chacun des deux versants fondamentaux de l'esthétique

99. Les Seins,
1926
Francis Picabia

… Voir le monde
“avec le plus grand nombre
d’yeux possible”.
Nietzsche

moderne comporte un danger évident : d'un côté, l'ultra-individualisme risque de sombrer dans une contradiction dialectique où il s'épuise dans la répétition vide du geste de la rupture et de la création du nouveau. Littéralement obnubilé par une conscience historiciste, par l'impératif de l'originalité au regard d'une histoire de l'art, l'artiste cesse d'être un « génie », un créateur inconscient et libre. Confronté à l'exigence d'originalité, il doit intégrer dans son œuvre une réflexion sur la tradition qui risque de le conduire à privilégier la conscience sur l'inconscient, la maîtrise sur la liberté géniale ; son œuvre devient une méta-œuvre, sa réflexion esthétique une métaréflexion : puisque l'imitation ou la répétition tendent à devenir la faute de goût par excellence, la seule à vrai dire qui fasse l'unanimité, l'artiste, qui se croyait enfin libéré des contraintes et des règles, se voit soumis à la contrainte des contraintes, celle que lui impose sa propre conscience historique. Le post-modernisme tente timidement aujourd'hui d'abolir cette nouvelle prison, ce en quoi il n'est nullement un retour de l'historicité [202], mais tout au contraire la tentative naïve de s'en affranchir en proclamant le droit à renouer avec le passé **[101]**. Je doute fort qu'il soit une « solution » : tout au plus constitue-t-il un symptôme de l'impasse où conduit l'ultra-individualisme.

D'un autre côté, l'hyper-classicisme comporte en lui le risque de tout classicisme : en se dégradant, le réalisme, fût-il nouveau, fût-il un réalisme de la « Différence », devient lui aussi académique **[100]**. L'art se voit assigner pour « mission » d'incarner une vision du monde, une conception du réel, et paradoxalement, ici encore, il retombe sous le primat de la conscience et de l'intelligence.

Cette opposition entre une tendance « subjectiviste » et une tendance « objectiviste » [203] n'est pas nouvelle. Elle est même à l'origine de l'esthétique comme discipline philosophique et l'on a pu en déceler les prémices dans le conflit qui opposa, à l'âge classique, l'esthétique rationaliste et l'esthétique du sentiment. C'est d'elle, justement, que le post-modernisme tente aujourd'hui de s'émanciper.

100. Caisses variées,
1964
Andy Warhol

… En se dégradant, le réalisme, fût-il nouveau, fût-il un réalisme de la « Différence », devient lui aussi académique.

101. Dali-Christ,
1992
Glenn Brown

La tentative post-moderne de s'affranchir de l'historicité en proclamant le droit à renouer avec le passé.

[D'après *Construction molle aux haricots bouillis. Prémonition de la guerre civile*, 1936, par Salvador Dali. Avec l'aimable permission de Demart Pro Arte BV. © Glenn Brown 1992]

Nietzsche, qui fut peut-être le vrai prophète de la modernité, l'annonçait dans l'une des plus belles pages d'*Aurore* : désormais, la grandeur authentique ne se satisfera jamais du simple étalage de la puissance, de la manifestation objective et visible des pulsions. Pour ceux qui savent percevoir, elle réside dans l'individu plus que dans ses productions, « dans cette force qu'un génie applique, non à des œuvres, mais à soi-même en tant qu'œuvre, c'est-à-dire à se discipliner, à épurer son imagination, à mettre de l'ordre et du discernement dans ses projets et ses intuitions ». Le « grand style », Foucault l'avait si bien compris qu'il y consacra ses derniers ouvrages, n'est autre que le « souci de soi » : un souci qui ne se confond pas avec l'« égoïsme », qui n'est pas davantage lié (du moins pas immédiatement) au projet libertaire-anarchiste d'une émancipation à l'égard des formes institutionnalisées de la « répression », mais qui implique au contraire la discipline la plus rigoureuse dans l'effort en vue de façonner son existence comme un artiste le ferait d'une sculpture.

Dans l'univers contemporain, marqué par ce « retrait du monde » dont l'histoire se reflète dans celle de l'esthétique, la tension entre les moments subjectif et objectif de l'œuvre tend à s'évanouir au profit du premier d'entre eux. Après l'ère des avant-gardes est venu le temps de la « post-modernité ». Le terme, il est vrai, est loin de faire l'unanimité et ses acceptions sont si diverses qu'elles en viennent parfois à s'opposer de façon symétrique. Dans la mesure où cette question sémantique n'est pas sans importance, il convient au moins d'en préciser les données.

Les trois significations du « post-moderne »

Il semble que le terme apparaisse pour la première fois dans les années soixante, sous la plume de certains critiques littéraires américains, pour désigner des œuvres de fiction qui entendent – le modèle est ici William Burroughs – rompre avec le premier modernisme, en particulier avec Joyce. C'est en ce sens qu'il est employé dans l'ouvrage d'Ihab Hassan, *Le Démembrement d'Orphée. Vers une littérature post-moderne*. Encore faut-il percevoir que cette nouvelle rupture se veut un approfondissement, non une remise en cause de l'avant-gardisme : comme le signale le critique britannique Charles Jencks – celui qui allait véritablement populariser la notion –, le post-moderne désigne encore chez ces théoriciens sophistiqués une recherche de la nouveauté pour la nouveauté qui confine en vérité à l'« ultramodernisme [204] ». Or c'est bien d'une telle préoccupation qu'il faut, selon Jencks, s'affranchir. Pour lui comme pour les architectes qu'il regroupe sous la bannière du post-modernisme – Graves, Venturi, Rossi, Ungers, Bofill, Hollein et quelques autres –, il s'agit d'en finir avec la tyrannie de l'innovation à tout prix, de s'accorder enfin le droit de renouer avec le passé **[102]**. On le voit : le conflit des interprétations est tel qu'il requiert une élucidation des différents sens du terme « post-moderne ».

1. Le post-moderne comme comble du modernisme.

Si l'on entend par « modernisme », selon l'usage anglo-saxon, les avant-gardes du XXe siècle ou encore ce qu'on nomme ordinairement l'« art moderne », le post-moderne apparaît, selon une première acception, comme une exacerbation du moderne. Pourquoi, dans ces conditions, parler de « post- » plutôt que d'« ultra- » modernisme ?

Il faut, pour le comprendre, rappeler que la modernité, pour la plupart des philosophes contemporains, désigne ce que Heidegger nommait « l'humanisme », c'est-à-dire, pour l'essentiel, le rationalisme issu de Descartes, et notamment, bien sûr, la philosophie des Lumières et ses retombées techno-scientifiques. Or, entendue en ce sens, la

102. « Les colonnes de Saint-Christophe »,
Cergy-Pontoise, 1985
Ricardo Bofill

*Il s'agit d'en finir
avec la tyrannie
de l'innovation à tout prix,
de s'accorder enfin le droit
de renouer avec le passé.*

[Au centre, la Tour Belvédère,
1986
(hauteur : 36 m, base : 3,6 x 3,6 m),
première des douze stations de
l'Axe majeur de Cergy-Pontoise (3 km)
créé par le sculpteur Dani Karavan.
La démarche de Dani Karavan
ne s'inscrit pas
dans le courant post-moderne.]

modernité ne se confond pas avec le « modernisme » : ce dernier entend à bien des égards rompre avec les illusions, en particulier celles du *cogito* clair et distinct et de l'ordre « euclidien », qui ont tant pesé sur la « métaphysique de la subjectivité » et, à travers elle, sur l'histoire de l'art. Dès lors, le post-moderne serait à comprendre comme l'indice d'une rupture avec les Lumières, avec l'idée de Progrès selon laquelle les découvertes scientifiques et, plus généralement, la rationalisation du monde représenteraient *ipso facto* une émancipation pour l'humanité. D'après cette première définition, Nietzsche, Heidegger ou Freud seraient, parce qu'ils remettent en cause les « philosophies de la conscience », des post-modernes, au même titre que Malevitch, Picasso ou Kandinsky, Schönberg, Berg ou Stockhausen. En clair : lorsqu'il s'oppose au projet de la modernité au sens des Lumières, le post-moderne rejoint le « moderne » entendu comme « modernisme » des avant-gardes.

C'est cette signification que l'on trouve notamment, avec une référence explicite à l'« art moderne » et aux « avant-gardes », dans les textes que J.-F. Lyotard a consacrés à l'analyse de ce concept. Comme pour Adorno, la déconstruction de l'univers philosophique propre à l'*Aufklärung* s'exprimerait dans les œuvres contemporaines les plus radicales, celles qui selon Lyotard méritent d'être nommées « post-modernes », par une volonté de rompre avec le primat de la rationalité et de la représentation (Heidegger eût dit : de la « présence »). Il s'agirait maintenant de « faire allusion à l'imprésentable par des présentations visibles », de « faire voir qu'il y a quelque chose que l'on peut concevoir et que l'on ne peut pas voir ni faire voir[205] ». Le post-moderne s'avère par suite être ici une partie du moderne au sens que le terme prend dans l'expression « art moderne » : il désigne ce refus philosophique de la représentation dont le rejet de la tonalité et du figuratif est censé fournir une traduction esthétique – ce pourquoi Lyotard peut conclure que le post-moderne « fait assurément partie du moderne » en ceci que « tout ce qui est perçu, serait-ce d'hier [...] doit être soupçonné ». Cette attitude du soupçon trouve à son tour une expression dans la succession indéfinie des ruptures et des innovations qui ont scandé l'histoire des avant-gardes : « A quel espace s'en prend Cézanne ? Celui des impressionnistes. A quel objet Picasso et Braque ? Celui de Cézanne. Avec quel présupposé Duchamp rompt-il en 1912 ? Celui qu'il faut faire un tableau, serait-il cubiste. Et Buren interroge cet autre présupposé qu'il estime sorti intact de l'œuvre de Duchamp : le lieu de la présentation de l'œuvre. Etonnante accélération, les générations se précipitent [206]. »

On a vu en quoi cette « accélération » qui fascine Lyotard n'était en vérité guère étonnante, inscrite qu'elle était dans la logique la mieux connue, la plus attestée, d'une dynamique de sociétés démocratiques qui tendent sans cesse à l'innovation et à l'érosion des traditions. Peu importe ici. Sur un simple plan sémantique – qui seul m'intéresse pour l'instant –, on remarquera que le moderne et le post-moderne sont clairement installés par Lyotard au sein d'un même genre qu'il nomme (par inadvertance ?) l'« histoire avant-gardiste », supposée être le lieu incontestable (on verra que ce n'est pas si simple, tant s'en faut) d'une subversion de la modernité au sens des Lumières. La différence entre les deux moments constitutifs de cette histoire, le moderne et le post-moderne, est infinitésimale, sinon inessentielle : dans le projet de présenter qu'il y a de l'imprésentable, de faire voir qu'il y a de l'invisible, on peut en effet insister sur l'échec de la tentative (puisque, par définition, elle comporte un aspect paradoxal) ou au contraire sur la puissance novatrice des facultés qu'elle met en jeu (le modèle de cette analyse se situant dans la théorie kantienne du sublime). Le moderne recouvre alors plutôt la « mélancolie », et le post-moderne, la « novatio ».

Lyotard s'en explique « aux enfants » : « Tu comprendras ce que je veux dire par la distribution caricaturale de quelques noms sur l'échiquier de l'histoire avant-gardiste : du côté mélancolie, les expressionnistes allemands ; du

103. Chant d'amour,
1914
Giorgio De Chirico

*« Du côté mélancolie, De Chirico,
du côté novatio, Duchamp. »*
J.-F. Lyotard

104. Porte-bouteilles,
1914
Marcel Duchamp

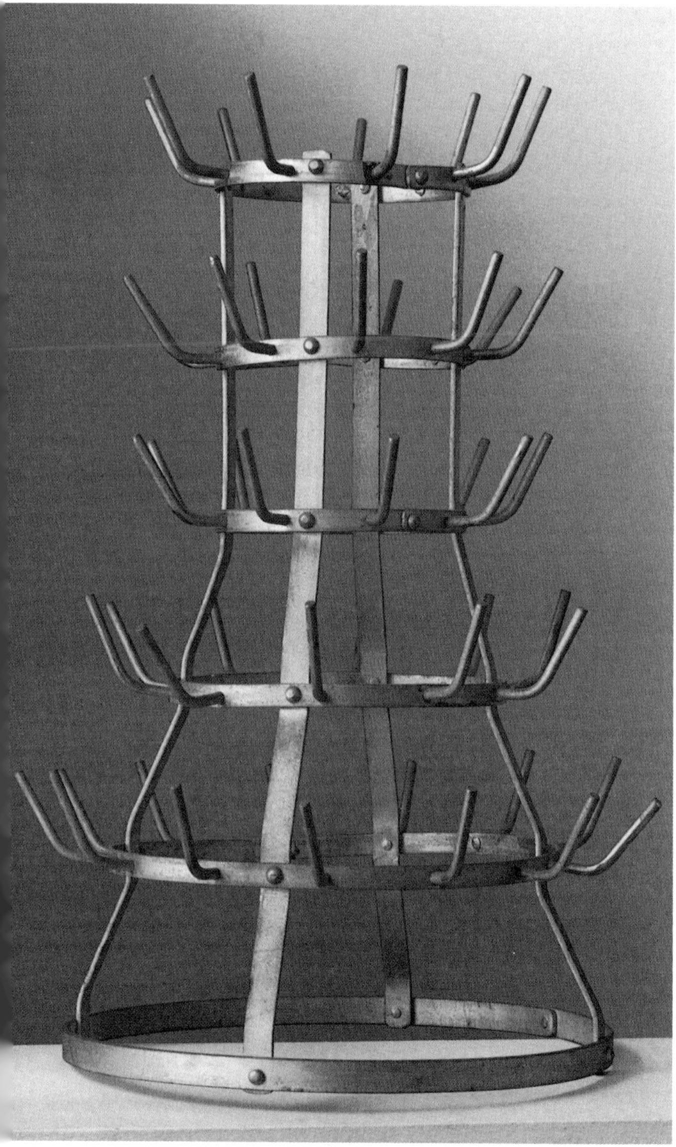

côté novatio, Braque et Picasso. Du premier côté Malevitch, et du second Lissitzky ; de l'un De Chirico ; de l'autre Duchamp [207] » **[103 et 104]**. – Par où l'on voit que modernes et post-modernes sont également « antimodernes » en ce qu'ils s'opposent tous deux à l'héritage « cartésien », illuministe et rationaliste : ils indiquent chacun une façon de traduire le désir ou la nécessité de ne pas naïvement s'installer dans la représentation. A la limite, le post-moderne est plus « moderniste », plus « déconstructif » encore que ne l'est l'« art moderne ». Il en est la quintessence, ce pourquoi le « post- » n'a pas ici une signification chronologique : « Le post-moderne serait ce qui dans le moderne allègue l'imprésentable dans la présentation elle-même, ce qui se refuse à la consolation des bonnes formes [208]... » et assume ainsi résolument, « joyeusement » le souci de l'innovation dont les avant-gardes furent, dès l'origine, porteuses.

On commence sans doute à percevoir quelles ambiguïtés la notion de post-modernité est susceptible de nourrir :

– Sur un plan strictement terminologique, elle s'entendra en des sens antinomiques selon que le « moderne » auquel elle renvoie (car il faut bien qu'elle y renvoie pour en être le « post- ») désigne le rationalisme des Lumières ou ses déconstructions avant-gardistes.

– Plus au fond, peut-être, une autre difficulté, étrangement ignorée par Lyotard, provient du fait que les Lumières et leur critique radicale dans l'avant-garde philosophique ou esthétique sont loin de s'opposer de façon symétrique. L'émergence du non-figuratif et de l'atonalité constitue sans nul doute une rupture dans l'histoire de l'art qu'on peut bien désigner si l'on veut comme « post-moderne ». Une lecture continuiste de cette histoire est certes intenable. Il n'en reste pas moins qu'à bien des égards, nous l'avons vu, les avant-gardes perpétuent aussi le projet révolutionnaire de l'innovation (de la table rase), qu'elles s'alimentent volontiers à des théories scientifiques ou philosophiques et qu'à ce titre elles s'inscrivent encore de plain-pied dans la modernité illuministe et rationaliste avec laquelle elles prétendent rompre par ailleurs.

Il fallait avoir présente à l'esprit cette équivocité fondamentale pour comprendre la seconde signification du post-moderne, la seule, à vrai dire, qui ait dépassé le petit cercle des professionnels de la philosophie pour devenir une « unité culturelle de communication ».

2. Le post-moderne comme « revivalisme » : le « retour » à la tradition contre le modernisme.

La tyrannie de l'innovation a fait long feu et, dès le milieu des années soixante-dix, on assiste, en particulier dans le domaine de l'architecture, à un vaste mouvement de réaction contre l'ultramodernisme des années cinquante, lui-même héritier du modernisme des années vingt. Il s'agit, selon le titre d'un pamphlet de Tom Wolfe, de revenir *From Bauhaus to your House*. L'humour prend volontiers le pas sur le messianisme des avant-gardes, dont on sait en quels termes Jencks rédige le faire-part : « L'architecture moderne est morte à Saint Louis, Missouri, le 15 juillet 1972 à quinze heures trente-deux (ou à peu près), quand l'ensemble tant décrié de Pruitt-Igoe, ou plus exactement certains de ses blocs reçurent le coup de grâce final à la dynamite… Boum, Boum Boum [209]. » Est-il besoin de préciser que « Pruitt-Igoe », construit dans le style HLM-Bauhaus et primé en 1951 par le Congrès international d'architecture moderne, en constituait l'un des plus imposants symboles, « avec le mur de Berlin et la tour d'habitation de Ronan Point en Angleterre, qui s'est effondrée en 1968 [210] » ?

Au second sens du terme, le post-moderne désignerait ainsi le résultat de la contradiction dialectique qui affecte en son principe la volonté sans cesse réactivée de produire l'inédit pour l'inédit. Face au nouvel académisme engen-

105. L'Ex-voto,
1995-1996
Henri Cueco

106. L'Adam aux trois lumières,
1995-1996
Gérard Garouste

La peinture contemporaine retrouve les plaisirs du figuratif.

dré par une telle contrainte, les architectes auraient, selon Jencks, « recommencé à utiliser toute la gamme du répertoire pour essayer de communiquer avec le public : métaphore, ornement, polychromie, convention », mais aussi droit de renouer avec des traditions esthétiques éloignées du créateur, que cette distance se mesure en termes d'espace culturel ou de temporalité (retour du passé, par exemple de la Grèce antique, des villages du Moyen Age comme dans le « revivalisme », ou, au contraire, présence du moderne au sein d'un vieux quartier, comme à Beaubourg).

Ainsi entendue, la post-modernité s'est, il est vrai, rapidement étendue à tous les autres domaines de l'art : à bien des égards, la peinture contemporaine retrouve les plaisirs du figuratif **[105** et **106]** , et la musique savante, si elle reste le plus souvent atonale, a rompu de façon explicite avec l'impérialisme sériel des années cinquante. C'est donc en un sens tout opposé au premier qu'il faut parler ici de la post-modernité d'une œuvre. Mais il faut aller plus loin : ce ne sont pas seulement des créations esthétiques isolées qui, à côté d'autres, classiques ou modernes, mériteraient d'être nommées post-modernes, mais bien l'époque tout entière. Car le trait le plus caractéristique de la culture dans laquelle nous baignons aujourd'hui est sans doute l'éclectisme : tout peut, en principe, y coexister, ou si l'on préfère cette autre formulation, dont l'esprit de tolérance est encore plus conforme à l'air du temps : rien n'y est a priori frappé d'illégitimité. Tous les styles, toutes les époques bénéficient du « droit à la différence » – y compris, comme dans la transavant-garde italienne, les productions avant-gardistes elles-mêmes. Rien n'est exclu, pas plus la collaboration de Pierre Boulez et de Frank Zappa que la cohabitation du *jean* et du *smoking*. Agrippine, l'héroïne de Bretecher, peut préparer son bac en feuilletant un album intitulé *Heidegger au Congo*.

3. La post-modernité comme dépassement du modernisme.

Si la deuxième signification de la post-modernité apparaît comme une suite paradoxale, mais logique, de la première – l'autodestruction dialectique de l'avant-gardisme engendrant sa « négation déterminée » –, il est permis d'envisager un dépassement du modernisme qui ne prenne pas la forme d'une dialectique hégélienne. C'est au fond ce à quoi invitent depuis quelques années les entreprises philosophiques qui, en Allemagne comme en France, tentent d'élaborer à nouveaux frais, après les déconstructions avant-gardistes de la rationalité et de la subjectivité, une pensée nouvelle, plus différenciée et plus nuancée, de la raison et du sujet. En ce sens, j'ai l'impression de pouvoir souscrire au projet post-moderne tel que le décrit aujourd'hui Albrecht Wellmer, un proche de Habermas : « Contre le rationalisme dans son ensemble, nous devons objecter que nous n'avons à attendre ni légitimations dernières ni solutions dernières. Mais cela ne signifie ni qu'il faille donner congé à l'universalisme démocratique, ni qu'il faille renoncer au projet marxien d'une société autonome, ni renoncer à la raison. Cela signifie plutôt que l'universalisme des Lumières, et les idées d'autodétermination individuelle et collective, et la raison et l'histoire doivent être repensés. Dans la tentative de faire cela, je verrais une authentique impulsion "post-moderne" vers un autodépassement de la raison[211]. » C'est, me semble-t-il, dans une optique analogue, que la présente contribution à l'histoire de la subjectivité moderne a été conçue comme pendant positif nécessaire (on ne saurait se contenter indéfiniment du « ni-ni ») à la critique de l'avant-gardisme philosophique des années soixante telle qu'elle avait été menée dans la *Pensée 68*.

Dans ce qui suit, je laisserai de côté la première et la troisième signification de la post-modernité pour me concentrer sur la deuxième qui seule occupe en réalité une place visible dans la culture contemporaine – à proportion de l'importance du phénomène social auquel elle renvoie : il est clair que l'éclectisme décrit par Jencks soulève des questions décisives dans la perspective d'une histoire de l'esthétique entendue comme histoire de la culture moderne, « subjective » ou individualiste. Il nous contraint, en particulier, à aborder le redoutable problème non tant du déclin lui-même que de la signification que revêt aujourd'hui ce thème. On voit mal, en effet, comment notre conscience historique, qui n'a cessé durant les deux derniers siècles de croître au point d'irradier, sous les espèces de l'historicisme, tous les aspects de la culture contemporaine, s'accommoderait de l'idée selon laquelle on pourrait désormais faire l'économie du nouveau. Il est douteux, dans ces conditions, que nous puissions renoncer de façon explicite à l'innovation sans que la menace de la « décadence », réelle ou supposée, ne s'exprime de telle sorte qu'elle en vienne à délégitimer la *Stimmung* postmoderne, dès lors suspecte d'être, au mieux vide de sens et d'énergie créatrice, au pire réactionnaire. Après la fin des utopies et des grands récits, assisterions-nous à celle des grandes œuvres ? Telle est l'interrogation à laquelle nous ne pouvons aujourd'hui, qu'on le veuille ou non, nous dérober.

Le thème n'est pas nouveau : il est vieux comme la modernité. De façon périodique, il resurgit selon une logique inhérente au fonctionnement même d'un univers démocratique qui ne cesse de sécréter ses propres antidotes. Ce qui change aujourd'hui, c'est que l'idée d'un déclin du monde libéral est toujours plus fortement revendiquée par des auteurs que tout oppose par ailleurs aux idées traditionnelles de la droite contre-révolutionnaire. C'est l'une de ces critiques « de gauche » du libéralisme, celle que Castoriadis a développée dans ses textes consacrés à l'esthétique et à l'état de la culture contemporaine, que je voudrais évoquer pour mieux cerner les attendus du diagnostic selon lequel nous assisterions en cette fin de XXe siècle à l'épuisement de la culture occidentale.

Fin de l'innovation : déclin de l'Occident ?

La position de Castoriadis mérite, je crois, de retenir ici l'intérêt : parmi les contempteurs du monde moderne, il est sans doute l'un des plus radicaux ; pour autant, son attachement aux valeurs qu'il nomme démocratiques ne fait aucun doute, de même que son rejet du pathos idéologique qui pèse sur l'œuvre d'un Spengler ou, fût-ce à un autre niveau, de Heidegger.

Que ses ouvrages témoignent d'une certaine véhémence contre la « platitude », l'« ineptie », la « futilité », la « malhonnêteté intellectuelle », etc., qui caractérisent l'époque contemporaine, c'est ce dont on peut se convaincre dès la lecture des premières pages de la préface des *Carrefours du labyrinthe II*. Voici comment Castoriadis la décrit : « Epoque comique – excrémentielle ? non, les excréments fument la terre, les produits de l'époque la polluent et la stérilisent, de prostitution ? non, pourquoi injurier ces femmes, époque qui désarme l'épithète… » Dans le domaine de l'art, toute création digne de ce nom aurait disparu selon Castoriadis aux alentours de 1930, « soit de ce qui s'est fait il y a plus d'un demi-siècle » avec Schönberg, Webern et Berg, Kandinsky, Mondrian et Picasso, Proust, Kafka et Joyce, Reinhardt, Meyerhold ou Piscator. Depuis lors, « on prétend faire des révolutions, en copiant et en pastichant mal – moyennant aussi l'ignorance d'un public hypercivilisé et néo-analphabète – les derniers grands moments de la culture occidentale ». Bref, la conclusion s'impose : « La culture contemporaine est, en première approximation, nulle[212]. »

Voilà au moins qui a le mérite d'être dit, et même écrit, sans vain détour. Pour faire bonne mesure, Castoriadis nous invite à pratiquer deux expériences mentales, au terme desquelles cette nullité ne saurait plus faire le moindre doute :

La première consisterait à poser « entre quatre yeux, aux plus célèbres, aux plus célébrés des créateurs contemporains cette question : vous considérez-vous, sincèrement, sur la même ligne de crête que Bach, Mozart ou Wagner, que Jan Van Eyck, Vélasquez, Rembrandt ou Picasso, que Brunelleschi, Michel-Ange ou Frank Lloyd Wright, que Shakespeare, Rimbaud, Kafka ou Rilke ? » Pour combien de contemporains une réponse positive ne ferait-elle pas sourire [213] ?

Seconde expérience : alors que les restes de l'Acropole, détruit par les Perses, servirent tout bonnement à égaliser le sol pour élever les fondations du Parthénon et des nouveaux temples, « si Notre-Dame était détruite par un bombardement », imagine-t-on un « instant les Français faisant autre chose que ramasser pieusement les débris, essayer une restauration ou laisser les ruines en l'état [214] » ?

Vraie question, en effet, qui en recouvre une autre : celle du statut de la culture dans une société démocratique (j'entends le terme, ici, en son sens tocquevillien et non au sens « autogestionnaire » que lui donne Castoriadis). Est-ce par une illusion d'optique, par manque de « recul historique » que nous hésitons à placer les œuvres contemporaines au même niveau que celles des siècles précédents ? Le phénomène est d'autant plus étrange qu'il n'est pas nécessairement lié à ce plaisir purement subjectif qu'on nomme le « goût » (il en va de la musique « pop » comme du jeu de mots chez Freud : l'honnête homme doit finalement y renoncer, fût-ce à regret). Ou bien y a-t-il, effectivement, un authentique malaise dans la culture, une déperdition du pouvoir créateur des individus au sein de l'univers libéral et, dans ces conditions, comment l'interpréter ?

La réponse de Castoriadis, on l'a déjà compris, consiste à choisir résolument le second terme de cette alternative. Dans cette « société bureaucratique » qui se survit à elle-même jusque dans les années trente pour devenir ensuite ostensiblement absurde, c'est le statut du rapport aux valeurs qui doit être mis en cause. Démasquées comme elles le sont enfin aujourd'hui, les « valeurs » libérales (les guillemets s'imposent, on verra pourquoi) sont, dans le meilleur des cas, inexistantes : l'activité des individus y est pour l'essentiel orientée « vers la maximisation antagonique de la consommation, du pouvoir, du statut et du prestige (seuls objets d'investissements socialement pertinents aujourd'hui) ». D'un côté, ils sont livrés (et, sur ce point au moins, l'analyse de Castoriadis suit celle de Heidegger) à un fonctionnement social qui est lui-même « asservi à la signification imaginaire de l'expansion illimitée de la maîtrise "rationnelle" (technique, science, production, organisation comme fins en soi) ». D'un autre côté, pour satisfaire aux exigences qui leur sont imposées dans ce « monde de la technique », ils doivent se replier sans cesse davantage sur l'étroitesse d'une sphère privée dont c'est peu dire qu'elle est désenchantée : car cette pseudo-maîtrise technicienne « à la fois vaine, vide et intrinsèquement contradictoire », les « humains ne sont astreints à la servir que moyennant la mise en œuvre, la cultivation et l'utilisation socialement efficace de mobiles essentiellement "égoïstes", dans un mode de socialisation où coopération et communauté ne sont considérées et n'existent que sous le point de vue instrumental et utilitaire[215] ».

Il est donc clair que les prétendues « valeurs libérales » conduisent en réalité à l'effondrement de toute valeur et que la société capitaliste est par excellence celle « qui ne croit en rien, qui ne valorise vraiment et inconditionnellement rien », puisque la maîtrise du monde ne renvoie à rien d'autre qu'elle-même (elle est « volonté de volonté », disait Heidegger). Dans ces conditions, comment pourrait-il y avoir une création réellement novatrice ? En effet, l'œuvre – entendons : la grande œuvre – « entretient avec les valeurs de la société cette relation étrange qu'elle les révoque en doute et les met en question ». En termes plus triviaux : elle est subversive, « son intensité et sa grandeur sont indissociables d'un ébranlement, d'une vacillation qui ne peuvent être que si, et seulement si ce sens est bien établi, si les valeurs sont fortement établies et sont vécues de même[216] ». Or c'est cette solidité que l'univers libéral ne cesse de ruiner au point de faire place à un relativisme cynique dont tout indique, selon Castoriadis, qu'il façonne la mentalité de ce qui s'autoprésente aujourd'hui comme l'élite culturelle. La mise en scène de l'absurdité et du tragique de l'existence dans *Hamlet* ou *Œdipe roi* pouvait et devait légitimement ébranler, voire élever leur public ; comment cette même absurdité, si chère pourtant au théâtre contemporain, pourrait-elle encore secouer quoi que ce fût dès lors qu'il « n'y a aucun pôle de non-absurdité par rapport auquel elle pourrait, en s'opposant, se révéler fortement comme absurdité [217] » ?

Dans ces conditions les formes caractéristiques du grand art – qu'il soit ou non populaire – disparaissent : c'est d'abord la relation essentielle de l'œuvre et du public qui s'estompe, en même temps qu'émerge, vers la fin du XIXe siècle, la distinction entre la vie de philistin et la vie d'artiste, avec son corrélat inévitable : le public d'« avant-garde ». Ce sont ensuite les genres qui s'épuisent de façon si manifeste qu'on peut légitimement se demander « si la forme roman, la forme tableau, la forme pièce de théâtre ne se survivent pas à elles-mêmes ». C'est enfin l'œuvre, entendue comme « objet durable, destiné par principe à une existence temporellement indéfinie, individualisable, assignée au moins en droit à un auteur, à un milieu, à une datation précis » qui disparaît à son tour au profit de « produits » qui partagent avec les autres produits de l'époque d'être destinés à ne pas durer, à n'avoir plus d'auteur défini et à n'être plus « singularisables » (qu'on songe, par exemple, à la musique « aléatoire »).

Malgré l'apparence – le point doit être souligné –, Castoriadis n'entend nullement reprendre le trop fameux thème du « déclin de l'Occident ». Non que ce slogan, dont on sait comment il a marqué, de Spengler à Heidegger, les déconstructions « antimodernes » du libéralisme, soit faux sur son versant critique ; mais il tend, selon Castoriadis, à « masquer les potentialités d'un monde nouveau que la décomposition de "l'Occident" pose et libère ». En d'autres termes : l'effondrement de la culture libérale n'est pas le dernier mot d'une histoire qui n'aurait plus d'autre choix que de renouer avec une origine perdue dans le monde de la Tradition. Il annonce au contraire le possible renouveau d'une authentique culture démocratique : « Ce qui est en train de mourir aujourd'hui, en tout cas, ce qui est profondément mis en question, c'est la culture "occidentale" : culture capitaliste, culture de la société capitaliste. […] Ce qui est en train de naître, péniblement, fragmentairement et contradictoirement, depuis deux siècles et plus, c'est le projet d'une nouvelle société, le projet d'autonomie sociale et individuelle [218]. »

On peut se demander si cet encourageant pronostic ne relève pas davantage du *wishfull thinking* que d'un véritable constat. Au demeurant, Castoriadis est le premier à rappeler que nul ne saurait prédire l'avenir et déterminer a priori « ce que seront les valeurs d'une nouvelle société ou les créer à sa place » : il s'agit plutôt de parier sur le fait qu'une société autonome dans laquelle des individus autonomes (l'un ne va pas sans l'autre) établiraient en commun leurs propres modes de vie ouvrirait un espace possible au réinvestissement de valeurs collectives, donc au renouveau de la puissance créatrice des individus.

Pourquoi pas, en effet ? On peut – et on doit – toujours accorder par principe le bénéfice du doute. Et pourtant, si l'on veut, comme nous y invite Castoriadis, « regarder "avec des sens sobres" ce qui est et pourchasser les illusions », il faut bien admettre qu'à partir des prémisses mêmes de l'analyse qu'on vient brièvement de retracer, une autre hypothèse, qu'on qualifiera, pour aller vite, de « pessimiste », semble s'imposer avec plus d'évidence : si la crise de la culture contemporaine tient pour l'essentiel au fait que, dans une société libérale, le socle des valeurs s'effrite au point que toute contestation (et l'œuvre est par excellence contestation) devient impossible faute de repoussoir, comment ne pas en conclure que c'est bien plutôt, s'il était possible, un retour de la Tradition qui pourrait nous sauver – et non une démocratisation du monde dont on voit mal comment elle n'accentuerait pas le mouvement d'érosion déjà si bien amorcé par le capitalisme ? Enjeu crucial si l'on ajoute que c'est aussi sur ce point que l'analyse de Castoriadis se sépare des théories néotraditionalistes du « déclin de l'Occident ».

Tout le problème, en effet, revient à savoir si, du point de vue de la Tradition, libéralisme et démocratie ne sont pas, au fond, « la même chose » : la même revendication d'autonomie qu'à dire vrai la démocratie ne ferait qu'exacerber, rendant plus problématique encore l'idée d'un « socle ferme des valeurs ». Instituées directement par les hommes, ces dernières seraient peut-être (en admettant que ce projet ait un sens) subjectivement plus « fortes » ; reste que, objectivement, elles deviendraient par définition (puisque soumises à la volonté) plus fluctuantes encore et moins assurées que dans un régime représentatif. Car l'érosion des traditions et des valeurs communes ne vient peut-être pas, comme le croit Castoriadis, d'une désaffection du politique liée au libéralisme, mais d'une revendication d'autonomie dont on voit mal comment elle pourrait être le remède à une crise de la culture qu'elle aurait si puissamment contribué à engendrer. Dans une telle optique (qu'on pourrait aussi bien argumenter à partir de Marx que de Tocqueville), ce qui caractériserait la culture contemporaine serait moins sa « nullité » que, précisément parce qu'elle tend à l'autonomie, son absence de référence à un monde transcendant les individus, sa *Weltlosigkeit*.

La fin du « grandiose » et le sentiment du déclin

Pour le pire comme pour le meilleur, notre univers laïc tend donc à récuser toute référence à ce qui est extérieur aux hommes **[107-109]**. Son idéal suprême tient en un mot : l'autonomie. N'est-il pas normal, dans ces condi-

107. Bronze peint,
1960
Jasper Johns

Récuser toute référence à ce qui est extérieur aux hommes.

tions, que l'art lui-même se soit rendu à l'impératif d'être « à l'échelle humaine », de part en part créé par et pour des hommes ?

Tout irait pour le mieux dans le meilleur des mondes si cette aspiration humaniste ne s'était inéluctablement traduite par une interrogation de plus en plus pressante : existe-t-il, peut-il même exister une « grandeur moderne », une beauté moderne ? N'est-ce pas là une contradiction en soi ? La grandeur n'est-elle pas liée de manière indissociable à la représentation d'un univers transcendant, extérieur aux individus, et pour cette raison même *imposant* ? Comment ce qui n'est qu'immanence à l'humanité pourrait-il encore posséder ce caractère sacré en l'absence

108. Erotique voilée,
1933
Man Ray

109. Site avec 5 personnages,
1981
Jean Dubuffet

110. Sans titre,
1989
Jannis Kounellis

duquel tout n'est que divertissement et vanité – à tout le moins, familière proximité ? Voilà la vraie question, il me semble, que Castoriadis ne fait qu'approcher sans oser la poser jusqu'au bout : la critique qu'il fait du libéralisme.

Encore étudiant en théologie, le jeune Hegel se demandait quelle pourrait être « la religion d'un peuple libre ». Il entendait par là réfléchir aux conditions dans lesquelles l'humanité pourrait enfin *se reconnaître* dans une culture commune, débarrassée de tout dogmatisme, de cette extériorité opaque que condensent les « arguments d'autorité ». Il fallait selon lui émanciper la religion chrétienne de sa « positivité », de tout ce qui, en elle, restait encore rebelle à l'esprit humain. Mais c'était là, du point de vue de la tradition, supprimer la religion elle-même, la contraindre à se couler dans les limites de la simple raison. Et si l'art est lui aussi sacré, « présentation sensible du divin » ou de ses symboles, comment ne pas admettre, comme le fit Hegel, qu'avec la religion, il entrait dans la sinistre catégorie des formes dépassées de la culture ?

Vivons-nous donc la fin du grandiose ? On pourrait être tenté de le croire et c'est là, sans doute, ce qui anime le sentiment du déclin, si présent dans les polémiques sur l'art contemporain. Au demeurant, il excède de loin la seule sphère de l'esthétique et Castoriadis n'a pas tout à fait tort : quel philosophe de ma génération, voire de la sienne, oserait, sans prêter à sourire, se comparer à Platon et Aristote, ou même, plus près de nous pourtant, à Spinoza, Kant ou Hegel ? Quel compositeur prétendrait être le Bach, le Mozart ou le Beethoven d'aujourd'hui ? Quel politique, sans même remonter plus avant dans l'histoire, se comparerait à Clemenceau, de Gaulle ou Churchill ? Et pourquoi ces simples exemples, qu'on pourrait aisément multiplier et adapter selon les goûts de chacun, sont-ils si saisissants pour tout homme de bonne foi ? Manque de recul historique ? Effondrement intellectuel de l'humanité ? Je n'en crois rien. Au reste, il suffirait de se tourner du côté des scientifiques pour que la situation nous apparaisse fort différente. Mais la science n'est-elle pas de l'ordre de la raison ? D'évidence, c'est la culture classique, celle des humanités, qui a changé de statut, au moment même où elle se détachait de la religion.

Il faut, avec insistance, revenir à cette question : si la source de toute œuvre est humaine, donc, du point de vue traditionnel et sans vouloir faire une formule facile, trop humaine, la culture laïque n'est-elle pas elle aussi vouée à se situer à échelle d'homme ? Dans l'éclipse de la transcendance verticale du sacré, n'est-ce pas, au sens propre et sans que cela soit à entendre aussitôt comme un jugement de valeur, la *banalité* qui menace ? Comment l'être humain pourra-t-il tirer de lui-même, sans référence à un dehors radical et plus imposant que lui, le matériau d'une grandeur moderne ? Voilà, je crois, la question de cette fin de siècle. Les « grands hommes », qu'ils fussent des politiques, des philosophes ou des artistes, étaient censés incarner des entités sublimes : Divinité, Patrie, Raison, Révolution. Mais si je ne représente plus que moi-même, si je suis, selon le mot de Sartre, un être qui vaut tous les autres et que tous les autres valent, comment pourrais-je prétendre instaurer ce « grand style » ou cette « grande politique » que Nietzsche appelait encore de ses vœux ? Si l'on se refuse à céder aux nostalgies des temps immémoriaux où la transcendance du divin, pour illusoire qu'elle puisse paraître, pouvait imprimer dans la plus humble œuvre humaine la trace du sacré, vers quel horizon sublime faut-il lever les yeux ?

La considération des domaines de la vie humaine qui échappent aux aléas du goût et de la sensibilité pourrait, je crois, nous mettre sur la voie. Ainsi en va-t-il du sport, spectacle démocratique s'il en fût, qui ne laisse pas de fasciner par la capacité qu'il offre de reconstituer des splendeurs aristocratiques au sein d'un monde qui en est par essence dépourvu. L'exemple semblera hors de propos, pour ne pas dire trivial, s'agissant d'une analogie avec la haute culture. Qu'on songe pourtant à ceci : la compétition sportive repose par excellence sur les principes de l'égalitarisme si chers à l'humanisme moderne. Les règles y sont pour tous les mêmes, les équipements dont on se sert aussi, au point que la « triche », qui introduit des inégalités, y symbolise le crime inacceptable entre tous. Cependant, des hiérarchies s'y reconstituent sur une base purement humaine et même, il faut l'avouer, une certaine grandeur. Des têtes dépassent, aussi inattendues qu'inexplicables, et c'est par quoi elles suscitent l'admiration. Transcendances partielles, certes, mais qui donnent une image – il ne s'agit que de cela – de l'insondable grandeur humaine. Pourquoi ne la retrouverions-nous pas aussi dans la culture et dans la politique ?

Et c'est où je voulais en venir : l'avenir de l'art contemporain ne réside plus, cela au moins est certain, dans la répétition vide et morne du geste de la rupture avec la tradition en tant que telle, mais peut-être dans la recherche d'une expression des nouveaux visages du sacré à visage humain, de cette « transcendance dans l'immanence » qui seule désormais convient à un monde démocratique.

Notes

Chapitre liminaire

1. K. Borinski, *Balthasar Gracian und die Hofliteratur in Deutschland*, Berlin, 1894.

PREMIÈRE PARTIE

Chapitre premier

1. L'histoire de la propagation du concept du goût en Europe est esquissée dans l'esthétique de Croce et reprise dans le livre d'A. Bäumler, *Das Irrationalitätsproblem in der Ästhetik und Logik des 18. Jahrhunderts bis zur Kritik der Urteilskraft*, Halle, 1923.

2. Jean-Philippe Rameau, *Splendeur et naufrage de l'esthétique du plaisir à l'âge classique*, Minerve, Paris, 1983.

3. Voir sur ce point la belle introduction de Robert Legros au journal de voyage du jeune Hegel dans les Alpes, éditions Jérôme Million, 1988. J'en reprends ici l'une des thèses fondamentales. Robert Legros a parfaitement décrit la naissance de cette nouvelle sensibilité, en rupture avec le classicisme français : « Cette nature est celle des origines. Elle est "originelle" en ce sens qu'elle n'est pas encore domptée, organisée, disciplinée, soumise. Elle n'est que pureté, innocence, éclosion, élan, fraîcheur, spontanéité… Or, de cette nature "originelle", à la fois vierge et foisonnante, la montagne nous offre

l'image. L'effervescence des fleurs et le débordement des ruisseaux, le jeu des cascades et les herbes folles, la pureté de l'air et la fraîcheur des forêts, voilà la vraie nature, celle qui n'est pas encore dénaturée… Elle ne se manifeste pas seulement dans le paysage alpestre, mais aussi dans les mœurs des montagnards. Vivant en harmonie avec la nature originelle, les habitants des Alpes sont eux-mêmes imprégnés d'un esprit "naturel", entendons : ils ne sont pas corrompus par la civilisation, déformés par l'artificiel… A travers l'idéal d'une nature originellement pure et généreuse prend forme le mythe d'un âge d'or au sein des montagnes », *op. cit.*, p. 20.

4. Cf. E. Cassirer, *La Philosophie des Lumières*, dernier chapitre. Malgré certaines erreurs historiques gênantes, la thèse générale de Cassirer sur les différences entre un XVIIe siècle cartésien, rationaliste, déductiviste et un XVIIIe siècle newtonien qui découvre l'observation reste globalement juste.

5. Par Cassirer et par Bäumer bien sûr, mais aussi, excellemment, avant eux, par K. Heinrich von Stein, in *Die Entstehung der neueren Ästhetik*, Stuttgart, 1886.

6. D. Bouhours, *op. cit.*, p. 2.

7. *Ibid.*

8. *Ibid.*, p. 4.

9. Spinoza a bien exprimé le mépris cartésien pour l'imagination : « Les idées forgées, fausses […] ont leur origine dans l'imagination, c'est-à-dire dans certaines sensations fortuites. […] Que si l'on préfère, on entende ici par imagination tout ce que l'on voudra pourvu que ce soit quelque chose de distinct de l'entendement », in *Traité de la réforme et de l'entendement*, p. 45.

10. C. Batteux, *Les Beaux-Arts réduits à un même principe*, 1746, p. 13.

11. *Ibid.*, p. 24.

12. Batteux donne en exemple *Le Misanthrope* : « Quand Molière voulut peindre la misanthropie, il ne chercha point dans Paris un original dont la pièce fut la copie exacte : il n'eût fait qu'une histoire, un portrait : il n'eût instruit qu'à demi. Mais il recueillit tous les traits d'humeur noire qu'il pouvait avoir remarqués dans les hommes ; il y ajouta tout ce que l'effort de son génie put lui fournir dans le même genre ; et de tous ces traits *rapprochés* et *assortis*, il en figura un caractère *unique*, qui ne fut pas la représentation du vrai, mais du Vrai-semblable », *op. cit.*, p. 25.

13. N. Boileau, *Art poétique*, chant I.

14. N. Boileau, *Satire douzième*, sur l'équivoque.

15. Cf. *Art poétique*, chant I : « N'offrez rien au lecteur que ce qui peut lui plaire. »

16. Cf. aussi *ibid.* :
Quelque sujet qu'on traite, ou plaisant ou sublime,
Que toujours le bon sens s'accord avec la rime
L'un l'autre vainement ils semblent se haïr ;
La rime est une esclave et ne doit qu'obéir.
[...]
Aimez donc la raison : que toujours vos écrits
Empruntent d'elle seule et leur lustre et leur prix.

17. D. Bouhours, *op. cit.*, p. 432 (je cite d'après l'édition de 1743).

18. *Ibid.*, p. 194.

19. *Ibid.*, p. 195. Cf. aussi p. 435-436.

20. On notera au passage qu'avec la notion d'ingéniosité, c'est déjà l'idée de génialité qui se trouve évoquée.

21. *Ibid.*, p. 81.

22. *Ibid.*

23. *Ibid.*, p. 20 *sq.*

24. *Ibid.*, p. 225-226.

25. *Ibid.*

26. E. Cassirer, *La Philosophie des Lumières*, p. 293-294.

27. C. Batteux, *op. cit.*, p. 2.

28. *Ibid.*

29. *Ibid.*, p. 11.

30. Cf. *ibid.*, p. 89.

31. « Mais que pouvait faire ce génie borné dans sa fécondité et dans ses vues qu'il ne pouvait porter plus loin que la nature ? [...] Tous ses efforts durent nécessairement se réduire à faire un choix des plus belles parties de la nature pour en donner un tout exquis qui fût plus parfait que la nature elle-même, sans cependant cesser d'être naturel. Voilà le principe sur lequel a dû nécessairement se dresser le plan fondamental des arts et que les grands artistes ont suivi dans tous les siècles. »
Ibid., p. 13-14 : « Quelle est donc la fonction des arts ? C'est de transporter les traits qui sont dans la nature et de les présenter dans des objets à qui ils ne sont point naturels. C'est ainsi que le ciseau du statuaire montre un héros dans un bloc de marbre. Le peintre, par ses couleurs, fait sortir de la toile tous les objets visibles. Le musicien par ses sons artificiels fait gronder l'orage tandis que tout est calme, et le poète enfin, par son invention et dans l'harmonie de ses vers, remplit notre esprit d'image feintes et nos cœurs de sentiments factices, souvent plus charmants que s'ils étaient vrais et naturels. »

32. J.-B. Dubos, *Réflexions critiques sur la poésie et la peinture*, 1re partie, section 4.

33. *Ibid.*, p. 361 (tous ces textes sont cités d'après l'édition de 1770).

34. *Ibid.*, p. 367.

35. C. Batteux, *op. cit.*, p. 102.

36. J.-B. Dubos, *op. cit.*, p. 341.

37. *Ibid.*, p. 369.

38. Cf. A. Bäumler, *op. cit.*, p. 25-26.

39. *Ibid.*, p. 53 *sq.*, où ce point est correctement analysé.

Chapitre deuxième

40. E. Kant, *Critique de la faculté de juger*, trad. A. Philonenko, Vrin, p. 163.

41. *Ibid.*, p. 164.

42. *Ibid.*, p. 163.

43. *Ibid.*

44. *Ibid.*, p. 165.

45. Cf. A. Philonenko : « L'empirisme nie par le fait (car autrement on pourrait disputer à ce sujet) la possibilité de la communication. L'homme réel ne peut pas communiquer avec autrui. Les plus simples mots, ainsi : "J'aime cette chose", sont dénués de sens. On nous apprend que tout homme meurt seul. L'empirisme appuyé sur la vieille sentence de la métaphysique scolastique – *Individuum est inefabile* – nous apprend aussi que l'on vit seul. La liberté est niée par l'empirisme, les hommes ne sont que des monades », in *L'Œuvre de Kant*, II, 1972, p. 204.

46. E. Kant, *op. cit.*, p. 300.

47. *Ibid.*

48. Sur le lien entre l'idée de réflexion et la critique de la métaphysique qu'elle suppose, cf. L. Ferry, *Philosophie politique*, II, p. 113 *sq.*

49. Emmanuel Kant, *Critique de la faculté de juger*, Introduction, IV.

50. Je reprends ici une analyse déjà esquissée in *Philosophie politique*, II.

51. On pourrait, semble-t-il, faire remonter déjà une telle définition de l'objectivité à Leibniz. Ce serait oublier toutefois que la démonstration de l'existence de Dieu requiert un saut hors de la représentation, une croyance en l'en-soi.

52. Cf. C. Wolff, *Psychologia empirica*, § 257-258.

53. Cf. A. Bäumler, *op. cit.*, p. 203 *sq.*

54. E. Kant, *Critique de la faculté de juger*, § 40.

55. *Ibid.* Cf. aussi la *Réflexion*, n° 626.

56. *Réflexion*, n° 782.

Chapitre troisième

57. Deux précisions philologiques s'imposent. J'ai préféré, faute de mieux, traduire moi-même les citations de Hegel – simple traduction de travail qui vise tout au plus la fidélité sans rechercher l'élégance. Il faut ensuite rappeler que, pour l'essentiel, nous ne connaissons l'esthétique de Hegel qu'à travers les notes de cours rassemblées par ses élèves et publiées pour la première fois par l'un d'entre eux, H.G. Otho, en

1835, puis rééditées, dans une version légèrement améliorée, en 1842. C'est cette seconde édition, reprise de façon accessible en poche par Suhrkamp, que j'ai suivie ici. Sur la fiabilité des textes collationnés par Otho, on pourra utilement se reporter aux travaux d'Annemarie Gethmann-Siefert. Disons seulement que pour ce qui touche à la structure systématique de l'œuvre, le texte de Otho est largement corroboré par ceux que nous tenons directement de la main de Hegel. C'est dans le détail de tel ou tel jugement esthétique, notamment sur Goethe ou sur Schiller, qu'il pourrait, semble-t-il, y avoir discussion.

58. *Vorselungen über die Ästhetik*, Theorie Werkausgabe, Surhkamp Verlag, 1970, vol. I, p. 21.

DEUXIÈME PARTIE

Chapitre premier

59. G. Deleuze, *Nietzsche et la philosophie*, PUF, 1962.

60. Sauf exception, c'est à l'édition Schlechta que renvoient les références entre parenthèses. J'ai cru devoir retraduire toutes les citations et l'édition Schlechta a le mérite d'être aisée à utiliser. On peut facilement trouver les correspondances avec l'édition Kroener ainsi qu'avec celle de G. Colli et M. Montinari.

61. Jean Lacoste, *La Philosophie de l'art*, PUF, 1965.

Chapitre deuxième

62. Depuis la fin des années soixante-dix, les avant-gardes traversent une période sombre, pour ne pas dire une crise irréversible. Le diagnostic est d'autant plus difficile à récuser

qu'il émane le plus souvent des avant-gardes elles-mêmes. Certains, comme Philippe Albéra, le directeur de la revue *Contrechamps*, en conviennent avec lucidité : « Les idées de rupture radicale de lutte révolutionnaire, l'agressivité de l'artiste qui veut choquer le bourgeois et renverser l'ordre établi ont quasiment disparu » (*Contrechamps*, n° 3, « Avant-garde et tradition »). A peine voilé, le même constat s'affiche jusque dans un programme de l'IRCAM : « Précédée d'une période d'évolution radicale, la musique contemporaine des décennies 1970-1980 semble chercher sa voie » en des temps « où certaines des récentes tendances porteuses d'illusions s'épuisent déjà d'elles-mêmes » (IRCAM, Programme 1987, éditorial). Jean Clair, dont on oublie parfois qu'il dirigea l'une des plus importantes revues d'avant-garde et organisa des expositions qui devaient marquer le renouveau de Paris dans le champ de l'art contemporain, dressait dès 1983 un véritable acte de décès : « L'esthétique de la modernité, en tant qu'elle fut une esthétique de l'*innovatio*, semble avoir épuisé les possibilités de sa création. A l'intérieur d'elle-même, le développement dans les années dix, puis l'institutionnalisation accélérée dans les années cinquante qui a exaspéré et accéléré ses tendances […] lui apportent le coup de grâce. L'utopie du *novum* est forclose » (Jean Clair, *Considérations sur l'état des beaux-arts, critique de la modernité*, Gallimard, 1983, p. 115-116). Bref, l'idée même d'avant-garde a si mauvaise presse qu'un musicien contemporain comme Luciano Berio peut tranquillement déclarer : « Celui qui se dit d'avant-garde est un crétin. […] L'avant-garde c'est du vide » (*Libération*, novembre 1983).

63. Etrangement, le terme ne désigne que la musique dite « savante », comme si les autres formes de musiques (jazz, rock, variétés, etc.) n'étaient pas, elles aussi, contemporaines. C'est là un effet propre de l'élitisme des premières avant-gardes.

64. Comme le déclarait Maurice Fleuret : « Nous vivons pour la première fois dans l'histoire sans théorie dominante, sans référence, sans point de repère. Aucune personnalité majeure n'émerge de la jeune génération. La révolution esthétique

de ces dernières années n'est pas qualitative mais quantitative : l'histoire de la musique récente se réduit à un catalogue d'œuvres et de noms. J'ai multiplié par six les crédits à la création sans arriver à susciter l'efflorescence que j'espérais » (*Le Point*, 21 avril 1986). Texte à lire, bien sûr, comme un symptôme plus que comme une analyse, tant il est clair que la multiplication technocratique des crédits a peu à voir avec la création.

65. Les jeunes compositeurs ne s'y trompent d'ailleurs pas, comme en témoigne cette déclaration imagée qu'Alain Daniel – au demeurant auteur d'un remarquable quintet à cordes – confie à une journaliste venue l'interroger après une journée qui lui est consacrée à France-Culture : « Les gens qui cherchent sans cesse à expérimenter pour expérimenter sont chiants ! On essaie de montrer que tout ce qu'on va donner à entendre est expérimental, comme ça, c'est facile, si ça ne plaît pas, on peut toujours s'excuser en affirmant que l'expérience n'a pas abouti. [...] Aujourd'hui, les compositeurs s'escriment à vouloir faire du nouveau. [...] C'est l'idée qui plaît dans la musique contemporaine, en l'occurrence la réaction contre ce qui est fait et ce qui se fait, mais la musique elle-même ? Je ne crois pas qu'elle plaise » (*Restons simples*, n° 2, janvier 1986).

66. P. M. Menger, « L'élitisme musical », *Esprit*, mars 1985, p. 5 *sq*.

67. J.-C. Risset, « Le compositeur et ses machines », *Esprit*, mars 1985, p. 71.

68. *Ibid.*

69. O. Paz, *Point de convergence. Du romantisme à l'avant-garde*, Gallimard, 1974, p. 190.

70. Pour autant qu'il soit possible de dater l'émergence d'un concept avec une absolue précision. Cf. Donald D. Egbert, « The Idea of "avant-garde", in Art and Politics », *The American Historical Review*, déc. 1967, p. 343. Sur l'historique du

concept, les livres de Renato Poggioli, *The Theory of the Avant-Garde*, Harvard University Press, 1968 (original italien, Il Mulino, 1962) et de Peter Burger, *Théorie des avant-gardes*, Suhrkamp, 1974, n'apportent aucun élément remarquable.

71. C. H. de Saint-Simon, *Opinions littéraires, philosophiques et industrielles*, Paris, 1825, p. 331 (ce texte fut en fait rédigé par Olinde Rodrigues et cosigné par Saint-Simon et Léon Halévy).

72. « De nouvelles méditations m'ont prouvé que l'ordre dans lequel les choses devaient marcher était les artistes en tête, ensuite les savants, et les industriels seulement après ces deux premières classes » (*Lettres de H. de Saint-Simon à messieurs les jurés*, Paris, Coméard, 1820, A. VI, 422).

73. *Opinions littéraires…*, *op. cit.*, p. 137.

74. Comme le note Poggioli (*op. cit.*, p. 12-13), les avant-gardes ne prennent plus la forme de l'école, jugée trop « académique », mais celle, plus souple, du « mouvement ».

75. Sur cet étrange mouvement, plus amusant que réellement novateur, cf. l'*Encyclopédie des farces et attrapes et mystifications*, J.-J. Pauvert, Paris, 1964, ainsi que l'article de Daniel Grojnowski paru dans *Actes de la recherche en sciences sociales* auxquels j'emprunte quelques-unes des remarques qui suivent.

76. Wassily Kandinsky, *Du spirituel dans l'art et dans la peinture en particulier*, traduction Denoël, 1969, p. 43.

77. *Ibid.*, p. 53.

78. *Ibid.*, p. 58.

79. *Ibid.*, p. 46.

80. « Correspondance Kandinsky-Schönberg », *Contrechamps*, n° 2, avril 1984.

81. Lettre à Schönberg du 18 janvier 1911.

82. *Du spirituel dans l'art…*, *op. cit.*, p. 31.

83. *Ibid.*, p. 67.

84. *Ibid.*

85. Pour une analyse plus développée de ce concept, cf. L. Ferry et A. Renaut, 68-86, *Itinéraires de l'individu*, Gallimard, 1987.

86. D. Bell, *Les Contradictions culturelles du capitalisme*, PUF, 1979, p. 27.

87. Il va de soi que Bell prend largement, par ailleurs, ses distances avec le marxisme qui fut jadis le sien.

88. *Ibid.*, p. 26.

89. Rousseau, *Du contrat social*, livre II, chap. I.

90. Ce texte est commenté par D. Bell, *op. cit.*, p. 28, note 17.

91. *Ibid.*, p. 28.

92. Il va de soi que les prémices de l'individualisme et leur théorisation dans les doctrines du contrat social sont bien antérieures à la Révolution française.

93. *Ibid.*, p. 22.

94. *Ibid.*

95. *Ibid.*, p. 8.

96. *Ibid.*, p. 21, note 10 ; cf. aussi p. 46-47.

97. *Ibid.*, p. 72.

98. « La transformation culturelle de la société américaine est due singulièrement à l'apparition de la consommation de masse et à la diffusion de ce qui, jadis, était considéré comme objet de luxe par les classes moyennes et par le peuple. » (Ce texte est commenté par D. Bell, *op. cit.*, p. 75.)

99. *Ibid.*, p. 79.

100. *Ibid.*, p. 83.

101. *Ibid.*, p. 142.

102. *Ibid.*, p. 81.

103. Cf. Luc Ferry et A. Renaut, *La Pensée 68, essai sur l'anti-humanisme contemporain*, Gallimard, 1985.

104. Cf. G. Lipovetsky, *L'Ere du vide*, Gallimard, 1983, qui introduit une perspective tocquevillienne dans l'analyse du modernisme.

105. *Le Débat*, n° 21, 1982, p. 48.

106. Il va de soi que ces quelques réserves n'ôtent rien, par ailleurs, à l'intérêt et à la pertinence des analyses de Lipovetsky.

107. Cf. P. Francastel, *Etudes de sociologie de l'art*, Denoël, 1970, p. 156, 178, 183, etc.

108. K. S. Malevitch, *Ecrits*, éditions Gérard Lebovici, 1986, p. 185-186.

109. Cf. G. Apollinaire, *Les Peintres cubistes*, Hermann, 1965, p. 25 *sq*.

110. J. Metzinger (avec A. Gleizes), *Du cubisme*, éditions Présence, 1980 (postface de 1946), p. 79.

111. Cf. l'excellent livre de J. Lacoste, *L'Idée du beau*, Bordas, 1986, p. 146 *sq*.

112. P. Francastel, *op. cit.*, p. 55.

113. G. Severini, *La Peinture d'avant-garde*, Mercure de France, 1917, I, VI.

114. A. Gleizes, *Art et science*, éd. Présence, 1970, p. 55.

115. P. Francastel, *op. cit.*, p. 247.

116. *Ibid.*, p. 250.

117. A l'exception notable de Jean Clair et Linda Dalrymple-Henderson sur les travaux desquels je reviendrai dans ce qui suit.

118. Nous verrons que cette expression recouvre en réalité des thèses mathématiques très diverses.

119. Cf. parmi d'autres, J. Paulhan : « L'espace euclidien est une étendue qui pourrait être entièrement remplie par des cubes égaux, juxtaposés, sans qu'il y en ait un dernier dans aucune file. [...] Mais on sait fort bien que la notion de l'espace euclidien est elle-même fort maltraitée de nos jours par les mathématiciens » (Jean Paulhan, *Sur le cubisme*, Denoël, 1970, p. 103). Dans la suite du texte, le « on sait fort bien » n'apparaît guère que comme une élégante dénégation...

120. G. Apollinaire, *op. cit.*

121. Pour ainsi dire contraints de reprendre un terme péjoratif mais déjà consacré par l'usage, Gleizes et Metzinger rédigent avec le même souci les premières pages de leur ouvrage théorique majeur, *Du cubisme*, paru en 1912 : « Le mot cubisme n'est ici qu'afin d'épargner au lecteur toute hésitation quant à l'objet de cette étude et nous nous empressons de déclarer que l'idée qu'il suscite, celle de volume, ne saurait à elle seule définir un mouvement qui tend vers la réalisation intégrale de la peinture. »

122. Dans son *Traité élémentaire de géométrie à quatre dimensions* (1903), dont on sait qu'Apollinaire avait eu connaissance, le mathématicien E. Jouffret distinguait soigneusement « l'espace », caractérisé par un nombre n de dimensions (trois chez Euclide), de « l'étendue » qui, avec la géométrie à quatre dimensions, s'ouvre à l'infinité des dimensions : « Nous appellerons étendue l'ensemble que forment ces espaces en nombre infini et qui est leur contenant comme chacun d'eux est le contenant d'une infinité de plans, chacun de ceux-ci le contenant d'une infinité de droites, chacune de celles-ci le contenant d'une infinité de points. Rien n'empêche de considérer l'étendue comme étant englobée à son tour dans un champ à cinq dimensions, et ainsi de suite indéfiniment » (E. Jouffret, *op.cit.*, p. IX).

123. J. Metzinger et A. Gleizes, *op. cit.*, p. 49.

124. *Ibid.*

125. Grâce aux remarquables travaux de Linda Dalrymple-Henderson aux Etats-Unis et de Jean Clair en France. Cf., de la première, *The Fourth Dimension and Non-Euclidian Geometry in Modern Art* (Princeton University Press, 1975) ; de Jean Clair : « L'échiquier, les modernes et la quatrième dimension » (*La Revue d'art*, n° 39, juin 1978), *Marcel Duchamp ou le Grand Fictif* (Galilée, 1975). Ces ouvrages sont les plus éclairants que j'aie lus sur ce sujet et ce qui suit leur doit beaucoup.

126. Cf. notamment C. H. Hinton, *A New Era of Thought*, Londres, 1888.

127. « Il paraît, ce nombre [trois], n'avoir aucune nécessité logique, car on peut le remplacer par tout autre nombre entier lorsqu'on vient à formuler un système analytique quelconque ; il serait donc un simple produit de l'expérience, non certes de l'expérience individuelle, mais de l'expérience accumulée qui a fourni les idées héréditaires » (E. Jouffret, *op. cit.*, p. V).

128. E. Jouffret, *op. cit.*, p. VIII.

129. A vrai dire, Jouffret ne partage pas le point de vue de Hinton et se range plutôt à celui de Poincaré selon lequel la quatrième dimension restera à jamais imperceptible. (Cf. *Revue générale des sciences*, 1981, p. 774 ; cf. aussi « L'espace et la géométrie », *Revue de métaphysique et de morale*, 1895, p. 631 *sq.*)

130. C. H. Hinton, *op. cit.* (cité en anglais par Jouffret, *op. cit.*, avant-propos).

131. E. Jouffret, *op. cit.*, p. XVII.

132. *Ibid.*, p. XIII.

133. *Ibid.*, p. IX.

134. Cf. Jean Clair, « L'échiquier, les modernes et la quatrième dimension », *op. cit.*

135. E. Abott, *Flatland, a Romance of Many Dimensions by a Square.*

136. E. Jouffret, *op. cit.*, p. XIV.

137. J. Metzinger, *Le cubisme était né*, éditions Présence, 1972, p. 43-44.

138. Et aussi : « Cette science me donna le goût des arts. C'est le nombre qui fait la part des sons et des silences, des lumières et des ombres, des formes et des vides. Michel-Ange et Bach m'apparaissent comme de divins calculateurs. Déjà je sentais que la mathématique seule permet l'œuvre durable. Qu'elle soit le résultat d'une patiente étude ou d'une fulgurante intuition, elle est seule capable de réduire à la stricte unité d'une messe, d'une fresque ou d'un buste nos diversités pathétiques » (J. Metzinger, *op. cit.*, p. 23).

139. Dans un article paru le 29 décembre 1918 dans *Le Carnet de la semaine*. Cf. sur ce point L. Dalrymple-Henderson, *op. cit.*, p. 72.

140. Cf. aussi les notes sur le *Grand Verre* de Duchamp.

141. J. Metzinger, *op. cit.*, p. 43-44.

142. *Ibid.*, p. 62-63.

143. H. Poincaré, *La Science et l'hypothèse*, p. 65.

144. Level, « L'esprit et l'espace : la quatrième dimension », *Le Théosophe*, 16 mars 1911.

145. Noircame, *Quatrième dimension*, Editions théosophiques, Paris, 1912.

146. Cf. J. Clair, *Marcel Duchamp ou le Grand Fictif*, chap. II, ainsi que la thèse de L. Dalrymple-Henderson, *passim.*

147. Sur Pawlowski, cf. L. Dalrymple-Henderson, *op. cit.*, p. 51 *sq.*

148. Cf. la préface à l'édition de 1923 du *Voyage*.

149. Qui parut en février 1899 dans le *Mercure de France*, en appendice à la publication de *La Machine à explorer le temps* de Wells. Signe de l'intérêt croissant de la fiction pour les nouvelles géométries. On pouvait y lire dès l'introduction : « Il n'est pas plus malaisé de concevoir une machine à explorer le temps qu'à explorer l'espace, soit que l'on considère le temps comme la quatrième dimension de l'espace, soit comme un lieu essentiellement différent par son contenu. […] On définit usuellement le temps : le lieu des événements comme l'espace est le lieu des corps. Ou avec plus de simplicité : la succession, alors que l'espace – qu'il s'agisse de l'espace euclidien ou à trois dimensions, de l'espace à quatre dimensions, impliqué par l'intersection de plusieurs espaces à trois dimensions, des espaces de

Riemann, où les sphères sont retournables, le cercle étant ligne géodésique sur la sphère de même rayon ; des espaces de Lobatchevski, où le plan ne se retourne pas ; ou de tout espace autre qu'euclidien reconnaissable à ce qu'on n'y peut, comme dans celui-ci, construire deux figures semblables – est la simultanéité. »

150. Cf. G. de Pawlowski, *Le Voyage au pays de la quatrième dimension*, p. 30.

151. Cf. Jean Clair, *Marcel Duchamp ou le Grand Fictif.*

152. Duchamp confond ici Pawlowski avec un certain Povolowski qui tenait une galerie d'art de la rue Bonaparte dans les années vingt.

153. *M. Duchamp, Ingénieur du temps perdu*, entretiens avec Pierre Cabanne, Belfond, 1967, p. 66-67.

154. Cf. les pages lumineuses que J. Clair consacre à cette lettre : « Toute la problématique du *Grand Verre* est, en effet, pourrait-on dire, un problème de point de vue, de perspective. Selon la position de l'observateur, position par rapport à un objet observé mais aussi système de référence dont use cet observateur – selon qu'il vit dans un monde à deux, ou à trois ou à n dimensions –, la figure se transforme. Tout se ramène ainsi à un problème de projection : projection d'un objet tridimensionnel sur un plan, d'une entité quadridimensionnelle sur un volume, etc., ces projections étant elles-mêmes altérées selon l'angle sous lequel on les considère » (Jean Clair, *op. cit.*, p. 47 ; cf. p. 43 *sq.*). Cette interprétation du *Grand Verre* n'a pas seulement le mérite de rendre intelligible une œuvre qui ne l'est guère au premier abord ; elle est aussi, à ma connaissance, la seule qui soit conforme avec les déclarations de Duchamp lui-même et pleinement compatible avec les préoccupations qui furent celles de son temps, comme le confirment encore de nombreux passages, très explicites, de *A l'infinitif* (cf. Marcel Duchamp, *Duchamp du signe, écrits*, Flammarion, 1975, p. 105 *sq.*).

155. Cf. Darymple-Henderson, *op. cit.*, chapitre V : « Transcending the Present : the fourth dimension in the philosophy of Ouspensky and in Russian Futurism and Suprematism. »

156. La façon dont Duchamp jugeait Metzinger est significative : « En 1911, deux groupes distincts de peintres donnaient forme à la nouvelle théorie du cubisme qui passait alors par une période d'incubation. Picasso et Braque d'un côté, Metzinger, Gleizes et Léger de l'autre. Metzinger était alors le théoricien le plus imaginatif du cubisme et doit être largement crédité de l'intérêt sans cesse croissant porté par le grand public à cette nouvelle forme d'expression. Par ses articles et par son livre, *Du cubisme*, rédigé en collaboration avec Gleizes, il parvint à donner un exposé substantiel des principales intentions des nouveaux peintres et aida à la clarification des résultats vraiment obscurs atteints jusque-là » (*Duchamp du signe*, p. 208). Notons que cette opinion était déjà exprimée par A. Salmon dans un article du 30 septembre 1911 paru dans *Paris Journal* : « Beaucoup plus intellectuel que Braque, Jean Metzinger rassemble les éléments confus, diffus, du cubisme. Il ébaucha, sinon une doctrine, du moins une théorie ; de sorte que si, vraiment, le cubisme vient de Picasso, Jean Metzinger, pourtant, est fondé à s'en dire le chef. »

157. J. Metzinger, *Le cubisme était né*, souvenirs, *op. cit.*, p. 60.

158. *Ibid.*, p. 62.

159. Cf. J. Paulhan, *La Peinture cubiste*, p. 83-84.

160. « L'excuse d'être documentaire devenait ridicule chez les peintres : photographes et cinéastes les dépassaient de loin » (J. Metzinger, *Le cubisme était né*, *op. cit.*, p. 58).

161. *Paris Journal*, 16 août 1911.

162. J. Paulhan, *op. cit.*, p. 93.

163. Telle est au fond la thèse de Francastel (*Etudes de sociologie de l'art, op. cit.*, chap. III).

164. J. Paulhan, *op. cit.*, p. 93.

165. Ce qualificatif s'applique aussi, en un sens large, aux géométries à quatre dimensions.

166. Cf. H. Poincaré, *La Science et l'hypothèse*, p. 66.

167. J. Metzinger et A. Gleizes, *Du cubisme*, p. 74-75.

168. Cf. *Duchamp du signe*, p. 217.

169. *Mercure de France*, I, VI, 1917.

170. *Loc. cit.*, p. 460.

171. *Ibid.*, p. 452.

172. *Ibid.*, p. 451.

173. *Ibid.*, p. 459.

174. *Ibid.*, p. 461.

175. Cité par Jean Clair, « L'échiquier, les modernes et la quatrième dimension », note 3.

176. G. Severini, *art. cit.*, p. 463.

177. A. Gleizes, *Art et religion, art et science, art et production*, Présence, 1970.

178. J. Metzinger, *Le cubisme était né*, p. 62.

179. Sur la perspective comme « mensonge », comme art de la déformation et de l'apparence, cf. J. Paulhan : « On sait aussi que la vision brute nous ferait voir (à la façon d'une photo) les objets proches bien plus gros, mais les lointains

bien plus petits que ne les montre une vision utilitaire, à tout instant rectifiée par notre esprit. Bref, s'il est une vérité de la vue, la perspective ne semble guère avoir d'autre propos, par ses conventions et ses idées toutes faites, que de nous masquer cette vérité. J'ai dit – avec tous les perspectivistes – qu'elle prenait contre les choses, le parti de leur apparence. Mais c'est peu dire. Elle prend encore contre leur apparence immédiate et sensible le parti de leur apparence abstraite et froide, et traite tous les objets comme s'ils ne nous intéressaient pas » (*Sur le cubisme*, p. 96). Conclusion : il faut donc, avec les peintres cubistes, s'attaquer « au mensonge même du trompe-l'œil : à l'espace convention dont il use, à la prison de verre en laquelle il tâche astucieusement de nous enfermer – à ce qu'il y a en lui de faux par essence » (*ibid.*, p. 100, et aussi p. 88, 104, 150, etc.).

180. J. Metzinger, *Du cubisme*, postface de 1946, p. 80-82.

181. Cf. *supra*, chapitre II.

182. G. Severini, *art. cit.*, p. 454, 465.

183. Cf. le chapitre suivant.

184. G.W. Leibniz, *Deutsche Schriften*, Guhrauer éd., I, p. 442 (Von der Weisheit).

185. Jean-François Lyotard, *Des dispositifs pulsionnels*, 1973, p. 8-9.

186. « Correspondance Kandinsky-Schönberg », *Contrechamps*, n° 2, p. 11.

187. C. Dahlhoun, « La construction du disharmonique », *Contrechamps*, n° 2, p. 137 *sq*.

188. Par Boulez notamment dans un article intitulé de façon significative « Parallèles » : « L'émancipation de la tonalité, je la mettrais volontiers en parallèle avec l'émancipation de l'objet ou du sujet… » (« Parallèles », *Contrechamps*, n° 2, p. 154).

189. T. Adorno, *Philosophie de la nouvelle musique*, Gallimard, 1972, p. 15-16.

190. A. Gleizes, *Art et religion*, *op. cit.*, p. 105.

191. J. Metzinger, « Cubisme et tradition », *Paris Journal*, 16 août 1911.

192. R. Leibowitz, *Introduction à la musique de douze sons*, L'arche, 1949, p. 13-14.

193. *Ibid.*

194. *Ibid.*

195. J.-F. Lyotard, *Le Post-moderne expliqué aux enfants*, Galilée, 1986, p. 27.

196. *Ibid.*, p. 28.

197. K.S. Malevitch, *op. cit.*, Introduction d'A. Nakov, p. 87.

198. J. Paulhan, *op. cit.*, p. 104.

199. G. Apollinaire, *Les Peintres cubistes*, p. 52.

200. F. Nietzsche, *Le Gai Savoir*, § 374, « Notre nouvel infini ».

201. « Correspondance Kandinsky-Schönberg », lettre de Schönberg du 24 janvier 1911, *Contrechamps*, n° 2, p. 13.

202. Contrairement à la thèse soutenue par Felix Torres dans le livre qu'il consacre au post-modernisme.

203. Cf. J. Lacoste, *L'Idée du beau*, p. 5.

204. C. Jencks : « J'utilisai le mot pour désigner le contraire de tout ceci » (*Le Langage de l'architecture post-moderne*, Denoël, 1979, p. 6).

205. J.-F. Lyotard, *Le Post-moderne expliqué aux enfants*, p. 27, 28. Sur Adorno, cf. le bel article d'A. Wellmer, « Dialectique de la modernité et de la post-modernité », *Cahiers de philosophie*, n° 5, printemps 1988.

206. J.-F. Lyotard, *op. cit.*, p. 29-30.

207. *Ibid.*

208. *Ibid.*

209. C. Jencks, *op. cit.*, p. 9.

210. *Ibid.*

211. A. Wellmer, *art. cit.*, p. 159.

212. C. Castoriadis, *Transformation sociale et création culturelle*, p. 37.

213. *Ibid.*

214. *Ibid.*, p. 36.

215. *Ibid.*

216. *Ibid.*

217. *Ibid.*

218. *Ibid.*, p. 34.

Liste et légendes des œuvres et documents reproduits

Page 8. Fac-similé de l'ouvrage *Aesthetica* de **Baumgarten**.
© Herzog August Bibliotek Wolfenbüttel.

1. Daniel Buren
Photo-souvenir :
« Les Deux Plateaux »,
sculpture *in situ* dans la cour d'honneur du Palais-Royal, Paris, 1985-1986.
Détail.
© Daniel Buren.

2. Sanctuaire d'Apollon, Trésor des Athéniens, Delphes, 490-489 av. J.-C.
Marbre de Paros.
© Antoine Stéphani.

3. Chatte Bastet assise portant un collier à égide sur le pectoral, Ousekh, Egypte, Basse Epoque. Bronze.
Musée du Louvre, Paris.
© Photo RMN.

4. Robert Doisneau
Picasso, 1956.

5. Marcel Duchamp
Roue de bicyclette, 1913.
Ready-made : roue de bicyclette, diam. 64,8 cm, sur un tabouret, haut. 60,2 cm.
Collection particulière, Milan.
© ADAGP, Paris, 1998.

6. Jannis Kounellis
Sans titre, 1989.
Premier élément : trois poutres de fer définissant l'espace architectural à l'intérieur duquel ont été empilés des sacs de jute ; second élément : panneau de fer, quartier de viande suspendu à un tube métallique par un crochet, et lampe à pétrole allumée suspendue à une baguette métallique. Tous deux font partie d'une œuvre unique, 280 x 500 cm (1er élément), 200 x 190 cm (panneau). Exposée à Barcelone.

7. Jan Vermeer
Jeune fille au chapeau rouge,
vers 1666-1667.
Huile sur toile, 23 x 18 cm.
National Gallery of Art,
Washington D. C.

8. Pablo Picasso
Les Demoiselles d'Avignon, 1907.
Huile sur toile, 244 x 233,7 cm.
The Museum of Modern Art,
New York.
© Succession Picasso, 1998.

9. Caspar David Friedrich
Der Morgen, vers 1820-1821.
Huile sur toile, 22 x 30,5 cm.
Niedersechsisches
Landesmuseum, Hanovre.
© AKG Photo.

10. Wassily Kandinsky
Improvisation XXVI (En ramant),
1912.
Huile sur toile, 97 x 107, 5 cm.
Städtische Galerie, Munich.
© ADAGP, Paris, 1998.

11. D'après Rigaud
Portrait de La Bruyère.
Huile sur toile, 74 x 61 cm.
Musée Condé, Chantilly.
© Photo Giraudon.

12. Hyacinthe Rigaud
Portrait de La Fontaine,
vers 1690.
Huile sur toile, 81,5 x 65,5 cm.
Musée Carnavalet, Paris.
© Photo Giraudon.

13. Drevet d'après **Piles**
Portrait de Boileau.
Gravure.
Bibliothèque nationale
de France, Paris.
© Photo Bulloz.

14. Ecole de Mignard, 1671
Portrait de Racine.
Huile sur toile,
55 x 48,5 cm.
Château de Versailles.
© Photo Bulloz.

15. Charles Etienne Gaucher
Portrait de Dubos.
Gravure.
© Photo Giraudon

16. *Portrait de Perrault.*
Gravure.
Bibliothèque nationale
de France, Paris.
© Photo Giraudon.

17. Nicolas Poussin
Le Printemps
ou le Paradis terrestre,
vers 1660-1664.
Huile sur toile,
118 x 160 cm.
Musée du Louvre, Paris.
© AKG Photo.

18. Camille Corot
Coup de vent, 1865.
Huile sur toile,
46 x 58 cm.
Musée des Beaux Arts,
Reims.

19. Matthias Grünewald
Retable d'Issenheim,
vers 1510-1515.
Huile sur bois.
La Tentation de saint Antoine,
détail.
© Photo Giraudon

20. Evangéliaire d'Othon III,
vers 1000.
Le Christ lavant les pieds
de Pierre.

21. Jean-François Millet
Le Semeur, 1850.
Huile sur toile, 101,6 x 83,3 cm.
Museum of Fine Arts, Boston.

22. Jardins du château
de Villandry
Détail du jardin d'ornement.
« Le jardin d'amour »,
buis, ifs, fleurs.
Jardin créé au début
du XXe siècle par **Lozano**
en accord avec l'architecture
Renaissance du château.
© Yann Monel.

23. Pierre Mignard
Portrait de Molière, 1671.
Huile sur toile, 55 x 48,5 cm.
Musée Condé, Chantilly.
© Photo Giraudon.

24. Claude-Joseph Vernet
Le Matin, les baigneuses, 1722.
Huile sur toile, 98 x 162 cm.
Musée du Louvre, Paris.
© AKG Photo.

25. Caspar David Friedrich
Der Watzmann,
vers 1824.
Huile sur toile, 133 x 170 cm.
National Galerie, Berlin.
© Artothek.

26. Paul Gauguin
Ia Orana Maria (Je vous salue
Marie), vers 1891-1892.
Huile sur toile,
113,7 x 87,7 cm.
The Metropolitan Museum of Art,
New York.

27. Il Guercino
Aurore,
plafond de la villa Ludovisi,
1621-1623.
© Photo Scala.

28. Louis Le Nain
La Famille de paysans, 1642.
Huile sur toile, 113 x 158,7 cm.
Musée du Louvre, Paris.
© Photo RMN, Gérard Blot.

29. Jean-Baptiste
Siméon Chardin
Le Gobelet d'argent, s.d.
Huile sur toile, 33 x 41 cm.
Musée du Louvre, Paris.
© Photo Giraudon.

30. Jean-Honoré Fragonard
Portrait de Diderot,
vers 1769.
Huile sur toile, 81,5 x 65 cm.
Musée du Louvre, Paris.
© Photo Bulloz.

31. *Winckelmann*
Gravure.
Bibliothèque nationale
de France, Paris.
© Photo Giraudon.

32. Schnorr
Kant, 1822.
Gravure.
Bibliothèque nationale
de France, Paris.
© Photo Bulloz.

33. Poussin
Moïse sauvé des eaux, 1638.
Huile sur toile, 93 x 121 cm.
Musée du Louvre, Paris.
© Photo Giraudon.

34. Jan Vermeer
La Laitière, 1658-1660.
Huile sur toile, 45,5 x 41 cm.
Rijksmuseum, Amsterdam.

35. Bollinger d'après **Xeller**
Portrait de Hegel.
© Photo Giraudon.

36. Olivier Debré
Vert du théâtre romain, Chypre,
1989.
Huile sur toile, 46 x 55 cm.

37. Francis Bacon
Autoportrait à l'œil blessé,
1972.
Huile sur toile, 35,5 x 30,5 cm.

38. Géants de l'île de Pâques.
© Photo Hoa-qui.

39. Kroisos (Kouros d'Anavysos),
vers 525 av. J.-C.
Marbre, hauteur 190 cm.

40. Le doryphore (porteur de
lance). Copie romaine
d'après un original de **Polyclète**
de 450-440 av. J.-C. environ.
Marbre, hauteur 200 cm.
Musée archéologique national,
Naples.

41. L'aurige du sanctuaire
d'Apollon à Delphes,
vers 470 av. J.-C.
Bronze, hauteur 180 cm.
Musée archéologique, Delphes.

42. *Vénus de Milo*, fin IIe siècle
av. J.-C. Marbre, hauteur 204 cm.
Musée du Louvre, Paris.
© Photo G. Dagli Orti.

43. Anonyme allemand
Nu féminin, fin XVe siècle.
Bois, 156 cm.

44. *Pietà*, début XIVe siècle.
Bois, 87,5 cm.
Rheinisches Landesmuseum,
Bonn.

45. Le Parthénon,
Ve siècle av. J.-C. Athènes.
© Photo Antoine Stéphani.

46. Poséidon,
vers 460-450 av. J.-C.
Bronze, hauteur 210 cm.
© Photo Antoine Stéphani.

47. *Combat de Jacob avec l'Ange.*
Page de la Genèse de Vienne, début du VIe siècle apr. J.-C., 33,6 x 24 cm.
Bibliothèque nationale de Vienne, Autriche.

48. Erich Heckel
Friedrich Nietzsche, 1905.
Gravure sur bois,
15,7 x 11,2 cm.
© ADAGP, Paris, 1998.

49. Jacques-Louis David
La Mort de Socrate, 1787.
Huile sur toile, 130 x 197 cm.
The Metropolitan Museum of Art, New York.
© AKG Photo.

50. Johann Heinrich Füssli
Les Trois Sorcières, vers 1783.
Huile sur toile,
65 x 91,5 cm.
Kunsthaus, Zurich.
© AKG Photo.

51. Edouard Manet
*Le Déjeuner sur l'herbe***,** 1863.
Huile sur toile, 209 x 264 cm.
Musée d'Orsay, Paris.

52. Paul Cézanne
Nature morte au panier, 1888-1890.
Huile sur toile, 65 x 81 cm.
Musée d'Orsay, Paris.
© AKG Photo.

53. Peter Roos
Paysage avec une grotte, fin XVIIe siècle.
Huile sur toile, 97 x 81 cm.
Musée de l'Ermitage, Léningrad.

54. Edouard Manet
L'Asperge, 1880.
Huile sur toile, 16 x 21 cm.
Musée d'Orsay, Paris.
© Photo RMN, Pascale Neri.

55. Henri Rousseau
La Guerre ou la Chevauchée de la discorde, 1894.
Huile sur toile, 114 x 195 cm.
Musée d'Orsay, Paris.
© Photo RMN.

56. Pierre Bonnard
Femme à la robe à pois blancs, 1891.
Panneau décoratif.
Huile sur papier collé sur toile, 160 x 48 cm.
Musée d'Orsay, Paris.
© Photo Giraudon.
© ADAGP, Paris 1998.

57. Gustave Courbet
Le Sommeil, 1868.
Huile sur toile, 135 x 200 cm.
Musée du Petit-Palais, Paris.

58. Paul Gauguin
Hina y Fatou (La Lune et la Terre), 1893.
Huile sur toile, 114,3 x 62,2 cm.
The Museum of Modern Art, New York.

59. Edvard Munch
Le Cri, 1893.
Huile sur toile, 91 x 73,5 cm.
Nasjonalgalleriet, Oslo.

60. August Strindberg
La Vague III, 1900-1901.
Huile sur toile, 57 x 36 cm.
Musée d'Orsay, Paris.

61. Nicolas Poussin
Paysage avec l'enterrement de Phocion, 1648.
Huile sur toile, 119,7 x 179 cm.
Musée du Louvre, Paris.

62. John Martin
Manfred und die Alpenhexe, 1837.
Aquarelle, 38,8 x 55,8 cm.
Whitworth Gallery, Manchester.

63. Théodore Chassériau
Portrait de l'artiste par lui-même, 1835.
Huile sur toile, 99 x 52 cm.
Musée du Louvre, Paris.

64. Paul Klee
Pomone trop mûre légèrement penchée, 1938.
Huile sur papier journal monté sur carton, 68 x 50 cm.
Fondation Klee, Kunstmuseum, Berne.

65. Pablo Picasso
Portrait de D. H. Kahnweiler, 1910.
Huile sur toile, 100,6 x 72,8 cm.
The Art Institute Chicago.
Donation
Mrs. Gilbert W. Chapman.

66. Fernand Léger
L'Escalier, 1914.
Huile sur toile, 144,5 x 93,5 cm.
Moderna Museet, Stockholm.

67. Photo-souvenir : inscription sur une des palissades entourant le chantier des « *Deux Plateaux* », cour d'honneur du Palais-Royal, Paris, 1986. Détail.

68. Marcel Duchamp
Fontaine, 1917.
Ready-made : urinoir en faïence, hauteur 60 cm.
Philadelphia Museum of Art.
Coll. Louise et Walter Arensberg.

69. Alphonse Allais
Deux tableaux présentés à l'exposition des Arts incohérents, galerie Vivienne, en 1884.

70. Wassily Kandinsky
Improvisation XIX, 1911.
Huile sur toile, 120 x 141,5 cm.
Städtische Galerie, Munich.

71. Pablo Picasso
Le Violon (Jolie Eva).
Huile sur toile, 81 x 60 cm.
Staatsgalerie, Stuttgart.
© Succession Picasso, Paris, 1998.

72. Luigi Russolo
Dynamisme d'une automobile,
1912-1913.
Huile sur toile, 104 x 140 cm.
Musée national d'art moderne,
Centre Georges Pompidou.
© AKG photo, Paris.

73. Jackson Pollock
Cathedral, 1947.
Huile et peinture d'aluminium
sur toile,181,6 x 89 cm.
Museum of Fine Arts, Dallas.
© ADAGP, Paris, 1998.

74. Andy Warhol
Grande boîte de soupe
Campbell's, 19 cents, 1962.
Acrylique et mine de plomb
sur toile, 183 x 138 cm.
© ADAGP, Paris, 1998.

75. Piero Della Francesca
La Flagellation du Christ, 1452.
Huile sur panneau,
58,4 x 81,5 cm.
Palais ducal, Urbino.
© Photo G. Dagli Orti.

76. Ambrosius Holbein
Portrait de jeune homme, 1518.

77. Hélène Schjerfbeck
Autoportrait en robe noire, 1945.

78. Kasimir Malevitch
Croix noire, 1923-1929.
Huile sur toile, 106,4 x 106,4 cm.
Musée russe, Léningrad.

79. André Masson
Portrait d'André Breton, 1941.
© ADAGP, Paris, 1998.

80. Giacomo Balla
Automobile en course, 1912.
Huile sur toile, 55,6 x 68,9 cm.
The Museum of Modern Art,
New York.

81. Pablo Picasso
La Citerne de Horta, 1909.
Huile sur toile, 60 x 50 cm.
Coll. particulière, Paris.
© Succession Picasso, 1998.

82. Marcel Duchamp
Nu descendant un escalier n° 2,
1912.
Huile sur toile, 146 x 89 cm.
Philadelphia Museum of Art.
Coll. Louise et Walter Arensberg.
© Succession Picasso, 1998.

83. Francis Picabia
Animation, 1914.
Aquarelle sur papier, 53 x 63 cm.
© Succession Picasso, 1998.

84. Pablo Picasso
L'Atelier, 1927-1928.
Huile sur toile, 149,9 x 231,2 cm.
The Museum of Modern Art,
New York.
© Succession Picasso, 1998.

85. Fac-similé de la couverture du *Voyage au pays de la quatrième dimension* de Gaston de Pawlowski.
© Selva.

86. M. C. Escher
La Relativité, 1953.
Lithographie.

87. Piet Mondrian
Composition VII, 1913.
Huile sur toile,
104,4 x 113,6 cm.
The Solomon R. Guggenheim Foundation, New York.
© Mondrian / Holzman Trust.
© ADAGP, Paris, 1998.

88. Marcel Duchamp
Machine célibataire (élévation), 1913.
Encre noire et rouge sur papier,
17 x 24 cm.
Collection particulière, Paris.
© ADAGP, Paris, 1998.

89. Marcel Duchamp
Le Grand Verre, 1923.
Huile, feuille de plomb, fil de plomb, poussière et vernis sur deux plaques de verre (brisées), chacune d'elles montée entre deux autres plaques de verre avec cinq fils de verre très fins, de la feuille d'aluminium et un cadre de bois,
272,5 x 175,8 cm.
Philadelphia Museum of Art.
© ADAGP, Paris, 1998.

90. Francis Picabia
Très rare tableau sur la terre, 1915.
Huile et collage sur carton,
113 x 85 cm.
Peggy Guggenheim Foundation, Venise.
© ADAGP, Paris, 1998.

91. Giorgio De Chirico
Autoportrait en costume du XVIIe siècle (Autoportrait dans un parc), 1959.
Huile sur toile, 153 x 98 cm.
Coll. particulière, Rome.
© ADAPG, Paris, 1998.

92. Pierre Descargues
Gino Severini, 1966.

93. Georges Braque
Atelier II, 1949.
Huile sur toile, 131 x 162,5 cm.
Kunstsammlung Nordrhein.
Wesftfalen,Düsseldorf.
© ADAGP, Paris, 1998.

94. Georges Braque
Le Billard, 1945.
Huile sur toile, 89,5 x 116 cm.
Collection particulière.
© ADAGP, Paris, 1998.

95. Gino Severini
La Danse du Pan Pan à Monico, 1911-1912 (refaite en 1959).
Huile sur toile, 280 x 400 cm, détail. Musée national d'art moderne, Paris.
© Photo Lauros-Giraudon.
© ADAGP, Paris, 1998.

96. Wassily Kandinsky
Bleu de ciel, 1940.
Huile sur toile, 100 x 73 cm.
Musée national d'art moderne, Centre Georges Pompidou, Paris.

97. Kasimir Malevitch
Carré noir, 1923-1929.
Huile sur toile, 106,2 x 106,5 cm.
Musée russe, Léningrad.

98. Josef Sima
La Foudre, 1956.
Huile sur toile, 92 x 65 cm.

99. Francis Picabia
Les Seins, 1926.
Huile sur carton, 99,5 x 77,5 cm.

100. Andy Warhol
Caisses variées, 1964.
Sérigraphie sur bois, dimensions variables.

101. Glenn Brown
Dali-Christ, 1992.
Huile sur toile, 274 x 183 cm.

102. Ricardo Bofill
« Les colonnes de Saint-Christophe », Cergy-Pontoise, 1985 (au centre, la Tour Belvédère, 1986, de Dani Karavan).

103. Giorgio De Chirico
Chant d'amour, 1914.
Huile sur toile, 73 x 59,1 cm.
The Museum of Modern Art, New York.

104. Marcel Duchamp
Porte-bouteilles, 1914.
Ready-made : séchoir à bouteilles en fer galvanisé.
Philadelphia Museum of Art.

105. Henri Cueco
L'Ex-voto, 1995-1996.
Acrylique sur toile, 150 x 150 cm.

106. Gérard Garouste
L'Adam aux trois lumières, 1995-1996.
Huile sur toile, 90 x 70 cm.

107. Jasper Johns
Bronze peint, 1960.

108. Man Ray
Erotique voilée, 1933.
Photographie, 30,5 x 24 cm.
Collection Giorgio Marconi, Milan.

109. Jean Dubuffet
Site avec 5 personnages, 1981.
Acryle sur papier entoilé E 24, 51 x 35 cm. Coll. particulière.

110. Jannis Kounellis
Sans titre, 1989.
Photo de l'artiste tenant entre ses dents une plaque de fer portant une bougie allumée.